제2판

# 맞춤형 수준별·개별화 평가 전략

## 한 가지 도구로 모든 것을 평가할 수 없다

Carolyn Chapman • Rita King 지음

조영남 • 나종식 옮김

아카데미프레스

**Differentiated Assessment Strategies: One Tool Doesn't Fit All, 2/E**
by Carolyn Chapman, Rita King


The Korean language edition published arrangement with Corwin through
Agency-One, Seoul.

# 역자 서문

21세기 지식정보화 시대 교육이론인 구성주의와 더불어 수준별 교육과 수준별 교육과정 그리고 수준별 수업과 평가가 우리 교육계의 화두로 자리 잡고 있다. 구성주의 교육이론이 본격적으로 도입된 7차 교육과정과 2007년 및 2009 개정 교육과정에 이어 2015 개정 교육과정에서도 이러한 시대정신이 계속 이어지고 있다.

교육과정과 수업, 평가(CIE: Curriculum, Instruction, Evaluation)는 학교교육의 핵심이다. 이 책은 맞춤형 수준별·개별화 수업 전략과 평가 전략 전문가인 Carolyn Chapman과 Rita King이 공저한 *Differentiated Assessment Strategies: One Tool Doesn't Fit All* 제2판(2012)을 번역한 것이다. 역자들은 앞서 Gregory와 이 책의 주 저자인 Chapman이 공저한 *Differentiated Instructional Strategies: One Size Doesn't Fit All*의 제1판(2002)과 제3판(2013)을 2005년과 2014년에 "수준별·개별화 교수-학습 전략"과 "맞춤형 수준별·개별화 수업 전략"이라는 제목으로 각각 번역하였다. 맞춤형 수준별·개별화 수업과 더불어 시대정신인 맞춤형 수준별·개별화 평가의 중요성에도 불구하고, 평소 이 분야의 서적을 거의 접하지 못하던 차에 이 책을 보고 바로 번역을 결심하게 되었다.

저자들이 강조한 것처럼, 맞춤형 수준별·개별화 수업을 계획하는 데 형성평가 데이터가 필수적이다. 역자들도 이 점에 공감하고 맞춤형 수준별·개별화 수업 전략과 평가 전략이 서로 시너지 효과를 발휘할 수 있기를 기대한다. 저자들은 학생들이 자신의 학습에 대한 주인의식과 책임감을 가지고 학습 전, 중, 후에 실제적이고 매력적인 평가 경험을 할 수 있는 다양한 전략과 팁을 소개하고 있다. 이 책은 12개의 장으로 구성되어 있다.

1장은 맞춤형 수준별·개별화 평가의 장점과 평가도구 선정의 중요성을 강조하고 있다. 2장은 장기기억과 전이를 위한 정보 파지와 관련된 전문가들의 주장과 다양한 학습자들에게 개인적으로 유의미한 평가 경험을 맞추기 위한 접근들을 탐구하고 있다. 3장은 평가를 위한 긍정적인 환경을 수립하기 위한 전략과 팁, 정의적인 학습 영역에서 개별 학습자의 자기 효능감을 개발하기 위한 전략을 강조하고 있다. 4장은 학습자들의 다양한 학습방법을 탐구하여 맞춤형 수준별 · 개별화 평가를 더 쉽게 계획할 수 있게 해 준다.

5장은 이 책 2판에 새롭게 추가되어 학습자들이 자신의 학습에 더 많은 책임감을 가지게 하는 방법을 탐구하고 있다. 6장은 토픽과 개념 또는 기능과 관련된 학생의 배경과 지식을 확인하기 위한 평가도구를 포함하고 있다. 7장은 학생의 진전 과정을 점검하기 위한 다양한 평가도구를 제시하고 있다. 8장은 기능과 학습한 정보의 양을 분석하기 위한 형성평가 도구를 기술하고 있다.

9장은 표준화 검사를 하는 동안 학습자의 요구를 수용하기 위한 전략과 기법들을 다루고 있다. 10장은 평가도구로써 맞춤형 수준별 · 개별화 수업 전략을 탐구하고 있다. 11장은 학습자를 수용하기 위한 5가지 맞춤형 수준별 · 개별화 계획 모형과 함께 평가 데이터를 활용하는 방법을 탐구하고 있다. 마지막 12장은 단계별 계획에 활용할 수 있는 아이디어를 제공하고 이 책에 제시된 모든 평가도구에 대한 종합적인 체크리스트를 제시하고 있다.

이 책을 읽다 보면 맞춤형 수준별 · 개별화 평가도 맞춤형 수준별 · 개별화 수업과 마찬가지로 개별과 조별은 물론 소집단과 전체 집단을 대상으로도 가능함을 알게 된다. 그리고 현장 교사들은 평소 자신도 나름대로 맞춤형 수준별 · 개별화 수업과 평가를 실행하고 있음을 알게 된다. 이처럼 맞춤형 수준별 · 개별화 수업과 평가는 거창한 구호나 원대한 이상이 아니라, 누구든 마음만 먹으면 얼마든지 실천할 수 있는 하나의 철학이자 방법이다.

교육의 주된 목적 중 하나는 학습자들의 특기와 적성, 개성과 소질을 최대한 개발, 신장시키는 데 있다. 하지만 우리의 교육 현실은 다양성의 가치보다 획일성의 편리함을 우선해 왔다. 획일적 수업으로 모두를 만족시킬 수 없듯이, 한 가지 도구로 모든 것을 평가할 수 없다. 2015 개정 교육과정에서 추구하는 "지식정보 사회가 요구하는 핵심 역량을 갖춘 창의 융합형 인재상"도 결국 맞춤형 수준별 · 개별화 수업과 평가를 통해 구현할 수 있다.

버몬트주 초등학교 교사 Jennifer Harper가 평한 것처럼 "이 책은 모든 교육자들의 필독서이다. 이 책은 실제적이고 사용하기 쉬우며, 모든 교과 영역에 쉽게 적용할 수 있는 훌륭한 평가 도구 모음집이다." 또한 사우스캐롤라이나주 CERRA(교육자 선발, 유치, 발전 센터) 프로그램 디렉터 Jason Fulmer가 "저자들은 맞춤형 수준별 · 개별화 수업과 평가를 위한 실제적이고 유용한 전략과 과정을 제시하고 있다. 이 책에 수록된 모형과 전략 그리고 도구들은 교육자들이 학생들의 자기평가를 도와서 스스로 성공에 이를 수 있는 길을 찾도록 해 준다."고 평한 것처럼, 이 책은 맞춤형 수준별·개별화 평가 분야의 역작으로 평가할 수 있다.

이 책이 예비교사와 현장교사 그리고 대학원생 등 맞춤형 수준별·개별화 수업과 평가에 관심을 가진 모든 교육자들에게 유익하게 활용되어 이 분야의 이론과 실제를 체계적으로 탐구하는 데 도움이 되었으면 하는 바람이다. 원문의 의미를 충실히 전달하고자 노력하였으나, 번역은 '반역'이라는 말처럼 문화적 차이로 인해 의미를 제대로 전하지 못하거나 역자들이 미처 찾아내지 못한 결함과 오류가 있을 것으로 예상된다. 이에 대한 모든 책임은 역자들에게 있으며, 추후 계속해서 수정, 보완할 생각이다. 이 지면을 빌어 맞춤형 수준별·개별화 수업과 평가에 대한 관심과 연구 노력을 자극하고 이끌어 주신 역자들의 멘토 고(故) 진위교 선생님께 특별한 감사의 인사를 드리고자 한다.

끝으로 어려운 환경에도 불구하고, 번역 출판을 흔쾌히 승낙해 주신 아카데미프레스의 홍진기 사장님을 비롯해 수고해 주신 모든 임직원 여러분께 깊이 감사드린다.

역자 조영남·나종식

# 저자 서문

형성평가 데이터는 맞춤형 수준별·개별화 수업을 계획하기 위한 필수적인 요건이다. 저자들은 이 점을 염두에 두고 교사와 행정가들이 학습자들의 다양한 요구를 충족하는 도전적이고 복합적인 과제를 도와주기 위해 이 책을 집필하였다. 따라서 이 형성평가 지침서를 개별 교사의 핸드북 또는 교육 단체의 학습서로 활용할 수 있다.

우리는 각 전략과 템플릿, 체크리스트를 전략적으로 설계하고 맞춤형 수준별·개별화 평가를 위한 지침을 제안하였다. 평가 활동은 교실에서 발견되는 자료를 활용하여 창출할 수 있다. 그 밖의 다른 자원이나 자료를 별도로 구입할 필요가 없다. 각각의 형성평가 도구는 (1) 개별 학습자의 독특한 요구에 쉽게 맞출 수 있으며, (2) 교사와 학습자에게 즉각적인 피드백을 제공해 주고, (3) 공식적인 분석을 요하지 않는 데이터를 산출해 주며, (4) 모든 학년 수준과 모든 교과에 활용할 수 있으며, (5) 교사와 학생에게 친화적이다.

데이터 해석과 함께 평가가 자연스럽게 유입됨으로써 다음 단계에서 진행되는 수업에서 학습자의 확인된 요구에 초점을 두게 된다. 따라서 학습자의 구체적인 요구에 쉽게 초점을 맞추고 이를 강조할 수 있기 때문에 시간을 줄일 수 있다. 이러한 전략은 개별 학습자의 장점과 단점을 지속적으로 수집하여 점검, 기록, 이해할 수 있는 간편한 방법을 제공해 준다. 정보를 제공해 주는 도구를 활용하여, 각 학생이 자신에게 적합한 수업을 통해 도전의식을 가질 수 있도록 일상 계획을 조절하고 처방과 심화학습을 설계할 수 있다.

우리의 훈련 세션에 참여한 교사와 행정가들 그리고 저자의 동료와 독자들의 조언을 반영하여 이번 개정판에서 많은 부분을 추가하고 개선하였다. 이 책에 제시된 방법들은 학생들이 학습 결과에 대한 주인의식을 가지고 자신의 학습에 책임을 지도록 해 준다. 여러분의 평가 도구 박스에 아이디어와 기법들의 '보석 상자'를 제공하기 위해 학습 전, 중, 후에 활용할 수 있는 평가 전략들을 3개의 독립적인 장에 배치하여 실제적이고 매력적인 평가 경험을 창출할 수 있도록 다양한 전략과 팁을 소개하고 설명하였다.

## 이 책의 목적

맞춤형 수준별 · 개별화 평가 전략 교사 지침서를 집필한 목적은 다음과 같다:

- 학생들의 강점과 요구를 확인하기 위한 다양한 맞춤형 수준별 · 개별화 형성평가 도구와 전략 및 활동을 제공하기 위해
- 각 학습자가 확인된 기준을 완전 습득하도록 안내하기 위한 개별 평가 데이터의 활용을 강조하기 위해
- 학습 전, 중, 후에 활용할 평가 전략을 탐구하기 위해
- 효과적인 평가에 근거한 맞춤형 수준별 · 개별화 설계 모형을 적용하기 위해
- 지속적인 평가 데이터를 해석하고 그 결과를 일상의 계획을 설계하고 처방을 개별화하는 데 어떻게 활용할 수 있는지를 보여 주기 위해
- 교사와 학생들을 위한 즉각적인 피드백을 제공하기 위한 새로운 형성평가 도구를 제공하기 위해
- 평가 경험을 위한 긍정적인 학습 문화 조성의 중요성을 강조하기 위해

## 이 책의 구성

### 1장, 한 가지 도구로 모든 것을 평가할 수 없다: 서론

맞춤형 수준별 · 개별화 평가의 주요 혜택을 탐구한다. 생산적으로 활용할 적합한 평가도구 선정의 중요성을 강조한다. 독자들의 이해를 돕기 위해 평가와 관련된 용어를 정의하고 있다.

### 2장, 연구와 최상의 실제를 맞춤형 수준별 · 개별화 형성평가와 연계

장기기억과 전이를 위한 정보 파지와 관련된 전문가들의 주장을 탐구한다. 다양한 학습자들에게 개인적으로 유의미한 평가 경험을 맞춤화하기 위한 접근들을 탐구하고 있다.

### 3장, 형성평가를 위한 환경 조성

평가를 위한 긍정적인 환경을 수립하기 위한 전략과 팁 그리고 제안들을 제공한다.

정의적인 학습 영역에서 개별 학습자의 자기 효능감을 개발하기 위한 전략을 설계한다. 자동화, 장악력, 위험 감수 기회 활용의 동기적인 혜택을 강조하고 있다.

### 4장, 학습자 이해

다양한 렌즈 또는 학습자들이 학습하는 다양한 방법을 통해 개별 학습자들을 탐구한다. 교육자가 학습자들뿐만 아니라 그들 자신을 이해할 수 있는 전략들을 제시한다. 이러한 통찰은 맞춤형 수준별 · 개별화 평가를 더 쉽게 선택하고 계획할 수 있게 해 준다.

### 5장, 자기평가 탐구

학습자들이 자기평가에 참여하도록 흥미 있는 방법들을 제공한다. 이 장은 이번 개정판에 새롭게 추가되어 학습자들이 자신의 학습에 더 많은 책임감을 가질 수 있도록 하는 방법을 탐구한다. 이러한 전략은 학생들이 자신의 학습 경험을 평가하고 자신의 개인적 요구를 분석하여 그들의 성취를 확인할 수 있도록 안내해 준다.

### 6장, 학습 전 형성평가

토픽과 개념 또는 기능과 관련된 학생의 배경과 지식을 확인하기 위한 평가도구를 다룬다. 성취 기준이나 기능과 관련된 학습자의 선행 경험은 맞춤형 수준별 · 개별화 수업을 계획하기 위한 선행요건이다.

### 7장, 학습 중 형성평가

학생의 진전 과정을 점검하기 위한 다양한 평가도구를 제시한다. 지속적인 정보의 유입은 학생들이 학습 여정을 순조롭게 진행하도록 해 준다. 교사와 개별 학생, 조별, 소집단별로 활용할 수 있는 전략들이 설계되어 있다.

### 8장, 학습 후 형성평가

기능과 학습한 정보의 양을 분석하기 위한 형성평가 도구를 기술한다. 수집된 데이터는 일상의 계획에서 다음 단계를 위한 기초선(baseline)이나 총괄적인 데이터에 소중한 부가 정보를 제공해 준다.

### 9장, 총괄평가 맞춤형 수준별 · 개별화

표준화 검사를 하는 동안 학습자의 요구를 수용하기 위한 전략과 기법을 다룬다. 이 장은 개별 학생의 요구를 충족하기 위해 검사 데이터를 활용하는 방법을 제시하고 있다.

### 10장, 맞춤형 수준별 · 개별화 수업과 융통성 있는 집단 편성 평가

평가도구로써 맞춤형 수준별 · 개별화 수업 전략을 탐구한다. 확인된 영역에는 테크놀러지, 선택 보드, 주사위 기법, 학습 스테이션 등이 있다. 다양한 집단 편성 시나리오를 창안하기 위한 제안과 더불어 평가 집단을 설계하는 4가지 기본 방법을 제시하고 있다.

### 11장, 맞춤형 수준별 · 개별화 수업 설계 모형

학습자를 조절하기 위한 5가지 맞춤형 수준별 · 개별화 설계 모형과 함께 평가 데이터를 활용하는 방법을 탐구한다. 조절 가능한 과제 모형, 심화학습 모형, 학습 계약 모형, 프로젝트 중심 모형, 문제 중심 모형이 제시되어 있다.

### 12장, 맞춤형 수준별 · 개별화 평가를 위한 계획

단계별 계획에 활용할 수 있는 아이디어를 제공한다. 이 책에 제시된 모든 평가도구에 대한 종합적인 체크리스트가 포함되어 있다. 이러한 유용한 지침은 가장 효과적인 평가 전략을 선정하고 형성평가의 실행과 이를 통한 진보를 평가하는 데 활용할 수 있다.

# 감사의 글

이 책을 성공적으로 출간하는 데 기여한 Corwin사의 모든 임직원들의 수고에 깊이 감사드린다. 편집장인 Cathy Hernandez는 프로젝트의 각 단계를 거치는 동안 저자들을 격려하고 지원해 주었다. 교열을 담당한 Megan Markanich의 수고로 저자들의 아이디어와 디테일한 부분이 강화되었다. 최종 제작 단계에서 인내와 전문지식 그리고 부드러운 자극으로 독려해 준 제작 편집자 Libby Larson에게 특별한 감사의 인사를 전한다.

저자 Carolyn의 남편인 Jim Chapman은 각 단계가 진행되는 동안 놀라울 정도로 관대함을 보여 주었다. Rita의 아름다운 골든 리트리버 Genarel Lee는 오랜 산책과 주의 집중 시간을 끈기 있게 기다려 주었다.

Corwin사는 아래 검토자들의 기여에 깊이 감사드린다.

Tessie Adams:
Coteau-Bayou Blue 초등학교 읽기/수학 수업 코치(로스앤젤레스 Houma 소재)

Jason Fulmer:
사우스캐롤라이나 교육자 선발, 유치, 발전 센터(CERRA) 프로그램 디렉터
(사우스캐롤라이나 North Augusta 소재)

Jennifer Harper:
Cavendish Town 초등학교 4학년 교사(버몬트 Proctorsville 소재)

Billie Travis:
The Academy @Shawnee 소속 KDE 교육 회복 수학 전문가(켄터키 Louisville 소재)

## 저자 소개

### Carolyn Chapman

자신의 삶의 목적인 국제 교육 컨설턴트와 저자, 교사로서 왕성한 활동을 하고 있다. 유치원에서 대학 수업에 이르기까지 다양한 분야의 강의 경험이 있다. Carolyn의 상호작용과 직접 참여 방식의 전문성 개발 기회는 모든 연령층 학습자들의 성공을 보장하기 위한 도전의식 강화에 초점을 두고 있다. 왜 흥분과 양질의 자극을 활용하여 학습을 효과적으로 관리하지 않는가? Carolyn은 오늘날 교실에서의 학습 여행의 중요성을 강조하기 위해 최선을 다하고 있다.

Carolyn은 *If the Shoe Fits … How to develop Multiple Intelligence in the Classrooms*(개인차가 확인된다면, 교실에서 다중지능을 어떻게 개발할 것인가)를 저술하였다. 또한 *Multiple Assessments for Multiple Intelligence*(다중지능을 위한 다면평가), *Multiple Intelligence through Centers and Projects*(학습 센터와 프로젝트를 통한 다중지능 개발), *Differentiated Instructional Strategies for Writing in the Content Areas*(내용 영역에서 쓰기를 위한 맞춤형 수준별 · 개별화 수업 전략), *Differentiated Assessment Strategies: One Tool Doesn't Fit All*(맞춤형 수준별 · 개별화 평가 전략: 한 가지 도구로 모두를 만족시킬 수 없다), *Test Success in the Brain Compatible Classroom*(두뇌와 조화되는 교실에서 시험에 성공하기)를 공저하였다. 자신이 설립한 Creative Learning Connection 주식회사에서 *Carolyn Chapman's Making the Shoe Fit*(Chapman의 구두 맞추기)이라는 CD를 제작하고, 자신의 여러 저서에 기초한 훈련 매뉴얼을 출간하였다. 이러한 다양한 출판물과 훈련은 교육자와 학생들에게 긍정적인 영향을 주기 위한 자신의 열정과 결심을 반영하고 있다. Creative Learning Connection의 웹사이트 www.carolynchapman.com을 통해 Carolyn과 연락할 수 있다.

## Rita King

국제 훈련가이자 기조 강연자, 컨설턴트, 저자로서 활동하고 있다. 교사와 행정가, 학부모를 위한 훈련 세션을 운영하고 있으며, 미들 테네시 주립대학 실험학교에서 교사 훈련 프로그램 감독관과 교장을 맡고 있다. 이러한 능력을 바탕으로 방법론 과목을 가르치고 시범 수업을 맡고 있다. 교육자들은 Rita의 교사와 행정가로서의 배경과 경험을 유치원에서부터 고등학교 교실까지 적용하고 있다. 때문에 Rita는 테네시 주의 전형적인 교육자로 인식되고 있다.

Rita는 국제 컨설턴트로서 지역과 국가 및 국제적인 수준에서 교사와 행정가 그리고 학부모들을 위한 훈련 세션을 담당하고 있다. Rita의 전문 영역은 읽기와 쓰기 및 관리와 평가를 위한 맞춤형 수준별 · 개별화 전략, 다중지능, 두뇌기반 연구의 실제적 적용, 효과적인 학습 환경 창출, 검사 성공을 위한 전략 등이다.

Rita는 *Test Success in the Brain Compatible Classroom*(두뇌와 조화되는 교실에서 시험에 성공하기), *Differentiated Instructional Strategies for Reading in the Content Areas*(내용 영역에서 읽기를 위한 맞춤형 수준별 · 개별화 수업 전략), *Differentiated Instructional Strategies for Writing in the Content Areas*(내용 영역에서 쓰기를 위한 맞춤형 수준별 · 개별화 수업 전략), *Differentiated Instructional Management*(맞춤형 수준별 · 개별화 수업관리)를 공저하였다. 또한 전문성 개발 세션을 촉진하기 위한 읽기와 쓰기, 관리 그리고 평가 관련 훈련 매뉴얼을 공저하였다.

Rita의 세션은 교육자와 학부모들에게 학생들이 자기주도적, 독립적 학습자가 되도록 개발하는 혁신적이고 매력적인 활동을 제공한다. 참여자들은 Rita의 실제적이고 활용하기 쉬운 전략, 유머 감각, 학습에 대한 사랑을 길러 주는 진정한 열망을 즐길 수 있다.

King Learning Associates의 웹사이트 www.kinglearningassociates.com, 전화 (615) 848-8439, 이메일 kingrs@bellsouth.net를 통해 Rita와 연락할 수 있다.

# 차례

# 1

# 한 가지 도구로 모든 것을 평가할 수 없다: 서론

*교사들이 어떤 주어진 시점에서 한 학생 또는 전체 학급의 상태에 대한 판단을 내리기 위해서는 다음 수업 단계를 결정하기 위한 개별 학생의 진보 또는 학급 전체의 진보에 대해 가능한 한 정확한 데이터가 필요하다.*

— Marzano(2010, p. 1)

효과적인 교사는 각 학습 상황에 적합한 평가 도구를 전략적으로 선정한다. 마찬가지로, 건축가는 건축 프로젝트를 계획할 때 환경에 대한 연구, 세부적인 측정, 청사진의 검토, 소유자의 요구, 그리고 관련된 모든 사람들의 전문지식을 포함하여 최상의 사전평가 도구를 신중하게 확인한다. 이러한 과정이 진행되는 동안, 하청업자들이 자신의 특수 영역에서 즉각적으로 수정할 수 있도록 지속적이고 주기적으로 감독한다.

건축가와 마찬가지로, 교사도 목적에 적합한 가장 효율적인 평가 도구를 선정한다. 다양한 도구를 활용하여 학습 전과 중, 후에 형성평가 데이터를 수집한다. 다양한 평가를 활용함으로써 학생들이 알고 있는 것을 다양한 방식으로 보여 준다. 개별 학생들의 학습을 정확하게 측정하기 위해서는 한 가지 이상의 평가 도구가 필요하다.

## 맞춤형 수준별 · 개별화 평가란 무엇인가?

맞춤형 수준별 · 개별화 평가는 교사가 다양한 형성평가와 총괄평가 도구를 활용하여 수업 전, 중, 후에 데이터를 수집하는 지속적인 과정이다. 양질의 평가는 개별 학생을 위한 경로를 안내해 주는 측정기이다. 교사는 평가 데이터를 해석하여 개별 학습자의 요구와 장점을 확인한다. 각 학습자는 적합한 평가 도구를 활용할 때 자신이 알고 있는 것을 드러낼 수 있다. 교사는 결과를 분석하여 맞춤형 수준별 · 개별화 수업을 위한 계획을 짤 수 있다.

## 필수적인 도구 선정

목수는 절차와 재료, 과제에 적합한 도구를 선택하기 위해 사전 경험과 전문지식을 활용하여 제안된 건축 프로젝트를 평가하고 분석한다. 동일한 원리가 교사와 학생들에게도 훨씬 더 정교하고 중요한 수준에서 적용된다. 학생의 요구에 대한 완전한 실상을 파악할 수 있는 맞춤형 수준별 · 개별화 평가 도구를 선정하거나 설계하라. 각 평가 경험의 목적이 학생이 알 필요가 있는 것을 보여 주고, 새로운 기능과 전략을 숙달할 개별 학생의 능력을 개선하는 데 있음을 명심하라.

개별 학생이 다음과 같은 측면에서 독특하기 때문에, 학생들에 대한 정보를 수집하기 위해 맞춤형 수준별 · 개별화 평가 도구가 필요하다:

- 지식 기반
- 동기유발
- 정서와 욕구
- 다중지능
- 사전 경험과 배경
- 주제 또는 교과에 대한 태도
- 학습 양식과 양상
- 태도, 흥미, 재능

평가 결과는 수업 계획을 전략적으로 설계하고, 학생들의 학습을 다양한 방식으로 보여 주게 하며 정확한 경로를 유지하고 학습 여정을 가속화하는 데 활용된다.

## 지속적인 평가

지속적인 평가(ongoing assessment)는 교수-학습을 개선하는 생생한 정보를 제공한다. 학습*의* 평가는 소중하다; 그러나 학습*에 대한* 지속적인 평가는 필수적이다. 전통적인 교실에서는 새로운 자료를 가르치고 단원이 끝날 때 시험을 통해 평가한다. 과거 수년 동안, 지속적인 평가가 수업을 계획하는 과정의 핵심 요소가 되었다. 이제 교육자들은 학습 전, 중, 후 동안 데이터 수집과 해석 및 적용의 가치를 인식하고 있다.

학습에 대한 지속적인 평가의 중요성을 인식하기 위해 다음과 같은 장면을 *상상해*

*보라*: 메이저 자동차 경주를 위해 경주용 자동차가 트랙에 도착했다. 경주가 시작되기 전에 정비사와 운전자가 자동차의 엔진과 타이어, 브레이크, 안전장치를 철저하게 점검한다. 경주를 하는 동안, 전자도구를 통해 입수한 데이터와 각자의 관찰과 팀 전체의 전문지식을 총동원하여 자동차를 계속 평가한다. 팀의 목적은 자동차의 성능과 속도를 최대한 유지하는 것이다.

운전자가 간혹 구덩이에 빠지면 정비사가 부품을 교체하고 연료를 보충하며 타이어를 교체하고 다른 필요한 서비스를 제공한다. 운전자와 정비사가 자동차의 성능을 경주가 끝난 뒤에 점검하게 되면, 타이밍이 너무 늦어서 고치거나 조정하는 의미가 없다.

교실에서 학습자의 수행에 대해 생각해 보라. 단원이나 학기 또는 기간이 끝날 때까지 평가를 기다리는 것이 과연 합리적인가?

## 맞춤형 수준별 · 개별화 평가 관련 용어 명료히 하기

교육자들이 사용하는 많은 평가 관련 용어들은 여러 가지 논쟁적인 의미를 지니고 있다. 이 책에서 사용되는 용어들을 명료하게 하기 위해 다음과 같은 정의와 설명을 제시한다:

**기준**(standards): 구체적인 학년 수준에서 주제 영역에 대한 숙달 여부를 확인하기 위한 규정된 기준 또는 구체적 기능

이러한 기준은 연방이나 주정부 또는 학구 수준에서 설정된다. 일부 주는 국가 수준의 공통 기준을 채택하는 과정에 있다.

**독자적 평가**(ipsative assessment): 미래의 개선 목적을 설정하기 위해 학습자가 현재의 수행을 앞선 수행과 비교하는 메타인지적 자기평가의 한 유형

이러한 전략은 자기평가와 독립적인 학습을 촉진한다. 예를 들어, 웨이트 트레이닝에서 개인이 합리적인 미래의 목적을 설정하기 위해 들어올릴 무게의 양과 반복 횟수를 분석한다. 학생들은 컴퓨터 게임에서 점수를 높이기 위해 이러한 전략을 사용하기 때문에 자기평가 원리에 익숙하다. 독자적 평가는 동료의 압박을 제거하고 개인적으로 달성 가능한 목적을 설정하게 해 준다.

**맞춤형 수준별 · 개별화**(differentiation): "오늘날 교실에서 목표로 설정된 기준을 성취하기 위해 교사가 다양한 학습자들의 요구를 충족하기 위해 수업을 전략적으로 설계하는 하나의 철학"(Gregory & Chapman, 2007, p. 2)

맞춤형 수준별 · 개별화 수업 전략은 이러한 철학을 실행하기 위해 사용된다. 평가 데이터는 맞춤형 수준별 · 개별화 평가를 계획하는 원동력이다.

**비형식적 평가**(informal assessment): 신속하고 효율적인 도구를 활용하여 평상시에 비형식적인 방법으로 반응 또는 반작용을 수집하는 과정

이러한 도구는 통상적으로 점수나 성적을 산출하지 않는다. 비형식적 평가 도구는 설계하고 실행하고 분석하기 쉽다. 응답 카드, 손짓 신호, 관찰 등이 이러한 사례에 해당된다.

**사정**(evaluation): 판단을 내리기 위해 특정한 시점에서 학습자의 능력과 기능을 총괄적으로 분석. 사정 데이터는 전통적으로 학습 단원이나 학기 또는 학년이 끝날 때 수집된다.

**자기평가**(self-assessment): 개인의 장점과 요구를 결정하기 위한 메타인지적 과정

이러한 사고 과정은 학습자가 사용할 활동과 전략을 확인하기 위한 기준과 기능 및 개념에 대한 주인의식을 가지게 한다.

**참 평가**(authentic assessment): 학습자가 지식과 기능, 장점과 요구를 실제적으로 참된 방식으로 적용하는 유의미한 수행 과제

예를 들어, 시뮬레이션, 역할극, 전시, 시범, 프로젝트, 포트폴리오는 참 평가이다.

**총괄평가**(summative assessment): 단원 또는 학습 기간이 끝날 때 이루어지는 학생 활동 평가

모든 총괄평가 데이터는 수업에 대한 의사결정과 학생 배치를 위해 수집, 분석된다. 이러한 정보는 종종 다음 수업에서 형성평가 데이터의 주요한 부분이 된다.

**평가**(assessment): 학습자의 활동과 구체적인 요구에 대한 판단 또는 사정

즉각적인 수업과 미래의 수업을 위한 방향은 형식적 또는 비형식적 절차를 통해 수집한 정보에 근거한다.

**평가 기능**(assessment skill): 평가 도구를 능숙하게 활용할 수 있는 학습자의 능력

학생은 평가 기능을 적용하여 자신의 이해와 지식과 능력을 알려 줄 수 있어야 한다. 예를 들어, 정보를 기록하기 위해 매트릭스를 활용하는 능력은 그래픽 조직자를 활용하는 기능이다.

**평가 도구**(assessment tool): 표준이나 기능 또는 개념에 대한 학생의 지식 수준을 확인하기 위해 사용하는 형식적 또는 비형식적 도구

평가 도구는 학습 전, 중, 후에 수업 계획을 위한 정보나 데이터를 제공하는 활동 또는 장치를 포함한다. "내가 학습한 가장 중요한 정보는 ______ 다"와 같은 반성적 문장은 메타인지적 평가 도구의 예이다.

**평가 선택**(assessment choices): 학습자에게 평가를 선택할 수 있는 대안을 제시

이 강력한 기법은 학습자를 즉시에 맞춤형으로 수준별·개별화하고 학습자에게 권한을 위임해 준다. 예를 들어, 학생들에게 그림을 그리거나 한 단락의 글을 지어 질문에 대답하게 하라.

**평가 전략**(assessment strategy): 목적에 도달하기 위해 활용하는 접근 또는 전술적 절차

전략은 활동이나 기능 또는 도구를 위한 우산이다. 많은 다양한 활동에 동일한 전략을 사용할 수 있다. 예를 들어, 색상 부호화(color-coding)는 전략이다. 어휘의 지식을 확인하기 위해 빨강, 노랑, 파랑 디스크를 사용하면, 이것은 색상 부호화 활동이다.

**평가 활동**(assessment activity): 평가 과정에 학생이 신체적이거나 인지적으로 능동적으로 참여하는 활동

선정된 활동이 형성적이거나 총괄적일 수 있으며 학습자의 장점과 단점을 확인하기 위해 난이도 수준을 다양하게 설계할 수 있다.

**피드백**(feedback): 학습자의 활동이나 반응과 관련된 교사 또는 관찰자의 서면이나 구두의 코멘트

진술문은 개선을 위한 건설적 시사점을 제공한다. 구체적인 관찰 가능한 칭찬 진술문은 피드백 과정에서 동기유발 요인이다.

**형성평가**(formative assessment): 요구를 확인하고 계속적인 피드백을 제공하기 위해 수업 전, 중, 후에 이루어지는 지속적인 일상 평가

형식적 또는 비형식적 평가를 통해 데이터를 수집할 수 있다. 형성평가 데이터는 맞춤형 수준별 · 개별화 수업 계획을 안내하고 학습자의 일상적인 학업 진보를 증진하기 위한 피드백을 제공한다. 이러한 데이터를 수집하는 방법에는 교사의 관찰과 자기점검, 일상 활동, 장 또는 단원 검사, 주요 시험, 과제 수행이 포함된다.

**형식적 평가**(formal assessment): 구체적이고 관찰 가능한 정보를 수집하여 성적에 기여하는 도구

이러한 데이터는 내용 지식과 기능 및 능력 또는 행동 관찰로 수집할 수 있다. 검사는 형식적 평가 도구이다.

## 맞춤형 수준별 · 개별화 평가 관점 자기분석

다음 진술문을 통해 맞춤형 수준별 · 개별화 평가에 대한 자신의 성향과 관련된 수업 경험, 이러한 철학과 관련된 신념을 사전평가하라(표 1.1 참조).

만약 대부분의 진술문 또는 모든 진술문에 '4'로 응답한다면, 맞춤형 수준별 · 개별화 평가 전략의 필요성을 인식하고 있는 셈이다. 결과를 분석하고 자신의 교실이나 학교 또는 학구에서 맞춤형 수준별 · 개별화 평가를 통합하기 위한 개선 목적을 설정하라.

맞춤형 수준별 · 개별화 평가는 학습자의 요구와 장점을 확인한다. 주제나 기능과 관련된 학생의 지식 기반과 선행 경험, 흥미 수준, 태도와 능력을 확인하기 위해 다양한 형식적, 비형식적 평가 도구를 활용하라. 개별 학생의 요구를 충족하기 위한 개별

**표 1.1 형성평가 자기분석**

다음 문항을 스스로 평가하라. 1은 형성평가 자기분석을 더 자주 활용할 필요가 있음을 의미한다. 4는 현재 형성평가 자기분석을 잘 활용하고 있음을 의미한다.

| 문항 | | | | |
|---|---|---|---|---|
| A. 나는 학생의 요구를 확인하기 위해 형성평가 결과를 활용한다. | 1 | 2 | 3 | 4 |
| B. 나는 수업을 계획하기 위해 형식적, 비형식적 평가를 활용한다. | 1 | 2 | 3 | 4 |
| C. 나는 학생의 독특한 장점과 요구를 충족한다. | 1 | 2 | 3 | 4 |
| D. 나는 맞춤형 수준별 · 개별화 과제와 처방을 계획하기 위해 평가 데이터를 활용한다. | 1 | 2 | 3 | 4 |
| E. 나는 특정 주제와 관련된 학생의 흥미와 태도가 평가에서의 성공에 직접적인 영향을 미친다고 믿는다. | 1 | 2 | 3 | 4 |
| F. 나는 학습 전, 중, 후에 다양한 형성평가 도구를 활용한다. | 1 | 2 | 3 | 4 |
| G. 나는 학습자들을 자기평가 과제에 참여시킨다. | 1 | 2 | 3 | 4 |
| H. 나는 적합한 방식으로 평가에 대한 구체적 피드백을 제공한다. | 1 | 2 | 3 | 4 |

화된 계획을 창안하기 위해 형성평가 결과를 분석하라.

## 도구상자에 "격차 줄이기" 생성

맞춤형 수준별 · 개별화 수업과 평가는 서로 맞물려 있다. Marzano(2000)는 평가와 수업의 목적을 다음과 같이 명료화하고 있다:

- 평가는 하위 수준의 정보를 재생하기보다는 학생들의 지식과 복합적 추론의 활용에 초점을 두어야 한다.
- 수업은 학습이 어떻게 일어나는지에 대해 우리가 가장 잘 알고 있는 것을 반영해야 한다.

이러한 고차적인 수업과 평가를 지원하기 위해 교사는 평가 데이터를 지속적으로 유입할 필요가 있다. 우리는 학습 전, 중, 후에 학생들을 평가하기 위해 맞춤형 수준별 · 개별화 형성평가 전략과 풍부한 도구상자(toolbox)를 제시하고자 한다. 이러한 도구들은 교사가 학생들의 요구나 학습 곤란을 확인할 수 있도록 설계되어 학생들이 '간격을 줄이고(Zap the Gaps)' 학습을 촉진할 수 있다.

맞춤형 수준별 · 개별화는 교사들이 개별 학생들의 요구를 충족시키는 최상의 방법으로 간주한 이래 숙고와 의문, 연구의 단계를 거쳐 왔다. 연구가 두뇌가 어떻게 학습하는지와 평가가 계획을 어떻게 안내하고 지원하는지에 대한 보다 세부적인 정보를 제공하기 때문에, 우리는 맞춤형 수준별 · 개별화 수업과 평가가 일반적인 관행이 되리라고 예측한다.

> 형성평가는 교사가 평가에서 도출한 학생의 상태에 대한 증거를 지속되는 수업 절차에 조절하거나 학생이 자신의 현재 학습 기법을 조절하기 위해 활용하는 계획된 과정이다.
>
> — Popham(2010, p. 138)

연구의 실제적 적용은 이 책 전반을 통해 제시된 다양한 전략과 활동에서 찾아볼 수 있다. 맞춤형 수준별 · 개별화 평가 방법과 모형, 접근에 대해 더 많은 연구들이 유입되고 있다.

우리는 교육자들이 맞춤형 수준별 · 개별화 형성평가와 총괄평가를 활용하여 학생들이 원하는 학습 경험을 제공해 주기를 바란다. 우리는 많은 전략과 활동, 아이디어를 설계하거나 선정하여 교사들이 이를 전략적으로 채택하여 처방을 계획하고 나아가 학생들에게 권한을 위임할 수 있도록 하였다.

## 책무성 시대의 평가

맞춤형 수준별 · 개별화 형성평가는 학교가 책무성 기준을 충족하는 것을 어떻게 도울 수 있는가? 교육자들은 이러한 접근을 학습자 친화적으로 계획하는 데 활용한다. 맞춤형 수준별 · 개별화 수업과 형성평가는 학생들이 새롭고 매력적인 전략과 기능으로 다양한 방식으로 학습하도록 하여 교육기준을 성취하게 한다.

형성평가의 목적은 가장 적합한 도구를 활용하여 학습자가 지식과 기능을 실증하도록 하는 데 있다. 학생들에게 평가 활동을 제시하기 때문에, 학생들이 자기를 반성적으로 평가함으로써 내적 동기가 유발되어 학습 잠재력에 도달할 수 있는 기회를 제공한다. 맞춤형 수준별 · 개별화 형성평가는 평가 데이터에 지속적인 피드백을 제공하여 수업 계획과 관련된 의사결정을 안내한다. 맞춤형 수준별 · 개별화는 개별 학생들이 기준을 달성하고 매년 진보할 수 있도록 도와준다.

## 국가 수준 성취 기준

국가 수준 성취 기준(common core state standards)*은 최적의 교육 실제를 위한 전미 주지사 교육센터(National Governor's Education Center for Best Practices)와 주교육 담당위원회(Council of State School Officers)의 발의로 도출되었다. 이러한 기준은 각 학년 수준에 대한 기대를 제공하고, 학생의 숙달을 위한 공통의 이해와 절차에 초점을 두고 있다. 학습자들이 대학과 직업 현장에서의 성공을 준비하는 동안 그들의 진보를 보장하는 데 목적이 있다.

국가 수준 성취 기준은 다음과 같다:

- 대학과 직업 기대에 맞추어 조정된다.
- 엄격한 내용과 고차적인 사고 기능을 통한 지식의 적용을 포함한다.
- 현행 국가 기준의 장점과 수업을 기반으로 한다.
- 학습자들이 글로벌 경제 및 사회에서 성공할 수 있도록 준비시킨다.
- 증거와 연구에 기초한다.

국가 수준 성취 기준과 평가의 활용은 국가가 데이터를 유의미한 방식으로 공유하고 비교할 수 있는 능력을 증진시킨다.

## 최고를 향한 경쟁

최고를 향한 경쟁(Race to the Top)**은 각 주에 교육개혁을 위한 재정적 인센티브를 제공하고 있다. 최고를 향한 경쟁은 2009년 7월 미국 경기부양법(American Recovery

* 역자주: 미국 공통 학습 기준 또는 공통 핵심 성취 기준으로 번역할 수도 있으나, 우리나라의 국가 수준 교육과정에 제시된 성취 기준과 유사하기 때문에 국가 수준 성취 기준으로 번역하였다.

** 역자주: 오바마 정부의 교육개혁정책으로 "실패한 학교"들은 "학교를 비즈니스처럼 운영하라"라는 강령 아래 공립학교를 평가한 후 수준이 미달되는 학교를 폐쇄조치하고 있다. 뉴욕과 시카고를 비롯하여 대도시 곳곳에서 공립학교가 잇달아 폐쇄되고 수천 명의 교사가 해고되는 등 부작용이 야기되고 있다. 미국 현지에서는 폐쇄되는 공립학교가 흑인 슬램가 등 빈곤한 지역에 몰려 있어 인종과 부의 이중차별이라는 논란을 낳고 있다. 아래 블로그를 보면 평가 내용이 공정성과 객관성이 있다고 보기 어려우며, 더욱이 교육이라는 영역이 성과주의라는 시장논리에 좌우되어 민영화 수순을 밟아야 하는지를 묻고 있다(Obama's Race To The Top Drives Nationwide Wave of School Closings, Teacher Firings by Bruce A. Dixon on Wed, 01/09/2013).

and Reinvestment Act)을 통해 지원을 받고 있다. 주요 목적은 미국 교육을 개혁하고 모든 아동들이 탁월한 교육에 접근할 수 있도록 보장하는 것이다. 모든 이해당사자들에게 교수와 학습을 지속적으로 개선하는 데 필요한 데이터와 정보를 제공하기 위해 설계되었다.

평가와 관련된 최고를 향한 경쟁 준거는 공통 기준과 양질의 평가를 개발하고 실행하는 것을 포함하고 있다. 수업을 개선하기 위해 국가의 데이터를 분석하고 적용한다. 한 가지 범주로 수업 프로그램에서 STEM(science, technology, engineering, math)*을 우선순위에 두고 있다. 국가가 재정 지원을 받을 수 있는 자격을 부여하고 있으며, 일단 승인을 받고 나면 많은 강력한 지침을 따르고 실행해야 한다.

## 중재 반응 모형

중재 반응 모형(Response to Intervention: RTI)은 2004년 입법된 장애인 교육법(Individuals with Disabilities Education Act: IDEA) 속에 기술되어 있다. 학습부진아(struggling students)의 요구를 충족시키기 위한 수업과 평가 및 중재로 구성되는 3단계 구조로 설계되어 있다. 중재 반응 모형의 주된 목적은 개별 학습자들이 교실 밖의 특정 위치에 배정되지 않도록 하기 위해 그들의 요구에 맞추는 데 있다. 이는 일반적인 교육 방안이지만 특수교육 프로그램에도 적용할 수 있다.

중재의 3가지 수준은 다음과 같다:

- 1단계: 형성평가와 일반적인 선발 과정을 통해 개인의 구체적인 약점과 요구를 확인한다. 수집된 자료에 근거하여 의사결정을 내린다. 학습자의 확인된 요구에 맞추기 위해 맞춤형 수준별 · 개별화 수업을 실시한다.
- 2단계: 1단계 접근에 반응하지 않은 학생들을 위해 맞춤형 중재와 함께 보다 집중적인 선발 과정이 제공된다. 이 단계에서는 연구에 근거한 수업과 함께 진보 과정에 대한 점검이 더 많이 이루어진다.
- 3단계: 2단계에서 제공된 맞춤형 수업을 통해 개선이 이루어지지 않은 학생들에게 특수교육 서비스를 통한 구체적이고 집중적인 중재가 제공된다.

---

* 역자주: 우리나라에서는 미국에서 사용하는 STEM(science, technology, engineering, math)에 예술(arts)을 추가하여 STEAM(science, technology, engineering, arts, math)이라는 용어를 사용하고 있다.

## 고부담 시험의 영향

*고부담 시험(high-stakes testing)*은 시험 결과가 학생은 물론 교사와 학교, 지역사회와 국가에 중요한 영향을 미치는 것을 의미한다. 시험 점수가 이해당사자에게 영향을 미치는 몇 가지 사례는 다음과 같다:

### 학생

- 시험 결과가 합격과 불합격을 결정하는 데 활용된다.
- 시험 결과에 따라 졸업이 좌우된다.
- 낮은 점수를 받은 학생들은 스포츠 활동 참여에서 배제된다.
- 특수 학급에의 수용 또는 거부가 점수에 좌우된다.
- 낮은 점수를 받은 학생들은 종종 학교에서 배척당하거나 탈락된다.

### 교사

- 일부 주에서는 개선된 점수에 근거하여 봉급에 대한 인센티브와 제재가 이루어진다.
- 점수가 공개되고 비교되기 때문에 동료 교사들 간에 부담감을 느낀다.
- 학생들이 학습의 즐거움을 경험할 수 있는 유의미하고 직접적인 활동을 창출하는 시간이 줄어든다.
- 높은 시험 결과를 기대하는 법에 규정된 개선 프로그램은 수행이 낮은 학생들을 맡은 교사들에게 스트레스와 불안을 유발한다.

### 학교

- 지역과 주 소속 학교의 시험 점수가 비교된다.
- 성취 수준이 낮은 학교에 대한 제재로 정부의 재정 지원이 줄어든다.
- 시험 점수를 개선하기 위해 의무적으로 구체적인 프로그램을 실시해야 한다.
- 시험 데이터에 대한 해석에 근거하여 맞춤형 수준별 · 개별화 수업이 설계된다.

### 지역사회

- 성취 수준이 낮은 학교가 있는 지역의 학부모들이 주택 구입을 회피하거나 이사한다.

- 학생들이 사립학교로 전학을 간다. 때문에 공립학교에 대한 재정 지원이 줄어든다.
- 기업이 성취 수준이 높은 학교가 있는 지역으로 이전한다.

주

- 기업과 가정이 성취 수준이 높은 주에 입지를 선택하게 된다.
- 최고 수행 지역과 최저 수행 지역 순으로 점수가 매겨지고 매체에 보도된다.
- 주별로 성취 수준이 낮은 학교를 확인하고 관리한다.

국가

- 각 주의 수행 결과에 따라 등위가 매겨진다.
- 각 주별로 점수에 근거하여 연방 예산이 배정된다.
- 국가의 종합점수가 다른 국가와 비교되어 순위가 매겨진다.

### 선행 요건으로서의 평가

맞춤형 수준별 · 개별화 평가는 교육과정 계획과 수업의 선행 요건(prerequisite)이다. 형성평가 활동과 전략은 맞춤형 수준별 · 개별화를 위한 의사결정을 할 때 활용할 수 있는 데이터를 제공해 준다. 이는 학생들의 경험과 지식 기반이 많이 다르다는 점을 암시하고 있다. 다음에 제시된 세 집단의 시나리오를 검토해 보자.

*집단 1은 주제와 관련된 보다 강력한 기초를 제공하기 위해 배경 정보를 확장할 것을 요구한다. 배경 지식의 격차를 줄이기 위한 중재가 활용된다.*

*집단 2는 수업 시작에 필요한 지식과 배경을 갖추고 있다. 이 집단의 사전평가 데이터는 이 집단의 학생들이 학년 수준에 적합한 정보를 갖고 있음을 보여 주고 있다.*

*집단 3은 주제와 관련된 기초를 넘어서 가속하여 지식을 확장하고 새로운 아이디어를 탐구할 준비가 되어 있다.*

기능이나 단편적인 사실 정보를 가르치면, 학생이 수업이 끝난 후에 이를 정확하게 활용할 수 있어야 한다. 그러나 며칠이 지난 뒤에 학생이 기능을 자동적으로 활용할 때 진정한 의미의 숙달이 이루어진 것임을 명심하라.

평가 데이터를 활용하여 개별 학습자들의 다양한 지식 수준의 요구를 충족할 수 있는 풍부하고 철저한 맞춤형 수준별 · 개별화 교육과정을 설계하라.

## 맞춤형 수준별 · 개별화 평가 전략의 혜택

교사와 학생들은 맞춤형 수준별 · 개별화 평가를 통해 혜택을 얻는다. 다양한 자원을 통해 수집된 데이터가 구체적인 기능이나 주제를 학습하기 위한 개별 학생의 준비도에 대한 비유적인 모자이크를 제공해 주기 때문이다. 모자이크 작업은 각 조각이 제자리를 찾아 설계를 완성할 때 종료된다. 어떤 모자이크는 작은 조각들이 많이 모여 구성되는 반면, 다른 모자이크는 몇 개의 큰 퍼즐 조작으로 구성되기도 한다. 다양한 조각의 평가 데이터를 엮어서 학생의 독특한 요구에 대한 완전한 실상을 파악하라.

전체 실상을 완성하기 위해 세부적인 평가 데이터를 요구하는 사례도 있다. 다른 사례는 학생들이 한두 조각의 퍼즐만 필요하기 때문에, 학생들을 재빨리 관찰함으로써 계획에 필요한 적합한 평가 데이터를 제공할 수 있다. 복합적인 사고 과정으로 구성되는 기준이라면, 학생에 대한 전체적이고 심층적인 실상을 완성하기 위해 다중 평가가 필요할 수 있다. 교육자와 학습자가 함께 힘을 모아 모든 조각을 맞출 때 혜택을 얻을 수 있다.

맞춤형 수준별 · 개별화 교실에서 모든 학생들이 고차적인 사고 기능을 활용할 수 있는 기회를 제공하라. 이러한 과제가 뛰어난 학생들에게만 빈번하게 제시되고 있다. 학습에 곤란을 겪는 학생들에게는 기본적이고 기계적인 과제와 평가가 주어진다. 모든 학생들이 개인적인 이해 수준 내에서 학습할 기능과 질문, 과정과 아이디어에 도전하여 혜택을 얻을 수 있도록 해야 한다.

평가가 명시적인 수업과 리뷰 또는 재수업이 필요함을 암시해 줄 수도 있다. 정보나 기능을 새롭거나 다른 방식으로 제시할 필요성을 지적해 줄 수도 있다. 개별 학생들은 요구가 확인되자마자 교사가 도움을 주며 중재할 때 혜택을 볼 수 있다(표 1.2 참조). 학생들이 인지적, 정의적으로 성장하는 것을 돕기 위해 교사가 자신들의 장점과 요구를 지속적으로 점검하고 있다는 것을 알게 하는 것이 중요하다.

## 맞춤형 수준별 · 개별화 평가에서 교사의 역할은 무엇인가?

*뉴 옥스퍼드 아메리칸 사전(New Oxford American Dictionary)*에 따르면, *평가(assessment)*라는 단어는 사정(appraisal)을 의미한다("Assessment", 2010). assessment는 '곁에 앉다(to sit beside)'라는 의미의 라틴어 *assidere*에서 유래하였다.

**표 1.2 지속적인 맞춤형 수준별 · 개별화 평가의 인지적, 정의적 혜택**

*인지적 혜택*

- 학습의 격차를 줄이고 이를 중재하기 위해 평가 데이터를 활용
- 실패 감소
- 학습자의 성공 수준 범위 내에서 도전
- 과제 집중 시간 증가
- 학습자의 지식 기반과 경험 및 능력 구축
- 학습 가속화

*정의적 혜택*

- 학습자들을 격려하고 학습자들에게 권한을 위임
- 안전감 제공
- 위험 감수를 지원
- 실패를 학습 기회로 활용
- 유대감 형성
- 좌절 감소
- 자신감 개발
- 자기 동기화 산출

이상적인 상황 속에서, 평가 활동이 진행되는 동안 교사가 학생 곁에 앉아서 지원과 즉각적인 피드백을 제공한다. 학습자는 요구의 진전 상황에 따라 각 기능에 대한 수업을 받는다. 평가가 이루어지는 동안 각 학생 곁에 앉는 것은 물리적으로 불가능하다. 그러나 학생이 교사를 자신의 개인 코치와 치어 리더로 느끼게 하는 것은 가능하다. 모든 학생들이 교사가 도움과 칭찬, 격려, 높은 기대감을 제공하는 안내자로서 거기에 있다는 것을 알게 해야 한다.

교사들은 법제화된 기준과 벤치마크, 필수 질문 또는 지표를 따라야 한다. 대부분의 경우, 요구되는 기능을 가르치는 데 필요한 자원과 기법 그리고 적합한 시간을 교사들이 자율적으로 선택할 수 있다. 평가 경험이 흥미로운 도구와 전략과 조화를 이룰 때, 학습에 문호를 개방하는 기회가 창출된다.

교사가 해야 할 다차원적인 과제는 다음과 같은 가장 효과적인 접근을 활용하여 평가 경험을 맞춤형으로 수준별 · 개별화하는 것이다:

| 내용 | 자원 | 도구 | 형식 |
|---|---|---|---|
| 과제 | 전략 | 피드백 기법 | 수행 |

교사는 다양한 평가 경험의 결과를 활용하여 학생의 학습 수준을 결정한다. 학생들은 자신이 적합한 배경을 가지고 있는지, 필요한 정보를 알고 있는지, 다음 단계를 위한 준비가 되어 있는지를 실증할 기회를 가지게 된다.

평가 데이터를 활용하여 학습자들이 특정 기능을 더 공부할 필요가 있는지 또는 새로운 기능으로 옮겨 갈 준비가 되어 있는지를 결정한다. 이 책 전반에 걸쳐 이러한 중요한 의사결정 평가 경험을 다룬다.

> 평가 과정이 측정에 근거하는 반면, 측정은 평가 과정의 첫 단계에 불과하다. 관찰 구성요소와 해석이 없는 데이터 그 자체는 수업 또는 정보를 제공하는 교수에 별 의미가 없다. 시험 점수에 대해 가치 있는 판단을 내릴 수 없다; 점수는 있는 그대로의 데이터에 불과하다. 평가 수준이 되기 위해서는 데이터에 대한 해석이 필요하다.
>
> — Routman(2000)

## 시작 단계 실행하기

### 소단계로 맞춤형 수준별 · 개별화 평가 실행하기

이러한 자원을 독자적으로 활용할 때, 점진적으로 진행하라. 이러한 자원은 지속적인 평가 아이디어의 거대한 보석 창고를 포함하고 있다. 맞춤형 수준별 · 개별화 수업과 평가를 처음 활용할 때, 자신이 좋아하는 실행 전략을 한두 가지 선택하라. 예를 들어, 학생들에게 선택권을 부여하며 시작하라. 제한된 기초에서 시작하여 점점 더 익숙해지면 도구의 활용을 확장하라. 예를 들어, 단원 검사에서 물의 순환에 대한 이해 여부를 어떻게 보여 줄지를 학생들에게 선택하게 하라. 문장을 기술하게 하거나 과정을 그림으로 그리게 하거나 주요 단계와 변화를 이름 붙이게 하는 대안을 포함할 수 있다. 이러한 강력한 전략을 활용하여 학생들의 평가 선택을 점진적으로 확장하라. 다음으로 자기 대화(self-talk) 또는 주사위를 활용한 선택권을 추가하라. 학생들이 자연스럽게 익힐 때까지 각 전략을 경험하게 하라. 장점이 충분히 발휘되면, 이러한 자원을 잘 보관하여 레퍼토리를 확장하라.

### 맞춤형 수준별 · 개별화 평가 도구를 직무 관련 경험으로 활용하기

직원 개발자들과 행정가들은 맞춤형 수준별 · 개별화 평가 활동과 전략을 교사들에게 직무 관련 경험으로 제시할 수도 있다는 것을 알게 된다. 여기에는 현장 시범을 활용하여 개별 학생 또는 학생 집단의 다양한 요구를 충족하기 위한 도구나 접근을 신중하게 선택하는 모델을 보여 주는 것도 포함된다. 이러한 보상 과제를 성취하기 위해 학년 수준 팀이나 동료 파트너가 책의 한 부분이나 단락을 선정하여 전시나 역할극을 통해 구체적인 평가 도구를 제시할 수 있다. 확인된 도구를 채택하는 실제적인 방법을 분석하거나 토의하는 것을 추수활동에 포함시켜라.

표 1.3에 제시된 맞춤형 수준별 · 개별화 형성평가를 위한 실행 단계는 교사를 위한 자기분석과 개선 도구로 고안된 것이다. 현재 자신의 교실에서 실행하고 있다면, 모든 칼럼에 있는 각 문항에 체크하라. 단계 3 문항은 맞춤형 수준별 · 개별화 형성평가 활용에 전문지식이 있음을 의미한다. 단계 1과 2에 마크되지 않은 문항은 개선이 필요한 영역을 암시한다. 이 양식을 개인이나 팀의 전문성 개발을 위해 활용하라.

## 도구상자 열기

적합한 평가 도구를 활용하여 기준이나 토픽 또는 기능과 관련된 학습자의 지식 기반과 선행 경험을 확인하기 위한 조절 가능한 과제를 설계하라. 수업을 안내하기 위해 수집된 정보를 활용하여, 각 학생이 자신의 이해 수준에 맞게 시작하여 학습 과정을 통해 진보하게 하라. 맞춤형 수준별 · 개별화 평가 데이터를 활용하여 학생들에게 가장 생산적인 학습 경험을 제공할 수 있는 수업의 출발점을 확인하라.

이 책 전반에 걸쳐 제시된 다양한 전략과 활동을 통해 이 책에 제시된 연구가 실제적으로 적용되고 있음을 발견할 수 있다. 더 많은 연구가 맞춤형 수준별 · 개별화 평가에 대한 방법과 모델, 접근에 반영되어 있다.

우리는 교육자들이 이러한 도구들을 활용하여 평가 경험을 개별화하기를 바란다. 우리는 수많은 전략과 활동, 아이디어를 설계하거나 선정하여 독자들이 … 때문에 각각을 전략적으로 맞춤형 수준별 · 개별화 평가 도구의 하나로 채택하여 활용할 수 있도록 하였다.

***한 가지 도구로 모든 것을 평가할 수 없다.***

**표 1.3 맞춤형 수준별 · 개별화 형성평가를 위한 실행 단계**

| 단계 1 | 단계 2 | 단계 3 |
|---|---|---|
| 학습이 시작되기 전에 평가 도구를 거의 사용하지 않는다.<br>학습 도중에 관찰과 빠른 점검 퀴즈를 활용한다.<br>학습 평가의 목적을 제시한다.<br>학습을 위한 다양한 방법이 있다는 것을 이해한다.<br>학습 자료를 가르칠 다양한 방법을 계획한다.<br>자기평가를 하더라도 거의 사용하지 않는다.<br>개별 및 소집단 과제를 거의 제공하지 않는다.<br>성인이 학생 보고서에 등급을 매긴다.<br>가장 효과적인 자원과 자료로 학생과 기준을 가르친다.<br>학생들을 알기 위해 조사와 검사를 활용한다.<br>긍정적인 평가 풍토를 창안한다.<br>질문과 토의를 통해 학습을 점검한다.<br>흥미나 능력에 따라 집단을 무작위로 편성한다.<br>평가 활동에 학습자들을 참여시킨다. | 각각의 학습 부분을 시작하기 전에 몇 가지 평가 도구를 사용한다.<br>사전평가 자료에 기초하여 과제를 조절한다.<br>학습을 측정하기 위해 비형식적 및 형식적 평가 도구를 활용한다.<br>학생들이 자신이 알고 있는 것을 보여 줄 수 있도록 선택 활동을 제공한다.<br>교사중심 활동과 학생중심 활동을 활용한다.<br>센터와 스테이션 또는 학습 구역을 설정한다.<br>전체 집단, 혼자서 활동, 파트너와 소집단(TAPS)을 활용하는 융통성 있는 집단 편성으로 수업을 계획한다.<br>학생집단을 편성하기 위해 지식 기반을 활용한다.<br>학생들의 지식 기반과 흥미를 확인하기 위해 학생들을 조사한다.<br>수행을 위한 선택 활동을 제공한다.<br>컴퓨터 프로그램을 활용해서 학생의 성공 수준을 평가한다.<br>평가를 위해 그래픽 조직자를 다양하게 설계한다.<br>학생들의 사고 과정을 강조하는 프로젝트를 활용한다.<br>학습 격차를 줄이기 위해 중재를 제공한다. | 수업 계획 1~3주일 전에 적합한 사전평가 도구를 사용한다.<br>대규모 형성평가 도구상자를 개발한다.<br>개별 요구에 대한 계획을 수립하기 위해 데이터를 효과적으로 사용한다.<br>자기평가 기회를 제공한다.<br>형식적 및 비형식적 도구를 활용하여 학습 전, 학습 중, 학습 후에 평가한다.<br>학생들을 알고, 데이터를 개별화된 계획에 활용하기 위해 조사를 하고, 일상적으로 비형식적 대화를 나눈다.<br>필요에 따라 학생들을 이동시키는 융통성 있는 집단 편성 전략을 활용한다.<br>센터 활동과 독립 과제를 위한 활동을 동일한 비중으로 한다.<br>평정 보조도구로 포트폴리오를 활용한다.<br>학년 수준과 지식 수준 평가 점수를 합하여 등급을 매긴다.<br>평가 데이터를 활용하여 조절 가능한 과제를 계획한다.<br>데이터에 기초하여 개별적인 계약과 일정을 배당한다. |

**당신은 맞춤형 수준별 · 개별화 형성평가 실행 단계 중에서 어디에 위치하는가?**

단계 1 ←——— 단계 2 ———→ 단계 3

# 2

# 연구와 최상의 실제를 맞춤형 수준별 · 개별화 형성평가와 연계

**핵심 문제**

평가 경험이 다양한 학습자들에게 개인적으로 유의미하게 작용하는 것을 촉진하고 학습자 친화적으로 하기 위해 두뇌 연구를 어떻게 활용할 수 있는가?

이 장에 소개된 전략과 활동, 제안은 최근의 두뇌 연구와 효과적인 학습과 평가 기법에 근거하고 있다. 이 장은 맞춤형 수준별 · 개별화 평가와 관련된 우리의 연구에 영향을 미치고 안내해 준 이론과 효과적인 실제, 현재의 연구에 대한 개관을 제시하고 있다. 이러한 아이디어를 활용하여 연구를 자료 수집 과정에 적용하라.

## 정보와 기억 처리

개별 학습자의 평가 경험을 개선하기 위해 교육자들이 두뇌의 기본 기능이 정보처리와 어떻게 관련되는지를 이해하는 것이 중요하다. David Sousa(2006)는 *How the Brain Learns*(두뇌는 어떻게 학습하는가)에서 개별 경험과 학습 활동을 하는 동안 두뇌가 들어오는 정보를 걸러 낸다고 설명한다. 감각 등록기(sensory register)가 정보를 분석하고 안내자 역할을 하여 부분적으로 투입된 정보와 관련된 과거 경험에 근거하여 이를 돌려보내거나 수용한다. 정보가 위협적이지 않거나 중요하지 않은 것으로 판단되면 버려진다. 만약 정보가 중요하거나 가치 있고 유의미한 것으로 판단되면, 작동기억(working memory)으로 보내진다. 중요성과 가치 또는 요구를 교사가 아닌 학생이 결정한다는 것을 명심하라. 학생이 결정한다 하더라도, 이러한 과정은 무의식적으로 이루어진다.

소아과 의사이자 학습 전문가인 Mel Levine(2002)은 어떤 학생은 무엇이 중요한지를 결정하는 데 곤란을 겪을 수 있다고 하였다. 학습자가 효과적인 여과 체제를 가지고 있지 않으면, 두뇌가 가치 없거나 유용하지 않은 정보를 받아들이게 된다. 다른 학생은 중요한 정보를 받아들이지만, 구체적인 부분에 초점을 맞출 수 없는 경우도 있다. 가치 있는 정보를 어떻게 확인하는지를 명시적으로 모델로 보여 주는 것이 중요하다. 학생이 초점을 맞추거나 집중을 하게 되면, 두뇌가 정보를 작동기억으로 전이시킨다.

학생들이 정보를 저장하는 능력을 어떻게 개발하는지를 알아야 한다. 이 역시 일상 활동에서 명시적으로 가르쳐야 한다. 예를 들어, 학습자들은 두뇌를 활성화하여 기억으로 들어가는 문을 열 때, 초점을 맞춘 주의집중의 역할을 알아야 한다. 학생들은 선행 경험과 연계하여 의미를 생성하고 장기기억 저장고에 들어갈 정보를 준비하는 전략에 친숙해야 한다. 이는 정보와 작용하고 사실이나 아이디어를 조직하며 인출 단서를 창출함으로써 성취할 수 있다. 학생들이 단기기억에서 정보를 철저하게 처리하는 기회를 가질 때, 정보를 쉽게 인출하거나 자동으로 인출할 수 있는 방식으로 저장할 수 있다. 각 평가 경험에서 학습자의 성공은 자신의 기억 기능과 요구되는 정보를 인출할 수 있는 능력에 달려 있다.

## 학생들이 왜 망각하고 왜 기억하는가?

평가를 하고 난 뒤 교사들은 흔히 "내가 방금 이 정보를 가르쳤다. 그런데 학생들이 이를 기억하지 못한다는 사실을 믿을 수 없다"라고 말한다. 표 2.1은 이러한 요인들에 대한 실제적인 해석과 이들 각각에 대한 몇 가지 가능한 해결 방안을 제시하고 있다.

**표 2.1 Chapman과 King의 기억 장애 차트**

| 기억 장애 | 기술 | 처방 |
|---|---|---|
| 기억의 소멸 | 정보는 시간이 지나면 망각된다.<br>사실과 기능이 기억나지 않는다.<br>*"사용하지 않으면 잃게 된다"* | 연습을 위해 저장된 사실을 활용하라.<br>스펀지 활동을 창안하라.<br>기억조성 기법을 활용하라.<br>오래된 정보와 새로운 정보를 연결하라.<br>중요한 정보를 나선형으로 조직하거나 다시 논의하라.<br>사실과 기능을 게임 형식으로 활용하라. |
| 부주의 | 마음이 다른 곳에 가 있다.<br>주의집중이 되지 않는다.<br>신체적으로 불편하다.<br>*"다른 세상에 있다"* | 의식적으로 학습자를 위한 초점 활동을 설계하라.<br>관심도가 높은 자료를 활용하라.<br>주인의식을 부여하기 위해 일상적인 연습 시간을 제공하라.<br>새로운 자극으로 분위기를 전환하라.<br>과제를 변경하라.<br>파트너와 정보를 공유하라.<br>다른 장소로 옮겨라.<br>과제가 도우미나 보조자 역할을 하도록 배당하라. |
| 인출 단서 부족 | 정보를 알고는 있지만 표현할 수 없다.<br>*"혀끝에서 뱅뱅 돈다"* | 새로운 자료와 오래된 자료를 연계하고 연결하라.<br>학습자에게 자신의 세계와 관련 짓도록 요구하라.<br>기억 단서를 가르치고 모델을 보여 줘라.<br>다시 가르치고 재검토하라.<br>인출할 수 있는 시간을 줘라.<br>주의산만 요인을 제거하라. |
| 왜곡된 사실과 기능 | 사전에 입수된 정보가 부정확하게 학습되었다.<br>*"헷갈린다"* | 명료하게 다시 가르쳐라.<br>학습자에게 잘못 이해한 것을 명료하게 할 시간을 제공하라.<br>명료화를 위해 동료와 토의하게 하라.<br>사실을 조사하게 하라.<br>오류를 즉각적으로 고쳐 줘라.<br>학생들이 새로운 정보로 공부할 수 있는 시간을 제공하라. |
| 개인 안건 장애 | 느낌과 편견, 신념, 정서가 학습을 방해한다.<br>*"내가 믿는 것이 바로 그거야"* | 차이를 존중하고 정보와 기능을 새로운 방법으로 제시하라.<br>일대일 토의에 참여하게 하라.<br>소크라테스 방식의 토의에 참여할 시간을 제공하라.<br>토의 시간을 조직하라.<br>사실적인 발표 기회를 조성하라. |

**표 2.1 Chapman과 King의 기억 장애 차트 (계속)**

| 기억 장애 | 기술 | 처방 |
|---|---|---|
| 확립된 마인드 셋 | 아이디어가 마음속에 고착되어 잊을 수 없다.<br>정보가 한 가지 방식으로 학습되어 새로운 접근을 학습하기 어렵다.<br>*"내 방식대로 한다"* | 정확한 아이디어를 확인하고 이를 새로운 정보와 연계하는 데 활용하라.<br>관련 짓고 연계할 수 있는 시간을 제공하라.<br>정보를 쉽게 전이할 수 있는 기법을 고안하라.<br>정확한 정보를 존중하라. |
| 배경 정보 결여 | 과제나 정보에 대한 경험이 거의 없거나 전혀 없다.<br>길을 잃어버렸다!<br>*"난 왕따당하고 있다"* | 학습자의 지식 기반을 확인하기 위해 평가를 하라.<br>격차를 줄이기 위한 처방을 제공하라.<br>초점 활동을 설계하라.<br>관심을 촉진하는 자료를 활용하라.<br>신기성을 활용하라.<br>주인의식을 강화하기 위한 일상적인 연습 시간을 제공하라. |
| 사실 혼동 | 용어의 철자와 소리 또는 의미의 차이점을 구별하는 데 애로가 있다.<br>*"다루기 너무 힘들다"* | 혼란스러운 용어의 도입을 피하라.<br>한 부분을 소개하고 학습하라.<br>순차적으로 다른 부분을 소개하라.<br>다른 양상을 활용하여 가르쳐라.<br>차이점을 설명하기 위해 시각자료를 활용하라. |
| 외적 간섭 | 외부의 소음이나 행위가 주의를 간섭하거나 집중을 방해한다.<br>큰 소리로 방해하거나 방송 조회 또는 부적절한 행위가 학습자들의 과제 집중을 방해한다.<br>*"그게 뭐라고?"* | 통제를 벗어나 간섭하는 것을 피하라.<br>학습자가 소음으로 간섭받는 동안에는 과제를 변경하여 집중하지 않도록 하라.<br>학생들이 공부하고 사고하는 동안 간섭을 받지 않도록 행동 이슈를 조용하고 사적으로 다루어라. |

## 두뇌의 기억 처리 과정 돕기

작동기억은 학습 과정에서 사고(thinking) 또는 처리(processing) 단계이다. 학생들이 정보를 장기기억으로 전이하는 것을 돕기 위해, 두뇌가 새로운 정보로 학습하는 기회를 제공하는 전략을 제시하라. 다음과 같은 가이드라인을 활용하여 새로운 용어나 토픽, 기능을 제시하라. 학생들이 새로운 정보를 정신적으로 조작하고 처리하는 것을 돕기 위해 다음 리스트에 제안된 범주와 유사한 예를 창출하라. 자신의 콘텐츠에서 학습자의 장기기억에 저장되어야 할 중요한 용어를 다음과 같은 진술문과 문제를 활용하여 제시하라.

## 사적인 관계 형성하기

학생들이 자신의 일상 활동에서 ________를 관찰하거나 적용하는 방법을 토의하라. 이러한 활동은 용어와 관련된 사적인 관계와의 연합을 제공하고 학생들이 자신의 현재와 미래의 삶에서 용어 사용의 혜택과 빈도를 더 잘 의식하도록 해 준다.

다음 리스트에서 한두 토픽을 선택하여 학생들에게 자신의 일상 활동에서 ________를 어떻게 경험했는지를 소개하고 설명하도록 하라:

한 학생이 방과 후에 자신이 … 할 때 ________를 활용한다.
학교에서 한 학생이 자신이 … 할 때 ________를 경험한다.
직장에서 … 할 때 ________를 활용한다.

이런 방식을 소개한 다음, 학생들이 그 용어를 학교 안팎의 활동에서 또 다른 방법으로 활용하도록 도전하게 하라. 반응을 수합하여 학급 리스트를 차트나 포스터로 만들어라.

## 새로운 정보의 가치 보여 주기

- ________에 대한 이러한 정보는 … 할 때 당신에게 가치 있을 것이다.
- ________ 도구를 자동적으로 활용하는 방법을 알고 있을 때, 당신은 … 할 수 있을 것이다.

## 사실과 사고, 아이디어를 조직하고 범주화하기

- 당신이 일상 활동에서 ________를 활용하는 다양한 방법을 열거하라.
- ________ 활동의 단계를 계열적인 순서로 적어라.

### 선행 지식과 경험 연결하기

- 과거에 ___________ 를 어떻게 활용했는가?
- 당신이 기능을 개선하는 데 ___________ 이 어떻게 안내해 주었는가?

### 구성요소 분석하기

- ___________ 활동의 각 단계를 조사하라.
- ___________ 도구의 각 구성요소를 자신의 말로 설명하라.

### 구성요소 요약하기

- ___________ 도구로 사용되는 모든 단계들을 간단명료하게 또는 간략한 단락으로 설명하라.
- ___________ 전략의 본질적인 특성은 무엇인가?

### 구성요소 평가하기

- ___________ 이 자신이 알고 있는 다른 사람의 작업에 어떻게 가치 있는가?
- ___________ 이 학창 시절 전반을 통해 자신에게 얼마나 유용할 것인가?

### 기억 전략을 인출 단서를 창안하는 데 적용하기

- ___________ 사실을 기록하고 기억하기 위한 기억 촉진 전략을 설계하라.
- ___________ 와 관련된 용어를 기억하기 위해 노래나 랩, 시엠송 또는 시를 창안하라.

각각의 기준과 기능에 대한 학생의 성공은 정보를 요구되는 형태로 처리하여 기록하고 적용하는 능력에 달려 있다. 학습을 극대화하고 중요한 어휘의 기억을 촉진하기 위해 이러한 아이디어들을 통합하는 경험을 제공하라.

### 전이

효과적인 교사들은 정보와 기능을 유사하거나 새로운 상황에 자동적으로 전이(transfer)할 수 있는 수업을 계획한다. 새로운 지식을 활용하는 능력은 학습자가 성공할 수 있는 열쇠가 된다. 평가를 통해 학습자가 지식을 적용하거나 전이하는 능력을 확인할 수 있다.

수업의 주요 목적은 학습자에게 일정 시간이 경과한 후에 사실과 기능 또는 아이디어를 다른 방식으로 어떻게 적용하는지를 보여 주는 데 있다. 학생들은 정보가 가치를 지니기 위해서는 전이되어야 한다는 것을 이해할 필요가 있다. 학생들은 당신이 다음과 같은 활동을 할 때, 학습된 정보와 기능 및 아이디어를 평가 활동에 더 잘 전이할 수 있다:

- 유의미한 경험을 창안
- 이해하고 적용하기 쉬운 용어를 사용
- 자신의 세계와 관련된 예를 제공
- 생산적인 피드백으로 필요한 중재를 제공
- 교수 · 학습의 핵심을 이해
- 새로운 학습을 다른 학업 영역과 삶에 적용
- 시뮬레이션과 시범 및 수행을 위해 다양한 맞춤형 수준별 · 개별화 평가 도구를 활용
- 사실과 기능 및 아이디어에 대한 자신의 지식을 그들 자신의 독특한 방식으로 공개

## 신기성

*신기성(novelty)*은 마음의 집중을 유도하는 새롭거나 다르거나 독특한 무언가를 의미한다. David Sousa(2006)에 따르면, 두뇌는 자극에 주의를 기울이며 끊임없이 환경을 살피고 그에 반응한다. 이러한 현상의 장점을 활용하여 학생들의 주의를 집중하고 유지하라. 수업과 평가 경험을 촉진하기 위한 기대감을 형성하고 호기심을 창조하기 위해 다음과 같은 새로운 전략을 활용하라:

- 매력적인 기억 전략과 인출 단서로 모델과 연습을 제공하라.
- 융통성 있는 집단 편성 시나리오를 활용하라.
- 다양한 형식과 자료 및 도구를 활용하라.
- 주의를 집중하는 단서와 함께 정보를 소개하라.
- 마음을 확장하는 매력적인 문제해결 경험을 활용하라.

### 자동화

자동화(automaticity)는 기억 속에 저장된 정보에 쉽게 접근하여 즉각적으로 적용할 수 있는 학생의 능력을 의미한다. 학생들이 필요한 정보를 신속하고 정확하게 적용할 때 진정한 자동화가 실증된다. 자동화의 한 예는 초고 글쓰기를 할 때 분명하게 드러난다. 학생들이 지필고사에서 개방형 문제에 답하거나 초고 작문 과제를 완성할 때 또는 친구에게 편지를 쓸 때 정확한 구두점을 활용한다면, 구두점이 숙달된 것이 분명하다.

학생들에게 다음 주에 동일한 지식을 실증하도록 요구하면, 학생들이 정보를 재생하지 못할 수도 있다. 이럴 경우, 기능이나 정보가 장기 적용이나 평생 활용이 아닌 일시적으로 학습된 것이다. 학생들이 지식을 며칠 또는 몇 주가 지난 후에 다양한 상황에서 정확하고 자동적으로 전이할 때 진정한 숙달이 이루어지게 된다. 자동화를 평가된 각 기능과 전략의 숙달을 위한 목적으로 설정하라.

## 평가를 위한 지적인 행동 개발

Art Costa(2008)는 그의 저서 *The School as a Home for the Mind*(마음을 위한 고향으로서의 학교)에서 지적인 행동을 반영하는 일련의 특성들을 제시하였다. 일관성 있게 높은 평가 점수를 받은 학생들에게서 통상적으로 이러한 행동을 찾아볼 수 있다.

### 평가 경험을 하는 동안 지적인 행동 촉진하기

평가를 하는 동안 학습자들에게 권한을 부여하기 위해서는 일상 수업과 루틴 속에 지적인 행동을 통합하는 것이 중요하다. 저자들은 다음과 같은 여섯 가지 지적인 행동을 선정하여 평가에 적용하였다. 학생들에게 활용할 수 있는 시사점과 아이디어와 함께 각 행동에 대한 설명을 제시하였다. 각 행동을 강화하기 위해 금언을 배너와 포스터 또는 랩과 시엠송 형태로 활용하라.

#### 지속성

지속성(persistence)은 과제를 완수하기 위해 계속해서 노력하려는 개인의 욕망을 의미한다. 성공의 기회를 제공하는 평가를 창안하라. 각 학생을 자신의 근접 발달 영역(zone of proximal development:

> 승자는 결코 멈추지 않는다.

ZPD) 안에서 가르쳐라. 이 영역은 학생이 약간의 도움을 받아 학습할 수 있는 수준을 의미한다(Vygotsky, 1978). 이러한 학습 단계에서는 학생이 너무 싫증을 느끼거나 지나친 도전 부담을 느끼지 않는다. 학생의 노력에 대해 구체적이고 진심이 담긴 칭찬으로 보상하라.

다음과 같은 유명 인사나 역할 모델 그리고 챔피언의 삶 속에서 지속성의 예를 공유하라:

| 아브라함 링컨 | 마이클 조단 | 필 미컬슨 |
|---|---|---|
| 헬렌 켈러 | 마리 케이 | 오프라 윈프리 |

### 질

학습자의 활동의 양(quantity)이 아닌 *질(quality)*을 강조하고 칭찬하라. 학생들에게 다음과 같이 하는 방법을 보여 줘라:

- 달성 가능한 목적과 우선순위 설정과 같은 질적인 측면 또는 중요한 것을 확인하라.
- 자료를 분석하여 가장 가치 없는 용어와 가장 가치 있는 용어를 구별하라.
- 선택적 포기를 칭찬하라.

양질의 작업 습관에 대한 칭찬 진술로 다음과 같은 자기 대화를 보여 줘라:

> 할 수 있는 최고가 되어라!

- 와우! 그 문제를 멋지게 잘 해냈다.
- 오! 과제를 정확하게 잘 완수했다.
- … 때문에, 네가 자랑스럽다.

### 충동 감소

충동적인 학습자는 흔히 생각하지 않고 행동한다. 따라서 평가 활동에서 부주의하게 된다. 이러한 학생에게는 개인적 행동과 의사결정을 통해 사고의 가치를 알게 할 필요가 있다. 학습자에게 자발성은 많은 상황에서 장점이 되지만, 충동은 평가 동안 악영향을 미치게 된다는 사실을 재생시켜라.

> 서두르다 망친다.
> —John Heywood

"토끼와 거북이" 우화를 공유하라. 목적을 향한 거북이의 확고한 의지와 일관성 있는 움직임에 반영된 교훈을 토의하라. 평가를 하는 동안 정보를 처리하고 인출, 리뷰, 점검하기 위해 학생들이 활용하는 일련의 단계들을 확인하고 모델을 보여 줘라.

### 메타인지

메타인지 또는 "사고에 대한 사고"의 가치를 가르쳐라. 학습자가 메타인지를 활성화하기 위해 활용할 수 있는 자기대화의 모델을 보여 줘라. 사고에는 시간이 필요하다는 점을 명심하라.

다음은 평가를 하는 동안 메타인지적 사고를 촉진하는 자기대화의 예들이다:

- 이 문제를 어떻게 해결하지?
- 이 지시를 반복할 수 있을까?
- 규칙을 따랐는지를 확인하기 위해 내가 한 활동을 점검할 거야.
- 이 과제를 완수하는 더 나은 방법이 있는가?
- 문제를 완수하기 위해 어떤 단계를 활용해야 하지?

자신의 사고에 대해 생각한다!

### 정확성과 정밀성을 위한 노력

부정확한 반응을 제거하는 기능을 가르쳐라. 개인적인 활동을 점검하는 단계들을 모델로 제시하라. 예를 들어, 학생이 숫자를 위에서 아래로 더하여 덧셈 문제를 완수하게 한 후에 아래에서 위로 더하여 이를 검산하는 방법을 실증하라.

적시의 바느질 한 번이 나중에 아홉 바느질을 던다.

일상 활동과 평가에서 과제를 시작하기 전에 지시문을 철저하게 읽는 것이 중요함을 강조하라. 모든 교과와 모든 학년에 다음과 같은 활동을 채택하라.

### 활동: 지시문 따르기

다음 활동에서, 학습자들이 지시문을 읽고 따라야 한다. 학생들이 "시작하기 전에 모든 지시문을 읽을" 때, 5번 지시문이 앞의 네 지시문을 완수하지 않아야 함을 알려 주고 있음을 알게 된다. 완수해야 할 지시문은 6번과 7번 지시문뿐이다.

다음 활동을 시작하기 전에 모든 지시문을 읽으시오. 중지하라는 신호가 있을 때까지 계속 활동하시오.

1. 정사각형을 그려라.
2. 정사각형을 네 개의 더 작은 정사각형으로 나누어라.
3. 각각의 작은 정사각형에 대각선을 그려서 두 개의 정삼각형을 만들어라.
4. 각각의 정삼각형에 별을 그려라.
5. 앞의 1~4의 지시문을 완성하지 마라.
6. 교사가 중지하라는 신호를 제시할 때까지 자신이 좋아하는 책이나 영화, 음식 또는 TV 쇼의 목록을 만들어라.
7. 일어나라. 자신이 모든 지시문을 맨 처음 읽으면 자신을 칭찬하면서, "잘했어!"라고 말하라.

주: 이 활동은 활동을 시작하기 전에 모든 지시문을 읽는 것이 중요함을 예시하고 있다. 학생들이 이러한 메시지를 "이해하면" 유사한 활동을 즐길 수 있다.

### 과거 지식을 새로운 상황에 적용하기

학생들의 과거 및 현재 지식을 새로운 기능이나 전략과 유의미하게 관련시켜라. 주제와 관련된 학생들의 경험과 태도 및 배경을 가능한 한 많이 찾아라. 이러한 요인들이 학습에 중요한 영향을 미친다. 학생이 과거 경험을 재생할 수 있는 기회를 창안하라. 과거 지식을 활성화하고 개인적 경험을 새로운 사실 또는 아이디어와 정신적으로 관련시킬 수 있는 다양한 방법을 설명하라.

### 예시: 과거 지식을 새로운 상황에 적용하기

- 자신의 지식을 예시하기 위한 만화를 그려라.
- 그 내용을 글로 써라.
- 자신의 지식이나 경험이 새로운 정보와 어떻게 관련되는지 파트너와 토의하라.
- 과거 경험이 새로운 기능에 어떻게 활용될 수 있는지를 기술하는 랩을 창안하라.
- 조사와 검사 그리고 질문을 활용하여 선행 경험을 사전평가하라.
- 과거 경험과 관련된 역할극을 하라.
- 다음과 같은 자기반성 질문을 활용하라.
    - 이 기능이나 전략을 전에 어디에서 들은 적이 있는가?
    - 이러한 정보를 과거에 어떻게 활용한 적이 있는가?
    - 새로운 정보로 활동하기 위해 내가 알고 있는 것을 어떻게 활용할 수 있는가?

## 참 평가

참 평가(authentic assessment)는 학습자들에게 정보나 기능을 실제 상황에 활용할 수 있는 기회를 제공해 주는 활동을 제시한다(Campbell, 2000). 이는 형식적, 표준화된 검사에 대한 대안으로서 학습의 가장 좋은 증거를 제공하는 것으로 인식되고 있다. 그 이유는 학생들이 정보와 개념 또는 기능을 다른 방법으로 재생하고 적용할 수 있음을 보여 주기 때문이다. 교사는 학생들이 실제 경험을 모의한 과제에 전념하도록 함으로써 참 평가 활동과 경험을 설계할 수 있다. 학생들이 적용 방법을 이해하고 알 수 있도록 각 도구의 활용 방법을 모델로 제시하라. 학생들이 정보를 개인적, 유의미한 방식으로 활용할 수 있는 기회를 가질 때, 정보를 더 잘 저장할 수 있다.

교사와 수업을 지원하는 사람들은 그들에게 가용한 모든 평가 도구의 활용 시기와 방법을 알아야 한다. R. J. Stiggins(2001)는 자신의 저서 *Student-Involved Classroom Assessment*(학생 참여 교실 평가)에서 평가 도구 활용에 관한 균형된 관점을 지지하고 있다. Stiggins는 학생 반응 양식, 에세이 평가, 수행 평가, 그리고 학생들과의 개인적 의사소통을 선택적으로 활용할 것을 제안하였다. 그는 이들 대안 중의 어느 것도 본질적으로 다른 것보다 더 적합하거나 강력하다고 할 수 없다고 주장하였다. 이들 각각은 충분한 정보를 가진 사용자들이 올바른 맥락에서 개발하고 실행할 때, 더 잘 기능할 수 있다. 표 2.2는 전통적 평가와 참 평가 방법의 주요 특징을 예시하고 있다.

**표 2.2 전통적 평가와 참 평가의 주요 특징**

| 전통적 평가 | | |
|---|---|---|
| 시행하기 쉬움 | 채점키를 사용 | 빠르고, 쉬운 평정 |
| 낮은 수준의 사고를 활용 | 단답을 요구 | |
| 재생 능력을 반영 | 검사를 위한 정보를 학습 | |
| **참 평가** | | |
| 실세계 상황을 적용 | 직접적인 활동 | 학습한 것을 보여줌 |
| 과제 수행에 다중 기능을 활용 | 정보를 적용하는 능력을 시범 | |
| 매일, 주마다 혹은 학습 전반에 걸쳐 지속적으로 진행 | 기능이나 능력의 성장을 반영 | |

교육평가 분야 전문가인 Grant Wiggins(1999)는 참 평가가 "가치 있는 지적 과제에 대한 학생 수행의 직접적인 검사"가 되어야 한다고 단언하였다.

Wiggins에 따르면, 참 평가는 다음과 같은 기능을 수행한다:

- 학생들에게 협동과 연구, 글쓰기와 개정, 토의와 같은 획득된 지식과 실세계 기능을 활용하는 다양한 과제를 제공한다.
- 학생들이 타당한 답과 수행 또는 산출물을 창안할 수 있는지 여부를 발견할 수 있도록 도와준다.
- 프로젝트를 채점하기 위한 타당도와 신뢰도를 달성하기 위한 준거를 표준화한다.
- 학생들이 성인이 되어서 참된 역할을 하기 위한 연습을 안내한다.

## 수행에 대한 피드백

수행에 대한 피드백은 학습을 가속화하고 학생에게 권한을 부여한다. 이러한 참 분석은 학생의 성취를 증진시키는 기법으로 수많은 연구 결과에서 강조되고 있다. 피드백이 학습을 가속화한다. Marzano와 Pickering 그리고 Pollock(2001)은 교정적인 피드백이 적합한 방식으로 제공될 때, 학생들은 개선을 위한 좋은 기회를 가질 수 있다고 주장하였다. 맞춤형 수준별 · 개별화 평가는 학생들이 일상적인 활동과 과제를 성공적으로 수행하는 데 필요한 구체적인 피드백과 안내를 제공하기 위해 설계된다.

> 적합하고 지속적인 평가는 학습자가 학습 여정을 순조롭게 진행할 수 있게 해 준다.
> — Chapman & King(2008)

### 요약

가장 최근의 연구는 일상 활동에서 일어나는 학습자들의 요구를 돕기 위한 맞춤형 수준별 · 개별화 평가의 중요성을 강조하고 있다. 학습 과정에서 학생들은 구체적이고 교정적인 피드백을 통해 적합한 처방을 받을 수 있다. 이를 통해 학생들이 자신의 학습을 점검하고 학습을 개인적으로 관리할 수 있기 때문에, 실패의 함정을 피할 수 있다.

# 3

# 형성평가를 위한 환경 조성

**핵심 문제**

각각의 맞춤형 수준별 · 개별화 평가 경험을 하는 동안 긍정적인 학습 분위기를 조성하기 위해 교실 환경을 어떻게 설계할 것인가?

효과적인 교실에서는 학습자들이 각각의 평가 활동을 자신의 장점과 요구를 강조하여 학습을 개선하고, 확장하며, 축하할 수 있는 하나의 방안으로 생각한다. 즉, 각각의 형성평가를 하나의 생산적인 경험으로 접근하고 지각한다.

## 정의적 영역과 평가

교실에서 긍정적인 분위기가 뚜렷하면, 각 개인은 학습 공동체에 소속감을 느낀다. 이런 문화는 일상 활동과 과제, 상호작용에 반영된다. 이런 환경에서, 학생들은 자신이 가치 있는 팀 구성원이라는 것을 알게 된다.

> 우리는 검사를 두려운 사건이 아니라 두뇌의 경이로운 능력에 대한 기념행사로 볼 때 검사가 모든 사람에게 이득이 된다고 믿는다.
>
> — Chapman & King(2009c)

교수와 학습의 정의적 영역은 학생들의 마인드 셋, 흥미 수준과 동기유발을 포함하여 정서에 영향을 주는 모든 영역을 포함한다. 부정적인 감정은 성공에 장애가 되기 때문에, 교사가 긍정적이고 안락하며 기분 좋은 평가 환경을 유지하는 것이 필수적이다.

교실 분위기에 대한 학생들의 지각은 교사의 존재와 개

인적인 상호작용의 영향을 받는다. 어조, 높은 기대, 활력, 열정과 진정한 관심은 평가 환경에서 핵심 요소이다. 학생이 확실히 성공할 수 있도록 환경의 정의적인 측면들을 지속적으로 점검하라. 예를 들면, 혼란이나 좌절의 신호를 빠르게 인식하는 것이 중요하다. 다시 가르치기, 중재 및 명료화는 학습에 대한 이러한 장애를 없애 준다.

하나의 사건은 학생의 태도를 순간적으로 긍정적인 것에서 부정적인 것으로 변화시킬 수 있다. 따라서 개인적인 감정을 점검하라. 특히 평가 피드백에서 학습자의 오류를 확인할 때, 말과 신체 언어가 어떻게 지각될지를 의식적으로 인식하라. 학생의 부정적인 감정이 발견되면, 최적의 학습을 위한 긍정적인 태도를 재수립하라.

정의적 평가 분위기는 이해의 증진을 위한 개인적인 욕망에 반영된다. 이는 누군가 "이제 알았습니다!", "그것을 다른 방식으로 생각하는 방법을 보여 주겠습니다." 또는 "도와주세요. 저는 이것을 전혀 이해하지 못합니다."라고 소리칠 때 분명해진다. 마지막 예에서, 학생들은 급우나 교사에게 도움을 요청하고 있다. 이런 분위기에서, 학생은 도움을 받는 것이 가능하다는 것을 알게 된다.

## 감성

정서적으로 안전한 환경은 평가 활동을 하는 동안 두뇌의 기능 수준에 중요한 역할을 한다. 만일 개인이 주제나 교과, 교사 또는 교실 설계에 대한 불쾌한 기억이나 경험을 가지고 있다면, 이러한 내적 감정은 학습과 평가를 방해한다. 만일 학생이 즐겁고, 고무적인 학습 모험을 경험했다면, 마음은 새로운 학습을 위한 열린 그릇이 된다. 이런 학생은 자신이 알고 있는 것을 보여 주고 싶어한다. 만일 새로운 경험이 부정적이거나 너무 쉬워서 재미가 없다면, 이러한 태도는 재빨리 변할 수 있다는 점을 기억하라.

> 감성(emotion)은 우리의 생물학적 온도 조절 장치이기 때문에, 인지와 교육 실제에 매우 중요하다.
>
> — Sylwester(2000)

평가와 관련된 감정에 세심한 주의를 기울여라. 부정적인 정서는 종종 기억으로 이어지는 정신 경로를 차단하거나 방해한다. 만일 학생이 평가 경험을 위해 정서적으로, 학업적으로 준비되어 있다면, 그들은 이전에 학습된 정보와 기능을 더 잘 연결하고, 인출하며 적용할 수 있다.

## 감성 지능

감성 지능에 대한 Daniel Goleman(2006)의 고전적 저작은 맞춤형 수준별 · 개별화 평가에도 적용된다. Goleman은 지능을 감성과 "협력하여" 작업하는 것으로 설명한다. 감성의 범위는 평가 활동에서 명확해진다: 불안, 좌절, 두려움, 실망, 어색함, 자부심, 기쁨과 흥분.

표 3.1은 Goleman이 정의한 감성 지능을 포함하고 있다. 지표의 예를 학생들과 공유하라. 이런 특성들을 촉진시키기 위한 학습과 평가 활동을 전략적으로 계획하라.

### 정서적 용감성으로서 위기 감수

위기 감수(risk-taking) 경험이 불안정한 미지의 영역이나 지식으로 이끌 수 있다는 것을 학생들에게 설명하라. 학생들은 정서적 용감성이 왜 필요한지를 알아야 한다. 학생들에게 그들의 노력이 오류나 실수를 가져올 수도 있다는 점을 알려 줘라. 위기는 학생들에게 부정적인 의견에 개방적이게 하거나 성공을 거두고 축하를 받게 할 수 있다. 용감성으로 인해 좋은 감정을 가지게 된 모든 사람을 상기하라. 평가 과제에 대한 성공을 위해 필요한 위기 감수 전략을 모델로 보여 줘라. 예를 들어, 개인적인 인내심을 반영하는 행동으로 지혜롭거나 "영리한" 추측의 가치를 보여 줘라. 학생들로 하여금 최선의 답을 발견하기 위해 더 많은 사고를 적용하려는 열망을 느끼게 하여 미래의 활동에서도 이러한 노력을 계속하게 하라. 각각의 위기는 격려받아 마땅하다. 위기 감수를 위해 자기대화 기법을 가르쳐라. 여기 몇 가지 예들이 있다:

열심히 노력했기 때문에 나 자신을 칭찬한다.
나는 항상 최선을 다하기 때문에 자부심을 느끼고 있다.

개선을 위한 자신감과 욕망은 위험 감수를 위한 선행 요건이라는 점을 명심하라. 개인의 위기 감수를 하나의 가치 있는 평가 기능으로 촉진하고 칭찬하는 교실 분위기를 유지하라.

**표 3.1 형성평가와 감성 지능**

| Goleman의 감성 지능 | 관련 지표 | 형성평가에 적용하기 |
|---|---|---|
| 자기인식 | • 감정 이해하기<br>• 장점과 요구 알기<br>• 긍정적인 사고를 적용하여 자신감 높이기<br>• 개인적 요구와 성공의 점검 및 평가하기 | • 조사 및 목록 완성하기<br>• 반응일지 배당하기<br>• 자기점검 기회 제공하기<br>• 자기평가 도구 활용하기<br>• 자기칭찬 촉진하기<br>• 성공 축하하기 |
| 자기조절 | • 만족감을 지연시켜 목표 추구하기<br>• 개인적인 과제와 학업 과제를 완수하기 위해 작업하기<br>• 좌절로부터 회복하는 능력 소유하기<br>• 개선을 위한 자기평가의 지속적 사용 | • 시간 테스트 시행하기<br>• 일정 제시하기<br>• 집중 시간 기술 가르치기<br>• 회복력을 위한 기능 통합하기<br>• 과제를 정시에 제출하도록 요구하기<br>• 독립심 가르치기<br>• 점수와 자기평가 기회가 있는 숙제 제시하기 |
| 동기유발 | • 주도성 보여 주기<br>• 단점을 극복하고 개선하려는 타고난 욕구 가지기<br>• 실패 후 계속 노력하기<br>• 각 평가 경험에서 성공하려고 노력하기 | • 장점과 단점 알기<br>• 흥미와 취미를 학습과 관련 짓기<br>• 기대감 보여 주기<br>• 칭찬 제공하기<br>• 성공을 위해 적시에 평가 도구 시행하기 |
| 감정이입 | • 타인의 감정 느끼기<br>• 개개인의 다양한 관점 존중하기<br>• 성실하고 지원적이기<br>• 개인적이고 학업적인 요구를 가진 다른 사람을 기꺼이 돕기 | • 어떻게 느끼는지 이해하기<br>• 동료의 단점과 장점을 존중하도록 가르치기<br>• 도구로 사용할 칭찬 진술문 가르치기<br>• 돌보는 공동체 설립하기 |
| 사회적 기능 | • 가치 있는 팀 구성원 되기<br>• 효과적인 언어적 및 비언어적 의사소통 방법 활용하기<br>• 다른 사람과 잘 지내기<br>• 파트너와의 작업과 집단 작업 중 학습하기 | • 바람직한 협력 기회 제공하기<br>• 작업과 토의 중 사용할 적절한 진술문 공유하기<br>• 사회적 행동을 정확하게 모방하고 연습하기<br>• 학습을 위한 문화 확립하기 |

## 자기 효능감

*자기 효능감(self-efficacy)*은 "자아"와 성공 능력에 대한 학생의 믿음이다. 이런 감정은 평가를 경험하는 동안 학습자의 노력에 중요한 역할을 한다. 학생이 기대되는 완전학습 수준에 도달 가능하다고 믿으면 노력할 것이다. 그러나 학생이 불충분하다고 느끼면 거의 노력하지 않을 것이다.

Donna Tileston(2004)은 자기 효능감을 특효약—"동기를 유발하기 위해 두뇌에 영향을 줄 수 있는 가장 강력한 방법 중 하나"(p.83)—이라고 하였다. 특효약은 두 부분으로 이루어져 있다. (1) 표준화 검사의 어휘를 가르치는 것과 (2) 가르치기 위한 맥락을 활용하는 것이다. 평가 어휘를 사용하기 쉽게 해 주는 전략과 활동들에 학생들을 참여시켜라. 학습자들에게 자율권을 줌으로써 그들이 자신의 선행 지식을 활용하고 실생활 상황과 관련 지어서 새로운 정보를 명확히 이해할 수 있게 하라.

자기 효능감을 개발할 수 있는 최선의 방법 중 한 가지는 학생의 성공 수준에 따라 평가 과제를 설계하는 것이다. 평가가 너무 쉬우면, 학생들은 가끔 경솔하게 작업한다. 평가가 너무 어려우면, 학생들은 좌절하게 된다.

교사가 제시하는 각각의 의견과 몸짓도 평가와 관련된 교사의 느낌과 태도를 반영하고 있다. 교사의 신체 언어와 빗대어 하는 말은 학습자들이 평가에 반응하는 방식에 중요한 영향을 미친다. 이러한 느낌들은 평생 동안 지속되는 인상을 남긴다.

자기 효능감을 증진시키기 위해 다음과 비슷한 구호를 게시하라:

나는 나를 믿어!
나는 격차를 줄일 거야, 줄일 거야, 줄일 거야!
나는 최선을 다하기 때문에 성공할 거야!

### 부정적인 교사 메시지

우리는 이 평가를 완수해야 한다. 우리에게 선택권이 없다.
나는 이렇게 하고 싶지 않다.
활동이 끝나자마자 우리는 ________________ 할 수 있다.

긍정적인 교사 메시지

얼마나 많이 학습했는지 보여 주세요!

당신의 답을 보고 싶어요!

최상의 작업을 보여 주세요!

태도가 곧 성취다!*

이 메시지를 매일 볼 수 있도록 게시하고 토의하라.

교사와 학습자들이 잠재력을 발휘하기 위해서는 이러한 마인드 셋이 나타나야 한다. 자료가 학생들을 "유혹하고" 주의를 끄는 방식으로 제시될 때 학습이 일어난다. 학습에 관한 긍정적인 태도를 개발하기 위해 학생들은 자신에게 정보가 필요하고, 그 정보가 자신의 삶과 관련되어 있다는 것을 믿어야 한다.

각각의 수업은 학생에게 미래의 학습 경험과 연결하거나 단절시키는 잠재력을 지니고 있다. 정보가 두뇌로 들어오면, 학생은 무의식적이지만 자동적으로 정보를 분석한다. 표 3.2에 제시된 것처럼, 학생의 정서는 기억의 관문을 자동적으로 열거나 닫는 사고를 산출한다.

**표 3.2 말이 씨가 된다!**

기억으로 가는 관문을 열거나 닫을 수 있는 다음 진술문의 예를 검토하시오.

| 마음 닫기 | 마음 열기 |
|---|---|
| 나는 이 정보를 활용할 수 없다. | 내가 _____ 할 때, 이 정보를 활용할 수 있다. |
| 이것은 나에게 적용되지 않는다. | 나는 _____로부터 _____를 기억한다. |
| 이것은 나를 위한 것이 아니다. | 이것은 정확히 내가 알고 싶은 것이다. |
| 나는 이것을 좋아하지 않는다. | 와우! 이것은 흥미로울 것이다. |

## 평가를 위한 동기유발

교수(teaching)의 커다란 도전은 학생의 학습 욕구를 계속 유지시키는 것이다. 교사들은

* 역자주: Attitude is altitude. 태도가 성취를 결정한다는 의미이다. 호주의 희망전도사 닉 부이치이(Nick Vujicic)는 사지 없이 태어난 장애를 극복하고 꿈을 이룬 자신의 긍정적인 삶의 태도를 전파하기 위해 비영리 단체 Life without Limbs(사지 없는 인생)와 AIA(Attitude is Altitude)를 운영하고 있다. 아름다운 인간 승리 이야기를 담은 'No Arms, No Legs, No Worries!', 'Stand Strong' 등의 저서가 있다.

종종 어떤 학생이 능력은 있지만 평가 과제를 수행하는 데 흥미가 없다고 말한다. 그들에게 도전감이 부족한 것일까? 평가 활동이 반복될 때 종종 참여 부족 현상이 나타난다. 학생이 활동을 단조롭거나 지루한 것으로 지각할 때, 마음이 방황하고 관계없는 생각이나 일상 사태에 초점을 맞춘다. 이런 정신 상태에서는 학습자가 중요하거나 흥미로운 지시나 정보를 놓치게 된다. 학생은 자동적으로 "스위치를 켜서" 자신들의 학습을 검사하거나 활동에 참여하지는 않는다. 왜냐하면 어떤 생각에 사로잡혀 앞으로의 사건이 유의미하거나 사적으로 흥미가 있다는 신호를 듣지 못하기 때문이다. 이런 무의식 상태가 학습자의 인지적 성장에 영향을 준다. 교사는 동기를 유발시키는 열쇠를 가지고 있다.

노력과 성공을 통해 획득한 기쁨은 강력하고 자연적인 동기유발 요인이다. 학생의 성공 수준에 따라 평가 활동을 계획하라. 학습자의 노력에 대해 보상이 주어지면, 그들은 다시 활동에 참여하고자 하는 욕구를 가지게 된다. 즐거운 내재적 동기를 유발하기 위해 평가의 모든 측면에서 긍정적인 경험을 계획하고 유지하라.

## 학습자의 관심 수준과 균형 맞추기

학습자의 성공 욕구는 개인이 과제를 성공하기 위해 발휘하는 정신적, 육체적 에너지의 양에 중요한 역할을 한다. 동기유발 수준이 너무 낮으면, 학생은 "나는 관심 없어"라는 태도를 가질 수 있다. 이전의 실패, 지루함, 동료의 압력, 도전감 없는 마음이 이런 상태에 영향을 미친다. 관심 수준을 높이고 내적인 성공 욕구를 증진시키기 위해 많은 성공적 경험을 계획하라.

기대감이 너무 높으면, 학생은 스트레스와 불안을 경험할 수 있다. 이런 현상은 부모와 교사들이 학습자에게 너무 많은 압력을 가하면 뚜렷해진다. 이러한 현상은 저절로 생길 수도 있으며 실패에 대한 두려움을 가져올 수도 있다. 이러한 감정은 종종 사고를 방해하는 불안한 상태를 야기한다.

학생의 관심 수준을 인식하고 불안 수준을 전략적으로 높이거나 낮추어서, 그들의 정신 활동을 평가 과제에 집중하게 하라. 관심 수준은 학습자의 개인 생활에서 주제나 환경, 교사 또는 상황에 따라 변할 수 있다.

표 3.3과 유사한 연속선을 활용하여 평가 과제에 대한 개인의 태도와 감정을 평가하라. 척도상의 숫자 1은 "학습 욕구가 없는" 학생을 나타낸다. 이 학생이 평가의 완성을 거절한 것은 관심 수준이 낮음을 의미한다. 척도상의 반대편 끝에 있는 숫자 8은 "강한 욕구" 또는 높은 관심 수준을 보여 주는 학생을 의미한다.

**표 3.3 감정과 반응의 참여–비참여 스펙트럼**

| 감정 | 관찰 가능한 반응 |
|---|---|
| 평가에 참여하려는 욕구가 없음 | |
| 1. 나는 이것을 하지 않을 것이다. | 이것을 수행하지 않는다. |
| 2. 나는 오히려 다른 것을 하고 싶다. | 다른 것을 수행한다. |
| 3. 나는 이것을 하고 싶지 않다. | 부정적인 태도를 나타낸다. |
| 4. 나는 쉬운 부분만 할 것이다. | 몇 개 항목만 완수한다. |
| 5. 나는 문제를 피하지 않을 것이다. | 과제가 미완성이다. |
| 6. 나는 필요하기 때문에 이것을 완성해야 한다. | 그럭저럭 해 나간다. |
| 7. 나는 이것을 이해하고 수행할 것이다. | 능력을 최대한 발휘하여 완성한다. |
| 8. 나는 이 일에 최선을 다해서 기쁘다. | 가능한 최선의 과업을 수행한다. |
| 평가에 참여하려는 욕구가 강함 | |

성공은 성공을 낳는다. 성공을 경험하는 학생은 개인적인 만족감을 즐기고 받아들인다. 그들은 동일한 감정을 느끼기 위해 다시 성공하려고 노력한다. 학생의 생산적인 관심 수준과 균형을 맞추기 위한 평가 도구와 전략 및 활동을 선택해야 하기 때문에, 이 점을 명심하라.

## "장악력"

교사들과 학생들은 "장악력(withitness)"을 서로 다르게 생각한다. 하지만, 서로의 정의에 내포된 의미는 교사의 성공에 기여한다. "장악력"이란 용어는 교사가 학습자들의 행동을 항상 의식하고 있다는 것을 묘사하기 위해 Kounin(1970)이 사용하였다. 그는 이러한 속성을 지닌 교사들을 학생들의 요구에 "눈높이를 맞추는" 것으로 기술하였다. 이런 교사들은 마치 머리 뒤에 눈이 달려서 개별 학생이 행동하거나, 생각하고 느끼는 것을 알고 있는 것처럼 보인다. 이런 교사들은 문제 행동을 지각하고 더 확대되기 전에 이를 제지하는 능력을 보여 준다. 이처럼 특별한 교육자들은 일반적인 전문지식과 지혜로 끈기 있게 학생들에게 조언하고 안내하는 자연적인 직관을 가진 것처럼 보인다.

학습자들은 최근의 경향과 유행을 알고 현재를 살아가는 교사를 최신의 교사들(with-it teachers)로 지각한다. 이런 교사들은 학생들의 취미와 홍미, 기타 자유 시간 활동을 잘 파악한다. 이러한 인식을 유대감 형성 기법으로 활용할 수 있다. 학생들이 좋아하는 노래와 영화, 시트콤, 뮤지컬 그룹, 스포츠 또는 패션 스타일로부터 단어나 구절 또는 이름을 본뜬 평가 도구와 활동 제목을 제시하라. 학습자들은 장악력을 가진 교사들을 인지하고 반응한다. 왜냐하면 정보가 자신들의 삶과 관련 있을 때, 그것을 바로 청년 문화(youth culture)를 인정하는 것으로 보기 때문이다.

학생의 취미와 홍미에 매우 친숙해져라. 기회가 주어지면, 비공식적 대화 속에서 외부 활동에 대해 말하기가 쉽기 때문이다. 개별 학습자들이 사진과 노트 또는 신문 스크랩을 통해 자신의 홍미와 성취에 관심을 집중할 영역을 제시하라. 학생의 사적인 자유 시간 활동과 홍미에 관한 지식은 종종 동기유발과 수업 및 평가 방법을 창출하는 가치 있는 데이터를 제공한다.

## 학생 대 학생 간의 행동 기대

평가를 하는 동안 학생들이 서로에 대해 수용할 수 없는 행동은 용인되지 않는다는 것을 알게 해야 한다. 당신이 맡고 있는 학생들에게 표 3.4를 적용하라. 학생들이 차트에 아이디어를 추가하도록 격려하라. 촌극(skits)을 이용해서 수용할 수 없는 행동을 시범 보이고, 가치 있는 행동을 예시하는 시나리오를 덧붙여라.

**표 3.4 학생 대 학생 간의 행동 기대**

| 수용할 수 없는 행동 | 가치 있는 행동 |
|---|---|
| 비하/비꼼<br>• 이것이 당신이 할 수 있는 최선인가?<br>• 말도 되지 않아.<br>• 그 답을 충분히 생각하지 못했어. | 격려의 말<br>• 잘 했어!<br>• 좋은 시도야!<br>• 좋은 생각이야. |
| 부정적인 몸짓<br>• 찌푸림<br>• 마음에 있는 말을 제대로 못함<br>• 어깨가 축 처짐<br>• 실망하여 가라앉음 | 긍정적인 몸짓<br>• 미소<br>• 격려<br>• 고개를 끄덕임<br>• 하이파이브 |

기회가 생길 때마다 기대감을 강화하라. 다음의 예시처럼 구체적인 피드백을 사용하라:

당신은 __________ 로 인해 실수했다. 그래서 당신은 __________가 필요하다. 나는 당신이 __________하는 방식을 좋아한다. 이번에는 __________를 추가하라.

### 평가 성공 축하하기

평가와 관련된 특별 이벤트를 계획하여 학습을 축하하는 신나는 환경을 만들어라. 예를 들어 독특하고, 매력적인 이름을 선택하게 하여 평가 활동에 대한 기대감과 호기심을 갖게 하라. 평가 날이 발표되면, 기억하기 쉬운 제목으로 그 날을 상기하게 하라. 만일 학생들이 교사가 … 라고 말하는 것을 들으면, 평가 날을 더 잘 기억할 것이다.

잊지 마라. 놀라운 월요일에 우리는 싸울 준비 활동에서 __________에 관해 우리가 알고 있는 것을 보여 줄 것이다.

예시: 주중

| | |
|---|---|
| 놀라운 월요일(**M**arvelous **M**onday): | 싸울 준비하기 |
| 멋진 화요일(**T**errific **T**uesday): | 파트너 만들기 |
| 엉뚱한 수요일(**W**acky **W**ednesday): | 기준, 스테이션 그리고 선택 센터 |
| 생각하는 목요일(**T**hinking **T**hursday): | 텍스트를 현명하게 이야기하기 |
| 환상적인 금요일(**F**antastic **F**riday): | 프레젠테이션과 축하 |

### 평가에 대한 긍정적인 느낌 조장하기

평가 활동 전, 중, 후에 기대감과 흥미를 높이기 위한 방법을 찾아라. 다음의 예시처럼 학습자들이 축하를 제안하고 계획할 기회를 제공하라:

- 서로에게 하이파이브와 행운을 기원하는 표현을 하라.
- 서로 등을 쓰다듬어라.
- 밝은 색 종이로 축하 현수막, 포스터나 풍선을 만들어라.
- "성공에 올인하라" "높이 날아라!" 혹은 "최선을 다하라!"와 같이 성공을 기원

하는 메시지를 게시하라.

학생들이 최선의 노력을 다하도록 유도하는 평가 전략을 설계하라. 학습자들에게 자신의 결과를 재검토할 기회를 제공해서 진보와 성장을 가져오는 시도를 하도록 고무하라. 평가에 참여하는 학생들의 동기를 유발하는 전략을 선택하라. 동기화된 학생들은 더욱 최선의 노력을 다하고 사고 기능을 더 잘 활용하게 된다.

> 배를 만들고 싶다면, 사람들과 함께 나무를 모으거나 그들에게 과제와 일을 배당하지 말고, 오히려 그들에게 끝없이 방대한 바다를 동경하도록 가르쳐라.
> — Antoine de Saint-Exupery

## 물리적 환경

물리적 환경은 학생들의 평가 경험에 긍정적이거나 부정적인 영향을 미친다. 물리적 환경은 좌석의 형태, 가구 배치, 시각자료, 조명, 공기의 질과 온도로 구성된다. 바로 인접한 곳과 주변의 물건들이나 가시적인 주위의 물건들을 포함한다. 물리적 장면에 속한 모든 것은 학습 분위기에 중요한 역할을 하고 학생에게 적합한 환경을 제공하는 데 영향을 미친다.

### 활동: 지저분한 장소/깨끗한 장소–물건 찾기 게임

이 활동은 교사와 학생들이 개선하거나 유지할 필요가 있는 교실이나 작업 공간의 물리적 측면들을 확인하기 위해 설계된 것이다. 개선할 장소나 물건들은 *지저분한 장소(Yuk Spots)*를 의미한다. 유지할 공간은 *깨끗한 장소(Bright Spots)*를 의미한다.

### 지저분한 장소 지시문

*단계 A*

1. 팀을 구성하고 각 집단에 팀의 이름을 선정하게 하라.
2. 각 팀의 팀장과 기록자를 확인하게 하라.
   - 팀장의 역할: 팀을 모으고 토의를 진행한다.
   - 기록자의 역할: 활동 중 팀이 발견한 결과를 기록한다.
3. 팀을 복도, 교실, 작업 공간 또는 특별 구역을 포함하는 학교의 물건 찾기 게임

(scavenger hunt) 투어에 참여시켜라. 필요하다면, 시간을 제한하라.

4. 각 팀이 제공된 차트(표 3.5 참조)의 지저분한 장소에 대한 발견 결과를 기록하게 하라.
5. 발견 내용을 기록하기 위해 표 3.5를 활용하여 환경을 강화하기 위해 개선이 필요한 학교 전반의 지저분한 장소를 확인하라. 팀 구성원이 학교의 물리적 환경에서 수리하거나 개선해야 할 어떤 것을 발견하면, 기록자는 "그것은 무엇인가?" 아래 첫 칸에 지저분한 장소 목록을 작성한다. 다음에는 그 위치를 확인하기 위해 "그것은 어디에 있는가?" 칸을 완성한다.
6. 물건 찾기 게임이 완료되면, 각 팀은 돌아와서 발견 결과를 공유하라.

*단계 B*

1. 지저분한 장소 영역의 목록을 작성하라.
2. 이 목록으로 빠른 개선 항목에서부터 단기 또는 장기 행동 계획을 결정하기 가장 어려운 것까지 우선순위를 정하라. 만일 확인된 지저분한 장소가 단시간 내에 최소의 노동과 노력으로 개선될 수 있다면, 이 영역을 제일 먼저 고친다.
3. 팀들은 각 항목에 대해 개선을 위한 제안서를 작성하라.
4. 당면한 단기 목적 요구를 처리하기 위한 행동 계획을 수립하라.
5. 만약 비용이 들고 많은 시간이 소요되며 대규모의 노동력이 필요하다면, 그것을 장기 목적으로 기록하라. 이 요구들을 각 항목에 대한 실행 계획과 더불어 시간계획표에 기록하라. 필요한 재료와 비용, 각 과제에 책임을 맡은 개인들, 그리고 완료 날짜를 포함시킬지에 관해 생각하라.

*주의사항*: 몇 군데 지저분한 장소가 어떻게 다루어져야 하고, 행정가나 직원이 변화를 어떻게 승인할지에 관해 팀들과 이야기하라. 이 영역들은 제안된 행동 단계와 함께 확인할 수 있다. 목록을 개선과 자원 봉사를 요청할 책임을 맡은 교장이나 개인에게 보낼 수 있다.

**표 3.5 지저분한 장소 차트**

| 그것은 무엇인가? | 그것은 어디에 있는가? | 제안된 개선점 | 행동 계획 |
|---|---|---|---|
| | | | |

팀 이름: ______________________

팀장 이름: ______________________

기록자 이름: ______________________

팀 구성원: ______________________

______________________

투어 날짜: ______________________

## 깨끗한 장소 지시문

1. 환경을 강화하는 학교 전반의 깨끗한 장소를 확인하기 위해 학교 투어나 물건 찾기 게임에 참가할 팀을 구성하라. 이런 환경은 긍정적인 학습 분위기를 밝혀 주고, 강화시키며, 지원해 주는 매력적인 장소와 공간이다.
2. 각 팀은 표 3.6의 차트에서 확인된 각각의 깨끗한 장소와 관련 있는 팀 구성원의 의견과 아이디어를 기록하라. 투어 중 깨끗한 장소가 발견되면, 기록자는 "그것은 무엇인가?" 칸에 각각을 열거하고 "그것은 어디에 있는가?" 칸에 위치를 제시한다.
3. 공통 구역으로 돌아가라.
4. 각 팀은 브레인스토밍한 반응을 가지고 남은 칸을 완성하라.

**표 3.6 깨끗한 장소 차트**

| 그것은 무엇인가? | 그곳이 어디에 있는가? | 그것을 유지할 필요가 있는가? | 어떤 변화가 필요한가? |
|---|---|---|---|
| | | | |

팀 이름: ______

팀장 이름: ______

기록자 이름: ______

팀 구성원: ______

______

투어 날짜: ______

## 환경 목표 설정

환경을 평가한 후, 구체적인 요구 영역을 관찰하라. 목표를 설정하고 개선 계획을 수립하라(표 3.7과 3.8 참조). 단기 목표는 도달하기 쉽기 때문에, 이 계획을 먼저 실천해야 한다는 사실을 명심하라. 모든 사람들이 학습 환경이 즉각적으로 개선되는 것을 보게 될 때, 성취감이 커진다. 필요한 목표를 차트에 추가하라.

**표 3.7 환경 목표: 실행 기준**

| 목표 | 실행을 위한 절차/행동 | 진행 노트 |
|---|---|---|
| 1. | | |
| 2. | | |
| 3. | | |

**표 3.8 교실 환경에 대한 교사 평가**

교사의 평가 역시 환경 개선에 많은 도움을 줄 수 있다. 물리적 환경은 정밀한 조사가 필요한 측면에 포함되지만, 학습자 지원이라는 심층적인 영역까지 확대되어야 한다. 다음 차트를 활용하여 평가 경험에 대한 학습 환경을 분석하시오. 적합한 칸에 체크하시오.

교사 ____________ 학급 ____________ 날짜 ____________

| 교실 환경 | 거의 | 때때로 | 자주 | 대부분 |
|---|---|---|---|---|
| 학생들은 … | | | | |
| 1. 생각할 시간이 주어진다. | | | | |
| 2. 위험을 감수하도록 격려받는다. | | | | |
| 3. 자기주도 학습자가 된다. | | | | |
| 4. 질문을 하고 대답하는 동안 편안하다. | | | | |
| 5. 실수와 성공을 통해 배운다. | | | | |
| 6. 선행 경험과 배경 지식을 바탕으로 학습이 이루어진다는 점을 인식한다. | | | | |
| 7. 다른 사람으로부터 배우고 혼자 작업할 기회를 갖는다. | | | | |
| 8. 자기평가 기회를 갖는다. | | | | |
| 9. 실수를 학습 경험으로 생각하도록 안내받는다. | | | | |
| 10. 존중받는다. | | | | |
| 11. 구체적인 칭찬을 받는다. | | | | |
| 12. 노력과 장점 및 재능에 대해 존중받는다. | | | | |
| 13. 학습 공동체의 구성원으로서 가치를 인정받는다. | | | | |
| 교실의 물리적 배치가 … | | | | |
| 1. 학습을 증진시킨다. | | | | |
| 2. 평가를 위한 융통성 있는 집단구성을 가능케 한다. | | | | |
| 3. 학생의 평가 요구를 충족시키도록 맞춤화한다. | | | | |
| 4. 생산적인 경험이 이루어지게 한다. | | | | |
| 5. 기분 좋고 안락하다. | | | | |
| 6. 개인적 요구를 수용한다. | | | | |
| 7. 다양성을 존중한다. | | | | |

| 표 3.8 교실 환경에 대한 교사 평가 (계속) | | | | |
|---|---|---|---|---|
| 교실 환경 | 거의 | 때때로 | 자주 | 대부분 |
| 교실의 시각자료가 …<br>1. 학생 활동의 샘플이다.<br>2. 학생 학습을 반영한다.<br>3. 학생의 장점과 성장을 보여 준다.<br>4. 새롭고, 효과적인 학습 도구이다.<br>5. 학생들의 수준에 맞추어 전시된다.<br>6. 평가 메모와 팁을 포함한다.<br>7. 현재의 학습 주제나 단원과 관련된다.<br>8. 학생 중심이다.<br>9. 평가 성공을 축하한다. | | | | |

*변형*: 학생들이 교실 분위기를 어떻게 생각하는지 알아보기 위해 체크리스트를 완성하게 한다. 교실의 학습 문화를 개선하기 위해 교사와 학생의 반응을 조합한다.

**후속 토의 탐문**

- 어떤 영역에 개선이 필요한가?
- 이 영역을 어떻게 개선할 것인가?
- 개선을 위해 무엇을 해야 하는가?

생산적인 분위기는 평가와 관련된 즉각적인 경험과 미래의 경험에 대한 학생들의 태도에 중대한 영향을 미친다. 이런 환경에서, 학생들은 모든 사람이 개선할 영역이 있다는 것을 인식하게 된다. 학생들은 효과적인 전략을 사용해서 자신의 요구를 확인하는 것의 가치를 배움으로써, 자신과 다른 사람들에게 "나는 이 부분을 이해하지 못합니다."라고 편안하게 말할 수 있게 된다. 이런 진술은 학생들이 자신의 학습에서 "격차를 없애기" 위해 노력하고 있다는 것을 암시한다.

> 어떤 사람이 학습의 즐거움을 배우게 되면, 그것은 결코 멈추지 않는 평생 과정, 즉 논리적 인간을 창조하는 과정이다. 그것이 바로 가르침의 도전이자 즐거움이다.
>
> — Marva Collins

교사들은 개별 학생의 인지적, 정의적 요구들을 충족시키는 최적의 평가 환경을 마련하는 방법을 발견하기 위해 지속적으로 교실을 점검해야 한다. 교실의 전체적인 분위기는 학습자의 성공에 직접적인 영향을 준다.

대부분의 평가가 시행되는 학습 분위기에 대해 생각해 보라. *긍정적인 검사 환경*

이 떠올랐는가? 통상적으로 *긍정적(positive)*이란 단어와 *검사(test)*라는 단어가 어울리지 않기 때문에, 일부 사람들에게는 이 말이 모순어법(oxymoron)*처럼 여겨진다. 특히 학습 부진아들(struggling learners)에게 부정적 분위기는 대부분의 평가 장면에서 좌절감을 키워 준다. 두뇌는 고무적이고 심리적으로 안전한 환경에서 최상의 기능을 발휘하기 때문에, 부정적 성향은 제거되어야 한다.

과도한 스트레스와 불안감을 야기하지 않으면서 기대감을 높이는 이완된 환경에서 각 평가 경험을 제시하라. 평가 데이터를 교육과정 결정과 수업을 안내하기 위해 해석하고 공유할 때, 교사와 학생들이 개인적 요구를 인식하게 된다. 이를 통해 학습자들이 성장과 성취감을 창출하는 도전적이고 보상적인 환경에 참여하게 된다.

## 요약

평가 경험과 더불어 환경이 학생의 동기유발과 성공에 중요한 영향을 미친다. 생산적인 교실에서는 수업과 평가 활동을 하는 동안 환경의 모든 측면들이 학습을 촉진시킨다.

학생들이 자신의 기능을 자동적으로 평가하고 점검하여 도움을 요청하는 긍정적인 학습 분위기를 조성하라. 학생들은 개선 욕구가 있기 때문이다. 학습자들에게 권한을 부여하여 성공을 위한 자신의 개인적 항해 체계(navigation systems)를 개발할 수 있는 환경을 제공하라.

* 역자주: 효과적인 표현을 위하여 서로 모순되는 어구를 나열하는 표현법을 의미한다. 그리스어로 이루어진 어원(oxus=sharp, moros=foolish)에서 볼 수 있듯이 서로 반대가 되거나, 의미가 상치하는 두 어구를 조합하여 독특한 표현 효과를 노리는 표현상의 기교이다. '똑똑한 바보' '찬란한 슬픔' '침묵의 웅변' '쾌락의 고통' '사랑의 증오' '필사즉생 필생즉사(必死卽生 必生卽死: 죽으려고 하면 반드시 살고 살려고 하면 반드시 죽는다)' '침묵은 금이요', '웅변은 은이다' '덜 받은 것이 득이다' '급할수록 천천히' 등이 그 예이다(두산백과 외).

# 4

# 학습자 이해

*아동의 잠재 가능성은 모든 창조물 중에서 가장 흥미롭고 자극적이다.*

— Ray L. Wilbur

**핵심 문제**

학습자의 학습 양식과 지능, 개성, 지식 기반과 흥미에 관한 지식이 맞춤형 수준별 · 개별화 평가 전략의 선택과 활용을 어떻게 지원하는가?

효과적인 교사들은 개별 학생에 관한 가능한 한 많은 정보를 수집하는 데 시간을 투자할 가치가 있다는 것을 알고 있다. 그리고 어떠한 가정도 하지 않는다. 이 장은 형식적 및 비형식적 평가 도구들을 통해 개별 학습자에 관한 소중한 데이터를 수집하기 위한 유용한 전략과 팁을 제공하고 있다. 교사들은 평가 결과를 활용해서 문제나 상황을 진단하고, 개별 학습자들의 다양한 요구를 충족할 수 있는 계획을 전략적으로 수립할 수 있다.

## 정보 수집

교사들은 정확하거나 부정확한, 적절하거나 부적절한 반응에 주목함으로써 개별 학생에 관한 지식을 얻는다. 학생의 이해 수준과 흥미, 중재 요구, 그리고 개별적인 학습 양식을 확인하기 위한 데이터 수집 도구들을 폭넓게 보유하는 것이 중요하다.

수집된 정보에 대해 생각하고, 평가하고 분석하는 데 시간이 소요된다. 한걸음 물러나 생각하고, 해석해서 올바른 수업 결정을 하라. 부정확한 가정과 일반화 또는 너무 빠르게 행동해서 잘못된 결론에 이르는 것을 피하라. 학생이 자신의 잠재력보다 낮은 수준에서 수행하면, 세심한 교사는 *언제* 이런 일이 일어났는지 인식하고, 학생의 수행 수준을 확인하고, 그런 일이 *왜* 일어났는지를 분석한다. 학습자의 수준을 만족시키기 위해 계획을 조정한다.

교육의 목적은 오늘날 세계에서 모든 개인들이 생산적인 시민이 되고 개인적으로 성공할 수 있을 만큼 열심히 학습하게 하는 것이다. 교육자로서 우리는 모든 학생들이 학습할 능력이 있다는 것을 알고 있다. 우리는 대부분의 학생들이 자신이 배우고 있는 것 이상으로 학습할 수 있다는 것 또한 알고 있다. 학생들이 왜 전자게임에 오랜 시간 동안 마음을 빼앗기는지에 대해 생각해 보라. 게임 활동이 학생들의 마음에 와 닿기 때문에 이런 일이 일어난다. 핵심은 사람들이 그들에게 흥미로운 일과 기법들을 학습한다는 점이다. 유의미한 지식과 경험은 대개 장기기억에 저장된다. 각각의 학습을 경험한 후, "그 활동이 개별 학습자들을 정신적으로 몰입시켰는가? 평가 결과가 누가 이 정보를 정말로 이해하는지를 나타내고 있는가? 어떤 학생들이 계획된 중재를 더 전략적으로 필요로 하는가? 다음에는 무엇을 계획할 것인가?" 하고 자신에게 물어보라(표 4.1 참조).

평가 경험이 다음과 같은 내용을 포함하고 있을 때, 학생은 정보를 더 잘 학습하고 이를 더 잘 적용할 수 있다:

- 흥미도가 높은 활동
- 개인의 요구를 충족하는 합의
- 학습자에게 절호의 기회를 제공하는 제시
- 적합한 시간 계획
- 유의미하거나 실제적인 목적
- 가치 있는 시간 활용
- 과제에 몰입할 수 있게 하는 흥미로운 활동
- 개선 욕구를 야기하는 자극적인 접근
- 성공의 축하

**표 4.1 평가가 계획을 안내한다.**

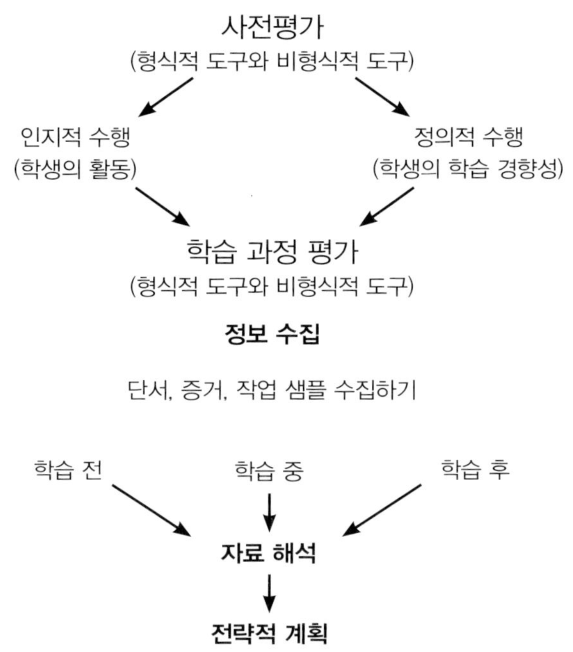


## 학습자 관찰

교사가 학생들을 관찰할 때, 다음과 같은 질문들을 고려하여 연습할 수 있다:

- 학습 단원을 시작할 때 개인의 지식 기반은 어떠한가?
  - 학습자가 어떤 것을 알고 있는가?
  - 새로운 학습에 대한 학생의 태도와 느낌은 어떠한가?
  - 학생의 선행 지식을 어떻게 평가할 수 있는가?
- 학생은 다음에 무엇을 학습해야 하는가?
  - 학생의 학습에서 확인된 격차는 어떤 것인가?
  - 우선순위가 정해진 요구를 어떻게 다룰 수 있는가?
  - 이 학습자가 정보를 학습하고 파지하는 데 필요한 가장 효과적인 경험은 어떤 것인가?

- 가능한 행동은 어떤 것인가?
  - 행동이 학습에 문제를 야기하는가?
  - 행동을 어떻게 수정하거나 교정할 수 있는가?
  - 학습자가 역량을 어떻게 시연해야 하는가?

- 정보를 어떻게 가르칠 것인가?
  - 수업을 안내해 줄 형성평가 데이터를 어떻게 활용할 것인가?
  - 정보를 가르치기 위해 개인들의 학습 양식과 지능을 어떻게 활용할 것인가?
  - 유의미한 수업에 학습자들을 어떻게 참여시킬 것인가?
  - 상위 학습자들을 유의미하고 도전적인 활동에 참여시키기 위해 어떤 전략과 활동을 활용할 것인가?
  - "격차를 줄이기" 위한 적합한 중재는 어떤 것인가?

- 이해를 어떻게 점검할 것인가?
  - 학습 중, 학습 후에 이 학생에게 어떤 평가 도구를 사용할 것인가?
  - 피드백을 어떻게 제공할 것인가?
  - 자기평가 경험에 학생을 어떻게 참여시킬 수 있는가?
  - 학습자가 지식과 기능에 대한 완전학습을 시연할 수 있는 최상의 평가는 어떤 것인가?

- 새로운 정보를 어떻게 파지하거나 구체화할 것인가?
  - 복습을 위해 언제 이 정보를 다른 상황에 적용하거나 연결시킬 것인가?
  - 실세계 상황과 연결하고 관련 짓기 위해 언제, 어떠한 기회를 제공할 것인가?
  - 학습자가 정보나 기능을 파지하고 있음을 어떻게 시연할 것인가?

## Gardner의 다중 지능 이론

Howard Gardner(2011)는 모든 개인이 소유한 능력들을 "지능"이라고 하였다. 이 이론은 학습자들의 다양한 요구를 충족하기 위해 사용할 수 있는 효과적인 계획 도구이다. 다중 지능 이론은 학생들의 학구적 요구를 그들의 가장 강한 지능을 표적으로 하는 전략과 활동으로 충족할 수 있기 때문에 효과적이다.

교실에서 실제로 적용하기 위해 8가지 지능을 선정하였다. Gardner의 이론은 지능이 고정되어 있지 않으며, 평생 동안 발달될 수 있다는 것을 입증하고 있다. 확인된 8가지 지능은 표 4.2에 제시되어 있다.

**표 4.2 Howard Gardner의 다중 지능**

| 언어 관련 지능 | 대상 관련 지능 | 개인 관련 지능 |
|---|---|---|
| 언어적/언어학적 지능<br>음악적/리듬적 지능 | 논리적/수학적 지능<br>시각적/공간적 지능<br>신체/운동감각적 지능<br>자연친화 지능 | 자기이해 지능<br>대인관계 지능 |

모든 사람은 강점과 약점 영역을 가지고 있다. 학생들은 자신의 가장 강한 지능을 활용할 때 가장 잘 수행한다. 일생 동안, 개인이 지식을 탐구하고 축적함에 따라 지능이 강화되고 성장한다. 또한 자신의 강점 지능과 더 약한 지능을 증진할 수 있다. 학생들과 이 이론을 공유하게 되면, 학생들이 성장을 위해 자신의 현재 영역을 새로운 방식으로 바라볼 수 있게 된다.

## 평가 도구 레퍼토리

교사들은 종종 자신의 강점 영역에서 수업 활동과 평가를 계획한다. 예를 들어, 시각적/공간적 지능이 강한 교사들은 수업에서 예술과 디자인 기법을 이용하는 경향이 있다. 학생의 강점 영역이 교사의 강점 영역과 일치하지 않을 수 있다. 예를 들면, 수학에서 다소 약한 학생들이 음악 영역에서 강점을 가질 수 있다. 이들은 랩, 시엠송, 운율을 활용하여 수학적 사실을 학습할 수 있다. 만일 교사가 음악적인 성향의 사람이 아니라면, 이들은 자신의 편안한 영역을 떠나서 이런 학습자들에게 적합한 음악적 접근을 찾아야 한다. 학습자들이 선호하는 학습 방식은 최적의 평가 결과를 얻기 위한 방안이다. 우리는 교사들이 모든 지능과 연관성이 있는 평가 도구 모음이나 목록을 만들어서 필요할 때 선택하여 실행할 수 있도록 준비할 것을 강력하게 추천한다.

연구에 따르면, 학습자들의 지능과 사고 및 학습 양식을 바라보는 수많은 방식이 있다. 한 학생에 대한 완전한 프로파일을 분석하고 그가 어떻게 학습에 접근하고, 참여하며, 학습 결과를 시연하는지에 대한 효과를 분석하라. 이러한 정보를 각 학생이 성공할 수 있는 수업과 평가를 제공하기 위해 활용한다는 것을 명심하라.

표 4.3에 열거된 8가지 지능은 개인들이 특정 지능에서 강점을 보일 때 사용할 수 있는 사인(sign)이나 이름을 포함하고 있다. 또한 차트는 각 지능에 적합한 평가 도구와 선택가능한 직업을 열거하고 있다. 다양한 지능을 통합하는 평가 도구와 활동을 선택하여 평가 경험을 맞춤형으로 수준별 · 개별화하는 것이 중요하다. 가능하면 항상 학생들이 자연스럽고 편안함을 느끼는 방식으로 자신의 학습을 시연하게 하라.

**표 4.3 각 지능에 적합한 평가 도구와 선택가능한 직업**

| 지능 | 사인 | 평가 도구 및 활동 | 직업 선택 |
|---|---|---|---|
| 언어적/<br>언어학적 | *소통을 잘함!*<br>*이해를 잘함!*<br>*말이 많음!*<br>강점:<br>듣기<br>읽기<br>말하기<br>쓰기<br>아이디어 연결하기 | 에세이<br>오디오 녹음<br>보고서<br>연설<br>논쟁<br>인터뷰<br>연구 프로젝트<br>퀴즈 혹은 테스트<br>일지, 저널, 일기<br>질문과 대답<br>관찰/발견<br>구두 보고<br>설명<br>필기 숙제<br>농담<br>전시<br>포스터<br>비판적 글쓰기<br>창의적 글쓰기<br>글쓰기 혹은 말하기<br>다양한 장르 | 저널리스트<br>교사<br>아나운서<br>배우<br>작가<br>코미디언<br>연사<br>저술가 |

**표 4.3 각 지능에 적합한 평가 도구와 선택가능한 직업 (계속)**

| 지능 | 사인 | 평가 도구 및 활동 | 직업 선택 |
|---|---|---|---|
| 음악적/<br>리듬적 | *춤을 잘 춤!*<br>*음악적임!*<br>*리듬감 있음!*<br>강점:<br>음정 패턴<br>음악적 재능<br>음감 | 음악적 형태<br>노래<br>랩<br>시<br>리듬 형태와 박자<br>시엠송<br>응원가<br>배경음과 소음<br>작곡<br>녹음<br>챈트<br>음정 패턴<br>운에 맞춰 줄넘기<br>쇼튠(show tune)*<br>5행시 | 음악가<br>무용가<br>음향 전문가<br>작곡가<br>악단 지휘자<br>시인<br>지휘자 |
| 논리적/<br>수학적 | *기계장치를 좋아함!*<br>*형태 탐색을 잘함!*<br>*분석을 잘함!*<br>강점:<br>수<br>공학(기술)<br>문제 해결<br>논리적 사고 | 순차적 단계<br>사실 분석<br>연구<br>논리적 문제<br>특성별 그룹 만들기<br>문제 해결 기법<br>개관<br>이유와 합리적 근거<br>예측<br>루브릭<br>시범<br>계산<br>통계/자료<br>연구 프로젝트<br>그래픽 조직자<br>라벨<br>활동 범주화<br>조작<br>장치/계산기<br>공식<br>사고 게임<br>패턴<br>과정 설명<br>연대표 | 발명가<br>프로그래머<br>분석가<br>기술자<br>회계사<br>기사<br>중개인<br>금융인<br>경제 전문가<br>회계사<br>기술자<br>프로그래머 |

* 역자주: 1960년대부터 1980년대에 이르기까지 미국 뉴욕의 브로드웨이에 산재한 소극장에서의 공연을 목적으로 Jerry Hermaqn이 작사, 작곡한 뮤지컬을 의미한다. 그의 자서전 제목인 *Show Tune*에서 비롯된 것으로 알려져 있다.

**표 4.3 각 지능에 적합한 평가 도구와 선택가능한 직업 (계속)**

| 지능 | 사인 | 평가 도구 및 활동 | 직업 선택 |
|---|---|---|---|
| 시각적/<br>공간적 | *창의적임!*<br>*예술적임!*<br>*설계를 잘함!*<br>강점:<br>아트 미디어<br>시각화<br>공간 관계 | 색, 선과 모양<br>창의적 설계<br>조각<br>시각화<br>상상<br>그래픽 조직자<br>시각자료<br>아트 미디어<br>전시<br>포스터<br>차트<br>소책자<br>그림<br>삽화<br>만화와 캐리커처<br>색 분류 | 예술가<br>설계사<br>건설업자<br>패션<br>코디네이터<br>메이크업 아티스트<br>건축가<br>엔지니어<br>안무 |
| 신체/<br>운동감각적 | *운동을 잘함!*<br>*감각적임!*<br>강점:<br>대근육 운동 기능<br>스포츠 참가<br>공연 | 능숙한 조작<br>무언극<br>발명<br>스포츠 참가<br>신체적 움직임을 이용한 시범<br>연습<br>인간 표현<br>직접 경험<br>시뮬레이션/역할놀이<br>현장체험<br>시범<br>극적인 해석<br>운동 순서 | 배우<br>운동선수<br>재봉사<br>실험실 기사<br>외과의사<br>치과의사 |

**표 4.3 각 지능에 적합한 평가 도구와 선택가능한 직업 (계속)**

| 지능 | 사인 | 평가 도구 및 활동 | 직업 선택 |
|---|---|---|---|
| 자연친화 | *과학적임!*<br>*생존능력이 있음!*<br>*야외 활동을 좋아함!*<br>강점:<br>과학<br>환경적 이슈<br>환경 보존<br>자연의 모든 영역 | 환경적 민감성의 시연<br>환경 인식<br>자연 감상<br>과학과 자연의 인지<br>분류<br>생존 기술<br>환경적 장면의 창의적 구성<br>자연 수집<br>환경적 상황에서 문제 해결<br>자연 주제의 연구<br>실세계 상황 | 환경 운동가<br>농부<br>해양학자<br>우주 비행사<br>동물학자<br>과학자<br>탐험가<br>고고학자<br>환경보호 활동가<br>숲 관리자 |
| 자기이해 | *독립적임!*<br>*목표 설정이 확실함!*<br>*메타인지적임!*<br>강점:<br>개인적 의사결정<br>혼자 작업하기<br>자기 효능감 | 사적인 협의<br>자아에 관한 지식<br>조사와 기록<br>분개장 기입<br>일지와 일기<br>검사/시험<br>자기연구와 계약<br>개인 선택<br>메타인지적 참여<br>독립 연구<br>포트폴리오<br>개인적 반성 | 컴퓨터 전문가<br>프로그램 분석가<br>회계사<br>저널리스트<br>상담가<br>기술자 |
| 대인관계 | *사회성이 있음!*<br>*팀 플레이를 잘함!*<br>*협동적임!*<br>강점:<br>집단에 가입<br>규칙을 따름<br>집단 결정 | 타인과 의사소통<br>팀워크<br>질문<br>직관(직감)의 표현<br>파트너 보고서<br>재현<br>협동 학습<br>텍스트 이야기하기<br>문학 동아리에 참가<br>인간 그래프 | 교사<br>접수 담당자<br>토크쇼 사회자<br>상담가<br>심리학자<br>성직자<br>정치가 |

다중 지능 이론을 맞춤형 수준별 · 개별화 평가 경험에 적용하기 위해 다음과 같은 핵심 내용을 활용하라:

> 중요한 것은 당신이 "얼마나" 스마트한가가 아니라, 당신이 어떻게 스마트해질 수 있는가이다.
>
> — Howard Gardner(2011)

- 모든 사람은 유전적으로 형성된 독특한 두뇌를 가지고 태어난다.
- 지식과 경험은 두뇌를 형성하고 변화시킨다.
- 모든 사람은 적어도 8가지 지능을 가지고 있다.
- 사람들은 자신의 지능 중 3~4가지 강점 영역을 가지고 있다.
- 약한 지능은 강화될 수 있다. 자신의 가장 강한 지능을 사용하는 활동에 참여할 때 더 많은 정보를 학습하고 기억한다.

## 활동: 자신의 다중 지능 파악하기

다음 활동은 교사와 학생들에게 지능을 자기평가할 수 있는 기회를 제공한다. 이 활동을 통해 개인의 가장 강한 지능 3~4가지와 강화될 필요가 있는 최소한 1~2가지 지능을 확인할 수 있다.

1. 색깔이 뚜렷하게 차이 나는 색상지 8장을 선택하라.
2. 차트에 8가지 지능을 열거하라. 각 차트 옆에 색상지 조각을 놓아서 지능을 색깔로 구분하라. 예를 들어, 언어적/언어학적 지능 = 노랑색, 자연친화적 지능 = 녹색.
3. 색상지를 동일한 크기로 가느다랗게 잘라서 모든 사람이 각 지능의 색깔에 맞는 조각을 가지게 하라.
4. 각 색상지 조각 맨 위에 차트 색깔과 일치하는 지능의 라벨을 붙여라.

   다음과 유사한 핵심 문자를 사용해서 각 지능의 명칭을 줄여 써라:

   | | |
   |---|---|
   | 언어적/언어학적 지능 = V/L | 음악적/리듬적 지능 = M/R |
   | 논리적/수학적 지능 = L/M | 시각적/공간적 지능 = V/S |
   | 신체/운동감각적 지능 = B/K | 자연친화 지능 = N |
   | 자기이해 지능 = Intra | 대인관계 지능 = Inter |

5. 학생들에게 자신의 3~4가지 강점 지능과 일치하는 각 지능의 색상지 조각을 길

게 늘어놓도록 지시하라.

6. 각 지능의 아래 부분을 찢어내서 자신의 약한 지능과 대응시키는 방법을 학생들에게 보여 줘라. 예를 들어, 만일 학생이 특정 지능을 매우 약하다고 지각하면, 그에 해당하는 조각은 매우 짧을 것이다.
7. 남은 색상지 조각의 아래 부분을 찢어서 그 길이로 각 지능 영역의 강점이나 약점을 나타내도록 하라.

### 교사 반성 견본

자신의 가장 강한 지능은 학습자와 자신의 평가 도구 선택에 어떠한 영향을 주는가? (표 4.4 참조)

**표 4.4 활동: 지능과 자신**

자신의 가장 강한 지능 3~4가지 옆에 별표를 하고, 가장 약한 지능 2~3가지 옆에 체크 표시를 하시오.

| | |
|---|---|
| ________ 언어적/언어학적 지능 | ________ 신체/운동감각적 지능 |
| ________ 음악적/리듬적 지능 | ________ 자연친화 지능 |
| ________ 논리적/수학적 지능 | ________ 자기이해 지능 |
| ________ 시각적/공간적 지능 | ________ 대인관계 지능 |

나의 가장 강한 3~4가지 지능: ________, ________, ________, ________

나는 어떻게 하면 가장 잘 학습할 수 있는가?

내가 알고 있는 것을 어떤 방법으로 보여 주고 싶은가?

내가 강화할 필요가 있는 지능은 ________이다.

활동 결과는 내가 가르치는 방식을 어떻게 반영하는가?

## Goleman과 Sternberg 탐구

2장에서, 우리는 Goleman(2006)의 감성 지능에 대해 검토하였다. 또한 "성공 지능"

의 삼두 이론(triarchic theory) 저자인 Robert Sternberg(1997)는 성공을 위한 프로파일로서 창의적, 분석적 및 실제적이라는 세 가지 인지적 측면을 확인하였다. 각 지능을 대표하는 집단을 구성하여 생산적인 협동 팀을 만들어라. 교사가 이들의 특성들을 소개하고 학생들이 메타인지적 기능을 촉진하기 위한 안내를 제공할 수 있다. 표 4.5는 Goleman과 Sternberg의 관점을 제시하고 있다.

**표 4.5 더 많은 전문가들의 견해**

| Goleman의 감성 지능 | Sternberg의 삼두 이론 |
|---|---|
| 자기인식<br>• 감정 이해<br>• 자신감 갖기<br><br>자기조절<br>• 초점 유지<br>• 만족감 지연<br>• 독립성 시연<br>• 과제 완성<br><br>동기유발<br>• 주도성을 가짐<br>• 학습 욕구와 개선 욕구를 가짐<br>• 탄력성을 보여줌<br><br>감정이입<br>• 타인의 감정을 느낌<br>• 타인의 관점을 이해함<br>• 타인을 도와줌<br><br>사회적 기능<br>• 협동<br>• 훌륭한 팀 구성원<br>• 공통의 목적을 달성하기 위해 집단으로 활동을 잘 함 | 실제적<br>• 의미를 부여함<br>• 유용성을 결정함<br>• 경험을 개인적인 방식으로 활용함<br><br>분석적<br>• 세부적으로 탐구함<br>• 구체적 세부 내용과 속성, 근거 및 특성을 탐구함<br>• 연구하고 해결함<br>• 이해를 위해 더 작은 단계나 부분들로 나눔<br><br>창의적<br>• “새로운 방식”을 설계함<br>• 혁신적인 사고와 접근을 사용함<br>• 많은 해결책을 브레인스토밍함 |

## 동물의 시각을 통해서

개별 학생이 해결할 문제나 평가 작품과 같은 과제에 접근하고 활동하는 방식을 동물의 특성을 이용해서 확인하도록 도와줘라. 표 4.6에 기술된 것과 같은 특성을 가진 학생들을 위한 최적의 학습 상황과 전략에 관해 생각해 보라.

**표 4.6 동물의 시각을 통해서**

| 동물 | 특징과 성격적 특성 |
|---|---|
| 카멜레온 | • 집단에 순응<br>• 기쁘게 해주려고 함<br>• 환경과 어울림 |
| 호랑이 | • 정조준 공격 기법<br>• 목표물을 향해 돌진함<br>• 접근 방법을 계획함<br>• 과제를 신속하게 해결함 |
| 거북 | • 느려서 위험을 감수해야 함<br>• 목표에 도달하기 위해 신중한 단계를 택함<br>• 앞으로 나아가기 전에 생각함<br>• 초점을 유지함<br>• 자기 속도를 활용함<br>• 체계적임 |
| 올빼미 | • 메타인지적 사고자<br>• 자세히 관찰함<br>• 현명함<br>• 이슈의 모든 측면을 바라봄<br>• 행동하기 전에 생각함 |
| 앵무새 | • 추종자<br>• 모방적 소리와 행동<br>• 역할 모델이 필요함<br>• 타인에 의존적임<br>• 종속되고자 하는 욕구<br>• 충실한 파트너<br>• 일상적인 순서와 절차가 필요함<br>• 반복 연습이 필요함 |

**표 4.6 동물의 시각을 통해서 (계속)**

| 동물 | 특징과 성격적 특성 |
|---|---|
| 비버 | • 바쁨<br>• 과제에 집중함<br>• 일을 확실히 마무리함<br>• 활동을 조직화함<br>• 근면한 팀 구성원<br>• 각 과제를 개인적인 임무로 생각함<br>• 복잡한 과제에 열성적으로 접근함 |
| 나비 | • 능동적임<br>• 예측할 수 없는 움직임<br>• 생산적임<br>• 성공을 축하함<br>• 자신의 속도로 전개함<br>• 독특한 특성을 가짐 |
| 개 | • 충실한 공감자<br>• 주의를 끎<br>• 피드백과 칭찬이 필요함<br>• 비위를 맞추려고 애씀<br>• 일상적인 순서와 지시가 필요함 |
| 박쥐 | • 색다른 학구적 및 개인적 습관을 표출함<br>• 독특한 관점을 가짐<br>• 일반적 관행을 따르지 않음<br>• 신기한 활동 패턴을 사용함<br>• 특별한 요구를 가짐 |

## 색깔별 대상과 특성

다음 차트는 맞춤형 수준별 · 개별화 수업과 평가를 증진하기 위해 학습자의 여러 가지 측면을 탐구한다. 교사들은 학생의 인성과 정서를 논의하는 것이 쉽다는 것을 알고 있다. 그러나 이러한 인성 요소들을 학습 전략과 활동에 적합하게 활용하는 경우는 거의 없다. 표 4.7, 4.9와 4.10을 활용하여 학습 방식을 분석하는 데 학생들을 참여시켜라.

표 4.7 색깔별 대상과 특성

| | |
|---|---|
| 색깔<br>● 녹색-조직자<br>대상<br>● 일상 계획표<br>특성<br>● 조직적<br>● 구조 요구<br>● 목록 작성자<br>● 계열적 사고자 | 색깔<br>● 황금색-연구자<br>대상<br>● 돋보기<br>특성<br>● 분석적<br>● 자료 탐색자<br>● 브레인스토밍<br>● 세부 내용을 찾음 |
| 색깔<br>● 파랑-친구<br>대상<br>● 곰인형<br>특성<br>● 안전한 환경을 요구<br>● 타인 존중<br>● 팀 플레이어<br>● 사교적 | 색깔<br>● 주황색-모험가<br>대상<br>● 팽이<br>특성<br>● 융통성이 있음<br>● 다중 작업을 즐김<br>● 자발적임<br>● 선택을 요구 |

## 학생들의 지각 양식 평가

Caine과 Caine(2005)은 다음과 같은 학습 양식 색인어(descriptors)를 제시하였다. 학생들이 목록을 활용하여 자신의 감각 양식을 확인하게 하라(표 4.8 참조). 지표와 논의 및 과제에서 제안된 활동을 채택하여 공통점과 차이점을 확인하라. 평가 결과를 활용해서 수업 계획을 맞춤화하라.

학생들에게 도전감을 심어 주어 자신의 학습 양식과 특성을 반영한 차트를 설계하게 하라. 다양한 색인어와 지표의 예를 제공하라. 학생들로 하여금 게임과 신발, 음악 도구 또는 스포츠로부터 일반적인 범주와 지표를 선택하여 색인어를 대체하도록 하라. 이 활동(표 4.9)은 학습자들이 자기평가 도구를 구성하도록 하는 데 참여시킨다

(표 4.10 참조). 표 4.11은 인성 특성을 탐구하고 학습자가 선호하는 지식 시연 방식을 확인하기 위한 하나의 지침이다.

**표 4.8 지각 양식**

| 색인어 | 지표 | 제안된 평가 활동 |
|---|---|---|
| 모험가<br>(다감각적) | • 변화와 다양성을 즐김<br>• 미래를 기대함<br>• 추측을 좋아함<br>• 자발적<br>• 창의적<br>• 다중작업에 전념 | 조작자료<br>프로젝트<br>시범<br>게임<br>스테이션 과제<br>현장체험 |
| 지휘자<br>(음감 지배적) | • 단어와 소리에 가치를 둠<br>• 사실에 대한 탐색<br>• 세부 내용에 대해 조바심<br>• 지시하는 것을 좋아함<br>• 타인에 대한 고려 없이 끌어감 | 구두 보고서<br>인터뷰<br>연구<br>파워포인트 프레젠테이션<br>웨비나(webinar)*<br>블로그 |
| 평가자<br>(시각 능력 지배적) | • 조직화에 가치를 둠<br>• 타인의 견해에 관심이 있음<br>• 계획하기를 좋아함<br>• 뜻밖의 사태에 적응하는 능력이 부족함 | 과제 계열화<br>정보 개관<br>그래픽 조직자<br>사실 수집<br>웹 검색<br>일정표 |
| 양육자<br>(감성 지배적) | • 관계와 감정에 가치를 둠<br>• 타인을 돕는 것을 좋아함<br>• 대의명분에 헌신함<br>• 기쁘게 하고자 하는 욕구 | 협동학습<br>파트너 학습<br>소크라테스식 대화법<br>학습 공동체<br>상호 교수<br>팀워크 |

출처: Caine & Caine(2005, pp. 227-229)

* 역자주: 웹(web)과 세미나(seminar)의 합성어로 웹 사이트에서 행해지는 실시간 혹은 녹화의 양방향 멀티미디어 프레젠테이션. 스트리밍 오디오에 의한 보고, 스트리밍 비디오를 통한 보고자의 영상, 보고자 패널, 실시간처럼 질의 답변을 보여 줄 대화 세션, 전체적으로 보여 줄 수 있는 슬라이드, 보고자와 청중이 그림을 그릴 수 있는 백판(whiteboard), 청중이 보고자에게 말할 수 있는 마이크와 PC 카메라, 보고자와의 회의 전화 등으로 구성된다. 간혹 '웹캐스트(Webcast)'라고도 한다(출처: 네이버 백과사전).

## 표 4.9 활동: 나를 알기–대상을 보는 관점

학생들에게 다음과 같은 활동을 제시해서 학습자로서 자신에 대한 이해를 탐구하게 하라.

1. 4가지 대상을 보고 자신을 상징하는 순서대로 번호를 써라.

   a. ________ 일정 계획표 b. ________ 돋보기 c. ________ 곰인형 d. ________ 팽이

2. 자신을 상징하는 대상을 순서대로 열거하고, 각 문장을 완성하라.

   a. 나는 ______________ 때문에, ______________ 를 가장 좋아한다.

   b. 나는 ______________ 때문에, ______________ 를 좋아한다.

   c. 나는 ______________ 때문에, ______________ 를 가장 덜 좋아한다.

## 표 4.10 학습자들이 대상을 보는 관점

**일정 계획표**

이 학생은 조직적이고 정해진 틀을 좋아한다. 규칙을 따르고, 의식적으로 일하며, 세부 내용에 관심을 갖고, 과제에 체계적으로 접근한다. 이 학습자는 다음과 같은 평가 활동을 제공할 때 가장 잘 수행한다.

- 명료하고, 정확한 지시와 절차
- 정해진 틀
- 명료한 기대감이 있는 목적
- 조직화
- 접근 가능한 자료
- 정해진 시간 배당
- 사실과 세부 내용
- 안내된 연습
- 순차적인 활동
- 일정표

일정 계획표 유형의 학습자를 위한 개별화 평가 도구는 다음과 같다.

- 체크리스트
- 리커트식 척도
- 루브릭
- 진위형 검사
- 빈칸 채우기
- 선다형 검사
- 계열화된 활동

**표 4.10 학습자들이 대상을 보는 관점 (계속)**

### 돋보기

이 학생은 필수적인 질문에 반응하여 답을 발견하는 것을 좋아하고, 연구와 분석, 탐문, 문제 해결을 좋아한다. 이 학습자는 다음과 같은 평가 활동을 제공할 때 가장 잘 수행한다.

- 세부 내용
- 연구
- 탐구와 분석
- 심층 연구
- 탐문 또는 "왜" 질문하기
- 데이터를 활용한 보고서
- 상세한 지시문
- 질문에 대답할 기회

돋보기 유형의 학습자를 위한 개별화 평가 도구는 다음과 같다.

- 사실과 이를 뒷받침하는 세부 내용
- 자유 반응식 에세이
- 포럼
- 토론
- 토의
- 연구와 자료 수집
- 프로젝트

### 곰인형

이 학생은 의사소통자와 협력자로서 편안한 환경과 빈번한 격려를 필요로 한다. 파트너나 소집단과 함께 활동하는 것을 좋아한다. 이 학습자는 다음과 같은 평가 활동을 제공할 때 가장 잘 수행한다.

- 다른 사람과 함께 작업할 기회
- 인정
- 의사소통을 위한 공개 통화
- 편안한 환경
- 안전감
- 소속감
- 감수성에 대한 공감
- 진정한 격려 표현
- 개인적 피드백을 받을 기회

곰인형 유형의 학습자를 위한 개별화 평가 도구는 다음과 같다.

- 목록
- 조사
- 파트너 및 소집단 학습
- 협의
- 개인적 피드백
- 협동 과제

### 팽이

이 학생은 빠른 속도로 직접 도전하는 다양한 창의적 선택을 좋아한다. 팽이 유형은 프로젝트나 게임 제작하는 것을 좋아하는 열성적이고 적극적인 참여자이다. 이 학습자는 다음과 같은 평가 활동을 제공할 때 가장 잘 수행한다.

**표 4.10 학습자들이 대상을 보는 관점 (계속)**

- 선택
- 다양성
- 창의성
- 실제 적용
- 재미있고, 자극적인 활동
- 직접적이고, 다중작업 과제
- 빠른 속도의, 신나는 도전
- 축하

팽이 유형의 학습자를 위한 개별화 평가 도구는 다음과 같다.

- 시범
- 시뮬레이션
- 실험
- 프로젝트
- 선택보드
- 역할극
- 두뇌 교란형 과제(brain teasers)*
- 게임
- 복합적 도전 과제
- 수행

**표 4.11 네 가지 앎과 시연 방식**

Carl Jung과 Isabel Briggs Myers는 학생들의 선호하는 학습 시연 방식이 어떻게 다른지에 대한 또 다른 관점을 제안하였다. 다음 차트는 Silver와 Strong, Perini(2000)의 연구를 수정한 것이다. 다음 아이디어를 활용하여 학생들이 자신이 선호하는 방식으로 지식을 시연하는 것을 평가하시오.

| **자기 표현적**<br>*자신의 방식으로 설명하도록 요구* | **완전학습**<br>*보고하거나 암기하고, 연습하며, 전시하도록 요구* | **이해**<br>*지식을 제시하거나 적용* | **대인관계**<br>*느낌과 태도를 보여 주면서 공감적으로 작업* |
|---|---|---|---|
| 평가 과제<br>• 해석하다<br>• 창조하다<br>• 설계하다<br>• 행동하다<br>• 시범 보이다<br>• 그리다<br>• 의견 제시하다 | 평가 과제<br>• 제시하다<br>• 연습하고 시범 보이다<br>• 연역적 문제를 완성하다<br>• 단답형 검사에 답하다<br>• 보여 주다 | 평가 과제<br>• 비교하고 대조하다<br>• 탐색하다<br>• 탐구 모형을 이용하다<br>• 발견하다<br>• 사실을 활용하여 의견을 구성하다<br>• 연구하다<br>• 분석하다<br>• 비평하다 | 평가 과제<br>• 개인적으로 관련 짓다<br>• 행동과 사건을 시뮬레이션하다<br>• 협동적 사태에 참여하다<br>• 팀 구성원이 되다<br>• 축하행사에 참여하다 |

출처: Silver 외(2000)

* 역자주: 기존의 틀에 얽매이지 않는 발상의 전환으로 해결해야 하는 두뇌 교란형 퍼즐이나 문제

## 학습자 관점 반영

다음의 활동과 전략은 어떠한 맞춤형 수준별 · 개별화 교실에서도 활용할 수 있는 아이디어의 도구상자이다.

### 1. 저널 쓰기 시간 제공하기

다양한 형식의 저널 쓰기 과제를 부과하여 학생들이 학습 전과 학습 중, 학습 후에 사고와 질문, 관심사를 통해 자신이 알고 있는 것을 개방적으로 공유하게 하라. 동일한 저널 양식과 장르의 반복을 피하라. 다양한 저널 모험 과제를 제시하여 학생들 자신의 사고 과정과 태도, 학습 및 요구를 신기하고 흥미로운 방식으로 시연하게 하라.

### 2. 듣고, 말하고, 배우고, 알기

학생들을 학교 문제뿐만 아니라 자신의 개인적인 삶에 관한 생산적인 대화에 참여시켜라. 제안 사항을 요구하고 반응을 순순히 받아들여라. 일부 의견은 사적이고, 일부 의견은 개방적으로 토의할 수 있다는 점에 주의하라. 각 토의 유형에 적합한 시간을 민감하게 판단하라.

### 3. 작업 선호도 조사하기

학생들을 조사해서 그들의 작업 선호도를 확인하라. 각 학습자가 어디에서 최상으로 작업하고 집중하는지를 발견하라. 학생들은 자신이 선호하는 방식이 수용되면 가장 생산적으로 수행한다. 결과를 분석하고, 학습자를 평가하는 방법을 발견하라.

다음 도구(표 4.12)를 활용하여 수업과 평가 경험을 하는 동안 실제적이고 적합할 때 학생의 작업 선호도를 수용하라.

### 4. 관찰자가 되는 방법 학습하기

#### 세부적으로 평가하기

기준과 관련된 학생의 서로 다른 수행 수준을 관찰하여 이를 다루기 쉬운 부분들로 나누어라. 표 4.13의 수직 척도를 활용해서 학생의 지식과 수행 수준을 표시하라. 이 맞춤형 수준별 · 개별화 평가 관점은 학생의 이해 폭과 깊이를 반영한다.

학년 수준에 따른 기준과 관련하여 학생의 수행 수준을 확인한 후, 이러한 평가 데

**표 4.12 작업 선호도 조사**

1. 나는 ____________________ 때문에 ________ 와 함께 작업하는 것을 좋아한다.
2. 나는 ____________________ 때문에 ________ 와 함께 작업하지 않는다.
3. 나는 __________ 홀로 __________ 파트너와 __________ 소집단과 함께 작업하고 싶다.
4. ____________ 때문에 내가 좋아하는 집단 과제 유형은 ____________________ (이)다.
5. ____________ 때문에 내가 좋아하는 파트너 과제 유형은 __________________ (이)다.
6. ____________ 때문에 내가 좋아하는 독립 과제 유형은 ____________________ (이)다.
7. 집단 활동에 관한 최상의 일은 ________________________________________ (이)다.
8. 집단 활동에 관한 최악의 일은 ________________________________________ (이)다.
9. 이 교실에서 내가 작업하기 좋아하는 장소는 ______________________________ (이)다.

기타 의견 ______________________________________________________________

**표 4.13 최하에서 최상까지 수행 관찰하기**

**최하의 수행 수준**

↑

1. 교사가 여러 가지 그림을 보여 주고, "__________ 의 그림을 찾으시오."라고 말한다. 학생은 그림을 가리킨다.
2. 교사가 그림을 보여 주고, 학생은 그것을 구두로 확인한다.
3. 교사가 그림을 보여 준다. 학생은 그림을 확인하고 자신의 배경과 경험을 통해 그에 관한 세부 내용을 제시한다.
4. 교사가 그림을 제시한다. 학생은 그림을 서면으로 된 확인 라벨과 매치시킨다.
5. 교사가 단어를 제시한다. 학생은 그에 상응하는 그림을 그린다.
6. 교사가 그림을 제시한다. 학생은 단어를 적는다.
7. 교사가 구두로 단어를 제시한다. 학생은 그 용어를 적고, 그림으로 묘사하고 설명한다.

↓

**최상의 수행 수준**

이터를 활용하여 학생의 준비도 수준에 따라 다음 수업 단계를 계획하라.

## 관찰하고 평가하는 동안

개인이나 소집단과 함께 활동하는 동안 또는 학생들 사이를 순회하는 동안 세심하게 관찰하라. 관찰된 정보를 활용하여 수업과 평가 활동을 계획하라. 적절한 질문을 하여 성공 영역과 개선이 필요한 곳을 확인하라. 자유 반응식 질문을 요구해서 학습자들이 알고 있는 것을 표현하고 설명하도록 하라. 필요할 때 구체적인 칭찬과 피드백을 제공하라.

다음과 같은 변경이 필요한 영역을 인식하라:

- 중재나 재지도
- 보다 도전적인 과제
- 문제를 해결하고 처리할 더 많은 시간
- 자신이 없거나 과제 완성 실패
- 정보를 다른 각도나 혁신적인 방식으로 바라보기
- 새로운 아이디어 생성

### 관찰 팁

자신에게 다음과 같은 질문을 하라:

- 학생이 자신의 생각을 소통할 수 있는가?
- 학생이 단계를 부주의하게 성급히 수행하려 하는가?
- 학생이 단계나 절차를 처리하기 위해 자신의 내적 사고를 정확하게 언어로 표현했는가?
- 누가 추가 도움이나 특별한 중재를 필요로 하는가?
- 다음 도전 단계로 나아갈 필요가 있는 학생은 누구인가?
- 어떤 구체적인 행동이 일화적인 코멘트를 필요로 하는가?

## 평가 대상 학생들의 수행 수준에 대한 칭호

*초보자, 수습자, 실천가, 전문가*는 측정을 강조하던 시대에 학생 수행의 진보를 확인하기 위해 루브릭과 리커트식 척도에 흔히 사용되는 용어들이다. 다음과 같은 설명과 요구들을 고려하여 각 수행 수준에 따라 학습자들을 도와줘라.

초보 학습자들에게 새로운 정보를 학습하기 위해 필요한 배경 지식의 격차를 없애는 데 필요한 정보를 제공하라. 다른 수준에 있는 학생들은 그 문제를 해결할 수 있다. 그들은 자신의 이해 수준에 따라 자신의 방식으로 해결책을 발견한다. 그들이 더 많이 학습하여 자신감을 갖게 되면, 반응이 더욱 정교화된다. 학습자의 준비도 수준에 맞추기 위한 전략과 활동들을 설계한다.

학생들의 지식 기반이 발달되면, 자신이 정보를 조절해서 실생활 상황에 적용할 수 있다. 이런 정보와 경험은 자신의 기억 은행(memory bank)의 일부가 된다. 교사는 자료를 분석하여 누가 새로운 학습으로 나아갈 필요가 있는지 그리고 누가 폭넓은 연습이 필요한지를 알게 된다. 지속적인 반성을 통해 효과적인 과제를 검토하고 수정할 수 있다.

학생들을 평가상의 의사결정에 능동적인 참여자로서 포함시켜라. 예를 들면, 다음과 같은 질문 중 한 가지를 요구하라:

당신은 어떤 부분을 알고 이해하는가?
당신은 다음에 어떤 것이 필요한가?

자신의 개선과 성장에 영향을 미치는 의사결정을 할 때 학습자들에게 주인의식을 심어 줄 기회를 찾아라. 이는 학생들이 자기반성(self-reflection) 기법을 연습하도록 고무시킨다. 학생들이 자신의 제안이 계획에 어떠한 영향을 미치는지 알게 하라.

## 사전 수행 평가하기

전년도 성취 기록을 찾아보기 전에 몇 주일간 교실에서 학생을 관찰해 보라. 이는 당신이 선입견 없이 학생의 능력과 기능의 실상을 파악할 수 있게 해 준다. 학생이 교사에 따라 종종 상이한 태도와 노력 수준을 보인다는 점을 명심하라.

Airasian(2011)은 학생에 대한 다른 사람의 코멘트와 관련하여 *전해들은 말(hearsay)*이라는 용어를 사용하였다. 사람들은 대개 좋은 의도를 가지고 학생의 배경과 능력 또는 행동과 관련된 말을 한다. 그들은 이러한 정보가 신임 교사가 학생들을 위해 준비할 수 있도록 해 준다고 믿는다. 들어라, 그런 다음 학생에 대한 말 속에 포함된 정보를 주의 깊게 확인하라. 몇 가지 비공식적 코멘트가 평가 수행에 영향을 미치는 중요한 데이터를 제공해 줄 수 있다. 다음(표 4.14)과 유사한 말을 포함하는 부정적 진술문을 접하게 될 때 긍정적으로 생각하라.

**표 4.14 행동 코멘트 평가**

| 어떤 사람이 … 라고 말하면 | 다음과 같은 자기조언을 활용하라 |
|---|---|
| 그는 매우 나빠서 … 하다. | 학생이 대개 나를 위해 행동한다. |
| 그의 학급은 항상 … 하다. | 나는 긍정적인 교실 문화를 개발한다. |
| 그의 부모는 … 하지 않을 것이다. | 부모들은 수업에서 나의 파트너가 된다. |
| 당신은 절대로 그가 무엇을 하게 할 수 없을 것이다. | 나는 그를 동기화시킬 방법을 찾을 것이다. |

## 학생에 관한 정보 적용하기

학생의 현재 지식과 성공 그리고 진보에 관해 인식하라. 개별 학생과 관련된 데이터를 수집하기 위한 진단 도구 모음을 개발하라. 데이터를 주의 깊게 분석하라. 수많은 가능한 요구들에 대해 정신적으로 준비하라. 학습에서 기대하지 않은 격차가 나타날 수 있다. 하지만 만일 당신이 가장 공통적인 요구를 도와줄 준비가 되어 있다면 그리고 즉각적인 피드백과 안내를 제공할 준비가 되어 있다면, 학생에게 도움이 될 것이다. 여러 가지 맞춤형 수준별 · 개별화 평가 전략과 도구들을 철저하게 익히게 되면 문제를 진단하고 개인별 데이터를 수집해서 적시에 학습자를 도울 수 있다.

## 요약

가장 효과적인 형성평가는 학생들을 사람으로서 그리고 학습자로서 알기 위해 설계된다. 이러한 결과들은 후속 계획을 위한 기초를 제공해 준다. 수업을 안내하기 위해 학습 전과 학습 중, 학습 후에 지속적으로 진보를 점검하라. 개별 학습자의 요구를 인식하고, 중재를 제공하고, 방향을 명료히 하여, 학생들을 동기유발시켜라. 후속 장에서, 우리는 학생들에 대한 이러한 지식을 맞춤형 수준별 · 개별화 평가 전략에 통합하는 방법을 상세히 살펴볼 것이다.

# 5

# 자기평가 탐구

**핵심 문제**

자기평가가 어떻게 성취를 향상시키는가?

학생은 장점과 요구, 약점을 이해하고 책임지는 개인적인 반성 기회를 가진다.

## 자기평가란 무엇인가?

자기평가(self-assessment)는 학습자에게 과제 수행 전과 중, 과제 수행 후 개인적 안내 체계를 제공하는 사고 과정이다. 이 메타인지적 활동은 개개인이 창의적이고 비판적으로 생각하고 분석할 수 있게 해 준다. 자기평가 과정의 각 측면은 긍정적 또는 부정적 피드백을 계속적으로 제공한다. 자기평가는 학습자가 개인적이고 학구적인 목적을 지향하며 생애 전반에 걸쳐 활용할 수 있는 기능이다.

> 가장 효과적인 학습자들은 메타인지적이다. 말하자면, 그들은 자신이 어떻게 학습하는지에 주의를 기울이고, 개인적 학습 목표를 세우며, 규칙적으로 자기를 평가하고, 자신의 수행을 조절하며, 자신의 학습을 보조하기 위해 생산적인 전략을 활용한다.
>
> — Tomlinson & McTighe(2006, p. 79)

## 자기대화란 무엇인가?

자기대화(self-talk)는 외부 조건에 대한 반응을 유도하는 내적 대화이다. 자기대화는 정서와 느낌, 태도, 의사결정, 행동을 조절하는 사고의 지속적인 흐름을 창출한다. 자기대화는 삶의 모든 측면에서 메타인지적 사고 과정을 안내한다.

## 자기평가에서 자기대화의 역할은 무엇인가?

학습자들이 자기대화를 생산적으로 활용하면, 평가 과제를 포함하는 과업을 수행하기 전과 수행 중 그리고 수행 후에 자신의 사고를 점검할 수 있다. 자기대화는 자기평가를 안내하는 개인적인 점검 체계이다. 자기대화는 자동으로 일어나는 하나의 자연스러운 현상이다. 학생들은 수업과 안내를 통해 자신의 사고에 관해 생각하고, 자신의 자기대화를 분석하고, 그것을 생산적인 방법으로 활용하는 동안 자기평가 활동에 참여할 수 있다.

자기대화를 통해 학습하기 위해서, 학습자는 자신의 사고를 드러내 보여야 한다. 학습자가 자신의 마음을 탐문하기 위해 질문 기법과 같은 전략을 사용할 수 있다.

자기대화 속에서 부정적인 피드백이 분명하게 드러날 때, 학생들은 흔히 그만두고 포기해 버린다. 그들은 비건설적인(unconstructive) 사고를 인식하고 자신의 사고를 긍정적인 방향으로 이끌기 위한 구체적인 전략을 사용하는 방법을 배울 수 있다.

## 생산적인 메타인지 조건

학습 분위기는 사고에 도움이 되어야 한다. 생산적인 메타인지 과정을 창출하는 수업의 여러 측면을 의식적으로 인식하라. 다음과 같은 맞춤형 수준별 · 개별화 활동이나 과제를 통해 양질의 사고가 나타나게 된다:

| | | | | |
|---|---|---|---|---|
| 도전적인 | 흥미로운 | 관련성 있는 | 가치 있는 | 유용한 |
| 필요로 하는 | 흥미를 끄는 | 참신한 | 기억에 남는 | 개별화된 |

### 학습자의 내적 대화 평가하기

학생의 내적 대화는 종종 그들의 신체 언어로 분명하게 나타난다. 학생의 행동을 분석하라. 개인적 협의와 맞춤화된 수업 계획에서 가능한 한 빨리 학생의 감정과 요구들을 다루어라. 다음 차트(표 5.1)를 내적 대화를 평가하기 위한 지침으로 활용하라. 물론, 이 목록에 없는 행동들이 나타날 수도 있다. 행동과 발생할 가능성이 있는 자기대화, 그리고 이를 관찰한 당신의 분석을 추가하라.

**표 5.1 내적 대화 평가하기**

| 관찰된 행동 | 분석 | 학습자의 자기대화 |
|---|---|---|
| 관심 없음 | 개인적 이득이나 가치가 없다고 생각한다<br>흥미가 부족하다 | *나를 위한 일이 아니야.*<br>*나의 때를 기다리고 있어.* |
| 패배/중도 포기 | 포기한다<br>노력하지 않는다<br>과제를 완성하지 않는다 | *난 이 일을 할 수 없어.*<br>*이것은 내게 너무 어려워.*<br>*만일 이 일을 한다면, 실패할 거야.* |
| 어떻게 할 줄 모름 | 명확한 지시문이 필요하다<br>배경 지식이 부족하다 | *내가 무엇을 해야 하지?*<br>*무슨 질문을 해야 할지 모르겠어.* |
| 준비되지 않음 | 필요한 자료가 없다<br>과제를 완성하지 못한다 | *난 이 과제를 하는 방법을 잊었어.*<br>*난 공부하지 않았어.* |
| 도전감이 없음 | 과제를 완성할 욕구가 없다<br>서둘러 과제를 마친다<br>성의 없이 과제에 접근한다 | *이것은 너무 쉬워.*<br>*이것은 내게 가치가 없어.*<br>*나는 더 나은 일을 해야 해.* |
| 의존적 | 도움받는 데 익숙하다<br>자신감이 부족하다 | *어떤 사람이 나를 도와줄 거야.*<br>*내가 과제를 완성하더라도, 틀릴 거야.* |
| 학습부진 | 능력껏 학습하지 않는다<br>주도성이 부족하다 | *난 노력했지만, 포기했어.*<br>*내가 무엇을 하든지, 잘못될 거야.* |

## 과제 평가를 위한 자기대화

학생들에게 숙제나 과제를 수행하기 전과 수행 중, 수행 후에, 자기주도적이고 독립적인 학습자가 되는 방법을 가르쳐라. 다음 목록에서 개인의 요구와 과제에 대한 적절한 질문을 선택적으로 골라서 학생들에게 자기대화 평가를 적용하는 방법을 가르쳐라. 선택된 각 질문에 수반되는 사고 과정에 대해 토의하고 모델을 보여 줘라.

이 절차는 비행기 조종사의 이륙과 비행 중 시스템 유지, 안전한 착륙을 위한 준비에 쉽게 비유된다. 학생들이 자기평가 전략을 자동적으로 적용하는 방법을 학습하면, 학업 과제나 개인 과제에 있어서 더 효율적이고 성공적이게 된다.

### 과제 활동 참여 전

학생은 과제나 숙제를 수행하기 전에 다음과 유사한 질문들을 다루고 대답한다:

- 이 과제의 목적이나 성과는 무엇인가?
- 나는 지시문이나 지침을 이해하고 있는가?
- 내가 지켜야 할 교실 규칙은 무엇인가?
- 이 경험을 통해 내가 배우거나 얻게 될 것은 무엇인가?
- 나는 이 과제를 수행하는 데 적절한 배경 지식 그리고/또는 기능을 가지고 있는가?
- 이 과제에 배당된 시간은 얼마나 되는가?
- 내가 필요로 하는 자료를 가지고 있는가?
- 편안하게 집중하고 작업할 수 있는 적합한 장소가 있는가?
- 과제 수행을 위한 계획을 작성해야 하는가?
- 그래픽 조직자, 시간계획표, 개요 또는 "해야 할 것" 목록을 활용할 필요가 있는가?
- 내 생각을 명료하게 하거나 질문을 할 필요가 있는가?
- 다음으로부터 더 많은 정보가 필요한가:
  교사 급우 자원

### 과제 활동 참여 중

- 나는 어떻게 하고 있는가?
- 이 과제는 계속해서 도전감을 주는가?
- 나에게 계속하기 위한 격려가 필요한가?
- 나는 최선의 노력을 기울이고 있는가?

- 내가 올바른 길로 가고 있는가?
- 내가 시간계획표를 따르거나 과제 수행 속도를 조절하고 있는가?
- 이 부분에서 너무 많은 시간과 에너지를 소비하지 않았는가?
- 내가 교착 상태에 빠진 것은 아닌가?
- 내가 올바른 방향으로 가고 있는가?
- 나는 도움을 필요로 하는가?
- 나는 더 많은 정보를 필요로 하는가?
- 나는 추가적인 재료나 자원을 필요로 하는가?
- 내가 할 수 있는 부분의 과제를 완수했는가? 그래서 더 많은 사고를 요하는 부분을 수행할 시간을 더 많이 가지는가?

### 과제 활동 참여 후

과제 활동을 마친 직후에 시간이 남을 경우, 학생들은 이 시간을 지혜롭게 이용할 줄 알아야 한다. 다음 질문은 구성적인 자기대화를 이끌어 줄 수 있다:

- 나는 지시를 잘 따랐는가?
- 어느 항목 또는 어느 부분이 …
  - 정확하고 혼자 남아서 수행할 필요가 있는가?
  - 더 많은 정보를 필요로 하는가?
  - 잘못되어서 수정될 필요가 있는가?
  - 재검토를 필요로 하는가?
  - 비어 있어서 최선의 추측을 필요로 하는가?
- 명료화나 안내를 위해 어떤 질문을 해야 하는가?
- 다른 사람들이 그것을 어떻게 이해할 수 있도록 설명할 것인가?
- 어떤 부분이 더 명료화되어야 하는가?
- 내가 어떤 정보를 파지하고 회상해야 하는가?
- 어떤 기억 단서가 중요한 세부 사항이나 단계를 기억하는 데 도움을 줄 것인가?
- 이 과제를 통해 내가 학습한 것은 무엇인가?
- 내가 목적을 달성하였는가?

## 반성

과제의 끝 부분에 어제 활동을 연결하는 수단으로 저널 활동 또는 야외 통행권과 같은 질문이나 개방형 진술문을 활용하라. 학생들이 이러한 자기대화의 기회를 경험하게 되면, 그들은 반성의 가치를 학습하고 내적 도구로 자기대화를 자동적으로 활용하기 시작한다.

과제를 완료하고 제출하면, 학습자는 자기대화를 통해 많은 것을 얻을 수 있다. 다음 단서들은 학습자가 내적 대화를 계속하게 해 준다:

- 내가 이러한 경험으로부터 미래의 과제 수행을 개선하는 데 도움이 되는 무엇을 학습하였는가?
- 다음에, 나는 ____________ 을(를) 필요로 한다.
- 이것은 어떤 감정을 환기시키는가? 나는 왜 이러한 반응을 하는가?
- 완료된 과제의 어떤 부분이 ____________ 을(를) 필요로 하는가?
  더 많은 도움　　복습　　연습　　기억
- 어떤 반응이 옳은가?
- 나의 감정과 태도가 작업에 어떤 영향을 미쳤는가?
- 다음 과제에서 나의 작업을 향상시키기 위해 교사와 공유해야 할 팁이나 제안은 ____________ 이다.

## 자기평가 가르치기

자기평가는 학습자들에게 주인의식과 책임감을 심어 준다. 개별 학습자가 학습의 출발점에서부터 끝까지 얼마나 많이 학습했는지를 알게 되면 자부심은 커지게 된다. 평가 과정에 학생들을 참여시키면 학습은 향상된다.

학생들이 일상의 평가 기회에 참여하도록 전략적으로 계획하라. 학생들이 활동을 창안하고 계획하는 데 참여하면, 자신감이 증가한다. 학생들이 학습을 계속하고 더 많이 하고 싶어하도록 동기가 유발된다. 실패나 패배보다 성취를 강조하라(Stiggins, 2011). 이는 학생들에게 "나는 이해할 수 없어!" 대신에 "나는 … 를 할 수 있어!"라는 태도를 촉진시킨다. 각각의 성공적인 단계는 학생들을 현재의 위치에서 학습 목표를

향해 앞으로 나아가도록 해 준다. 학생들은 자신들에게 다음과 같은 질문을 할 필요가 있다:

- 내가 이 목표나 과제를 완수하기 위해 다음에 필요한 것은 무엇인가?
- 나는 어떠한 도움을 필요로 하는가?
- 나는 어떻게 격차를 줄일 수 있는가?

자기평가 질문에 대한 답은 다음 단계의 학습을 안내해 준다. 모든 연령의 학생들이 자기평가 방법을 배울 수 있다. 자기평가 과정은 학생들의 진보 정도를 점검하고 의사소통하는 기회를 제공한다(표 5.2 참조).

**표 5.2 학습 수행 수준**

| 수준 | 수행 지표 | 요구 |
|---|---|---|
| 초보자 | 정보를 거의 이해하지 못함<br>지적 배경이나 기초가 제한적임 | 새로운 학습을 위해 배경 지식이 필요함 |
| 수습자 | 정보의 일부를 이해함<br>배경 경험이 약간 있음 | 과제를 위한 준비가 필요함 |
| 실천가 | 개념을 이해함<br>새로운 정보와 기능을 쉽게 적용함 | 과제의 대안적인 적용과 연습이 필요함 |
| 전문가 | 이해가 깊고 무엇을, 왜, 어떻게를 설명할 수 있음<br>정보를 다른 상황에 적용할 수 있음 | 보다 도전적인 과제가 필요함 |

## 학습자들에게 자기평가 방법을 가르치는 것이 왜 중요한가?

데이터 중심(data-driven) 교실에서는 제 시간에 활동을 완성하는 것과 결과물, 등급에 강조점을 두게 된다. 자기평가는 학생을 운전석에 앉혀서 자신의 진보 과정과 성공, 요구를 점검하고 조정할 수 있게 해 준다. 학생들이 자기평가를 할 때, 자신의 실수를 학습의 기회로 빠르게 전환할 수 있다. 학생들은 자신의 학습에 대해 독립적이고 책임감을 가지게 된다.

## 평가를 위한 자기점검 기법

학생들이 개인적인 자기점검 도구상자를 창안할 수 있도록 다양한 기회를 제공하라. 기대와 과정을 단계적으로 설명하여 각각의 자기점검 기법을 소개하라. 전체 집단과 혼자서, 파트너 또는 소집단과 함께 과제 학습지를 점검하는 동안 이러한 접근법을 사용할 수 있다. 각각의 방법을 완전히 숙달할 때까지 모델을 보여 주고 연습하라. 일상 활동에서 종종 이를 복습하고 활용하라. 학생들은 자신의 활동을 점검할 책임이 있다.

### 학급 전체: 자기점검 활용

교사는 성적표에 기록할 가치가 없는 과제물을 점검하며 끝없는 시간을 보낸다. 교사 중심의 점검 시간을 사용하여 시간을 보다 생산적으로 활용하라. 학생들은 정답과 오답을 확인하기 위해 학습할 뿐만 아니라, 자신의 답에 대한 합리적 근거를 마련하기 위해 학습한다. 때로는 다음 절차들을 활용하여 학생들이 자기점검의 가치를 알고 단계를 학습하게 하라.

다음과 같은 팁을 적용하여 기법을 가르치기 위해 사용할 수 있는 최상의 과제를 선택하라:

- 성적표에 점수를 기록하지 않을 과제를 선택하라.
- 복습이나 설명이 필요한 과제를 활용하라. 지식을 형성하는 데 시간을 생산적으로 활용하는지 확인하라.
- 수업 시간 중 학생들이 완성한 활동을 선택하라.
- 자기점검 절차를 가르치기 위해서는 숙제 활용을 피하라. 왜냐하면 학생들이 종종 답의 도움을 받기 때문이다.

#### 학급 전체의 자기점검 절차

다음 단계들을 활용하여 학생들이 자신의 과제물을 살펴보고 활동을 완성할 때 답을 수정하는 방법을 가르쳐라:

1. 서로 다른 색깔의 필기도구를 사용하여 자신의 시험지를 점검하게 하라. 예를 들면, 녹색 잉크는 "성장"을 나타낸다.

2. 각각의 답을 검토하라.
3. 정답을 맞힌 학생을 불러서 자신의 사고 과정을 설명하게 하라.
4. 설명이 옳으면, 그대로 둔다. 만일 설명이 옳지 않으면, 학생은 선을 긋고, 그 위에 정답을 적는다. 이 단계에서, 학생들은 오류를 확인하고 실수를 수정하는 방법을 학습한다.
5. 과제물을 모으지 말고, 학생들에게 포트폴리오와 공책 또는 가정용 폴더 속에 끼워 넣도록 하라.

## 혼자서: 자기점검 활용

### 확인 스테이션

학생들이 정답 키를 가지고 자신의 활동을 점검하는 지정 구역으로 확인 스테이션(check it out station) 또는 점검 장소를 마련하라. 교실의 여러 구역에 정답 키를 게시하여 한 학생이 과제를 완성한 후, 선 채로 즉시 활동을 점검할 수 있게 하라. 그들은 누군가를 기다리며 점검할 때를 찾지 않고 피드백을 받게 된다(Chapman & King, 2008).

스테이션에 답지와 필기도구 한 개만 준비한다. 점검 구역에 연필은 허용되지 않는다. 그 구역에서는 한 명의 학생만 작업을 수정할 수 있도록 허용된다. 학습자는 오답 반응을 확인한 다음, 오류에 선을 긋고 그 위에 정답을 직접 적는다. 학생에게 수정한 과제물을 놓아둘 위치를 알려 주는 지시문을 담은 공책을 검사 구역에 놓아 둬라.

### 변형

- 점검자는 3가지 색상의 펜을 골라서 다음과 유사한 표시를 한다:
  녹색 = 내가 정정한 것!
  보라색 = 내 의견!
  노란색 = 이 과제에 나의 최선을 다함!
- 특별한 점검 도구를 학습 주제별로 할당하라. 예를 들면, 식물의 학습에 녹색 젤펜을 제공하라. 역사 다큐의 학습에서는 펜에 깃털을 붙여 새의 깃을 나타내거나 종이를 말아서 두루마리를 만들어라.

확인 스테이션의 가장 큰 가치는 학생이 자기교정(self-correcting)에 능동적으로 참여하는 동안 강점과 약점 영역을 알게 된다는 점이다. Levine(2002)은 즉각적인 피드백의 중요성을 강조한다. 학생들이 활동을 점검하는 책임을 맡게 되면, 자신감과 독립심이 발달되고, 자기평가 방법을 배우며 자기조절 학습자가 된다. 물론, 확인 스테이션은 성인의 평정을 위한 서류 작업의 양을 줄여 준다.

다음과 같이 학생들이 확인 스테이션의 이름을 짓도록 도전의식을 고취하라:

| | | |
|---|---|---|
| 교정 장소 | 교정 구역 | 그것이 최종 답인가? |
| 실수 제거 구역 | 버스 정류장 | 생존자 체크포인트 |

그 다음 확인 보조자나 점검자 또는 분석가가 될 수 있는 기회를 주어 학생들에게 보상을 해 줘라. 학생들이 스테이션을 생산적으로 활용하게 되면, 도전의식을 고취하여 새로운 점검 키를 설계하고 특별한 점검 도구를 선정하게 하라.

## 파트너: 자기점검 활용

파트너와 함께 활동을 분석하고 점검하는 것은 어떤 교실에서도 통합할 수 있는 가치 있는 전략이다. 이러한 과정이 진행되는 동안, 다음과 같은 규칙을 설명해서 과정을 생산적인 활동 시간으로 만들어라. 제발, 과제물을 교환하는 일이 없도록 하라! 학생들은 자신의 과제물이나 활동을 읽고, 작업하고 수정해서 즉각적인 피드백을 받는다.

### 파트너 점검 지시문

1. 학생들이 파트너를 선정하거나, 교사가 팀 구성원을 배정한다.
2. 각 학습자는 완성된 과제를 지정된 장소로 가져와서 파트너와 답을 비교하고, 점검하고, 토의한다.
3. 파트너 팀은 시험지를 꼼꼼히 읽고 답이 동일한 문항을 확인한다.
4. 답이 다르면, 파트너는 응답을 논의하고 정답에 대해 합의를 이끌어 나간다. 바르게 답한 사람은 자신의 사고 과정을 설명한다.
5. 파트너들은 응답이 왜 틀렸는지 토의하고 필요한 수정을 한다.
6. 토의를 하는 동안 추가할 내용이 발견되면, 답에 이를 추가한다.
7. 활동이 끝나면, 파트너들은 정답을 더 잘 이해하고 왜 오류가 생겼는지를 이해하고 자신의 자리로 돌아간다.

### 소집단: 자기점검 활용

학생들은 3~4명로 구성된 집단에 들어가 개방형 진술이나 질문에 대해 토의한다. 토의를 통해 각 학습자는 다른 세부 내용과 응답에 대한 가능한 답을 접하게 된다. 또한 집단은 그들이 정확하지 않은 부분들에 관해 이야기하고, 토의가 합의에 이른 후 해당 부분을 정확하게 수정할 수 있다.

대부분의 시간을 학생은 질문에 답하고 교사는 항목별 답을 읽고 성적을 매겨서 학생에게 돌려준다. 학생은 차례대로 성적을 보고 다음 과제로 넘어간다. 이 활동은 답을 공유하고, 부가적인 입력(input) 내용을 듣고, 정보를 처리하는 동안 어떤 부분이 옳고 그른지를 토의하는 것을 포함한다. 이 활동의 한 가지 주요 혜택은 자신의 활동의 장점과 단점을 분석하는 동안 서로 다른 관점 및 항목 진술, 세부 내용을 듣고, 자신의 답을 다른 사람과 공유할 기회를 가진다는 점이다.

#### 소집단 점검 지시문

1. 3~4명의 학생들로 토의 집단을 구성하라.
2. 각 학습자에게 완성된 개방형 질문을 지정된 작업 구역에 가져오게 하라.
3. 각자가 자신의 시험지에 수정된 내용을 적을 수 있도록 색연필을 제공하라.
4. 각 학습자가 자신의 항목을 읽은 다음, 정확한 응답과 부정확한 응답에 대해 토의하게 하라. 학생들은 자신의 작업에 필요한 부분을 추가한다.
5. 활동을 공유한 데 대해 파트너에게 축하하고 감사하게 하라.

### 과제 집중 행동 평가

다음 차트(표 5.3)를 활용하여 학생들의 특성이 의존적 학습자와 독립적 학습자 중 어느 유형에 해당하는지 파악하라. 이러한 정보를 활용하여 학업 활동과 개인 활동에서 성공하는 데 필요한 행동을 개발하라.

> 오늘 아침 내 마음은 기쁨으로 가슴이 설렜다. 기적이 일어났다! 이해의 빛이 내 어린 학생의 마음을 비추었다. 보아라, 모든 것이 변했다!
>
> — Annie Sullivan

**표 5.3 의존적 행동과 독립적 행동**

| 의존적 행동 |
|---|
| • 사전 경험이 전혀 없거나 거의 없음<br>• 전략과 기능이 부족함<br>• 구두나 글로 된 지시문을 이해하는 데 어려움이 있음<br>• 인내심이 전혀 없거나 거의 없음<br>• 과제가 어려우면 노력하지 않음<br>• 지시문과 기능, 공식, 규칙을 파지하고 재생하는 기억 기능이 부족함<br>• 다른 사람의 도움과 안내에 의존함 |
| **독립적 행동** |
| • 자신의 학습을 점검함<br>• 난이도와 배당된 시간에 따라 학습 속도를 조절함<br>• 요구를 확인하기 위해 자기반성을 활용함<br>• 다양한 전략을 알고 적용함<br>• 마지막 수단으로 도움을 요청함<br>• 기억 전략을 적용함<br>• 도움 없이 학습함 |

## 요약

불안과 스트레스는 주의집중을 차단하거나 방해해서 학생들이 배정된 과제를 수행하는 동안 의존적인 행동을 하게 할 수 있다. 만약 학습자들이 적합한 배경 지식과 경험을 가지고 있다면, 독립성을 더 잘 나타낼 가능성이 크다. 평가 과제를 해결할 때 자기조절(self-regulated) 학생과 자기주도적(self-directed) 학생들은 주도성과 책임감을 더 잘 시연할 수 있다.

# 6

# 학습 전 형성평가

**핵심 문제**

사전평가 도구가 어떻게 개별 요구에 적합한 계획을 최적화할 것인가?

사전평가는 맞춤형 수준별 · 개별화 교실에서 학습자들의 다양한 요구를 충족시키기 위한 계획의 필수적인 구성요소이다. 사전평가의 목적은 정보를 제시하기 전에 각 학습자의 선행 지식과 기능, 흥미, 감정을 확인하는 데 있다. 수집된 데이터에 대한 분석과 검토는 설계 청사진의 지침이 된다. 이 장에서는 학습 전 평가를 위한 형식적, 비형식적인 다양한 형성평가 도구에 대한 정보를 제공한다. 또한 평가를 위해 교실에서 직접 활용할 수 있는 실제적인 활동을 제시한다.

사전평가는 효과적인 진단과 계획을 위한 필수 선행요건이다. 이어서 학습할 주제나 기준 또는 기능과 관련된 학습자의 지식 기반과 경험을 사전평가하라. 적합한 사전평가를 실시하는 것은 매우 중요하다. 학습 단원을 시작하기 1~3주 전에 사전평가를 실시하라. 이렇게 수집된 데이터를 계획 과정에 활용할 수 있다. 수집된 정보를 처방을 설계하고 필요한 자원을 확인하기 위한 학습 경험을 계획하는 출발점을 설정하는 데 활용하라. 수업을 하는 동안 학생들의 장점과 요구를 다루기 위해, 수업을 계획하기 전에 전략적으로 사전평가를 실시하라.

다음 시나리오에 제시된 사전평가의 가치를 숙고하라: 한 체육교사가 배구 수업 계획안을 개발하기 위한 정보를 수집하고 있다. 사전평가에서 일부 학생들이 배구와 관련된 지식이나 경험이 없는 것으로 나타났다. 이들을 배구 경기에 참여시키려면 기본부터 시작해야 한다. 다른 학생들은 배구 경기의 기초와 규칙 및 규정을 알고 자신의 역할도 이해하고 있다. 그들은 구체적인 기능을 완벽하게 하는 활동에 참여할 수 있다. 이 학습자들은 테크닉과 규칙과 실행을 복습하지만, 배구 경기의 기본을 학습할 필요가 없다. 이들에게 기본 정보는 지루하고 재미가 없다. 더 중요한 것은 그들의 소중한 시간을 더 복잡한 기능을 배우는 데 투자할 수 있다는 점이다. 정기적으로 경기를 해서 기능이 능숙한 세 번째 집단의 학생들은 자신의 스피드와 정확성을 향상시키는 활동에 참여할 필요가 있다. 이 시나리오는 학년 수준에 관계없이 모든 교과 영역에서 대부분의 학습 상황에 적용된다. 표 6.1을 보라.

강력한 사전평가는 다음과 같은 개별 학생에 관한 정보를 제공한다:

- 기준 또는 기능과 관련된 지식 기반과 배경 경험
- 태도, 좋아하는 것과 싫어하는 것
- 느낌과 정서

**표 6.1 과제 조절하기**

| 예시: 체육 | 주제: 배구의 지식 기반 | |
|---|---|---|
| **수준** | **진단 평가** | **처방** |
| 수준 I<br>초록<br>*성장하는* | 배구 관련 지식이나 경험이 거의 없거나 전혀 없음 | 경기 방법을 학습하게 한다.<br>규칙과 규정을 숙지하게 한다.<br>포지션과 역할을 이해하게 한다. |
| 수준 II<br>노랑<br>*햇살 같은* | 경기에 대한 지식 기반이 갖추어져 있음<br>경기의 규칙과 규정을 경험한 적 있음<br>서로 다른 역할이나 포지션을 이해하고 있음 | 테크닉을 복습하게 한다.<br>규칙을 복습하게 한다.<br>각 포지션에 적합한 기능을 연습하게 한다.<br>경기를 하게 한다. |
| 수준 III<br>빨강<br>*열성적인!* | 팀 구성원으로서 경기를 할 준비가 되어 있음<br>경기에 필요한 지식과 기능을 갖추고 있음 | 개개인의 스피드와 정확성을 향상하게 한다.<br>기능을 확장하고 강화하게 한다.<br>관련 분야의 기회를 갖게 한다. |

출처: Chapman & King(2008)

- 흥미와 재능
- 강점과 약점
- 새로운 정보에 대한 출발점

적합한 사전평가 과정은 수업이 진행되는 동안 시간과 에너지를 낭비하지 않게 한다. 이 과정은 다음과 같은 단계를 포함한다:

1. 다음 수업이나 단원의 중요한 부분을 철저하게 검토한다.
2. 목표로 하는 기준과 기능, 개념을 확인한다.
3. 학습을 시작하기 전에 각 개인의 지식을 정확히 파악하기 위한 가장 효율적인 평가 도구를 선정한다.
4. 계획하기 전에 사전평가를 실시한다.
5. 데이터를 수집하고 해석한다.
6. 데이터를 활용해서 맞춤형 수준별 · 개별화 수업을 계획한다.

모든 학습자들에게 각각의 수업을 유의미하게 하는 것은 도전적이고 보상적인 과제이다. 절차상 다음 단계를 확인하여, 다음 수준으로 넘어가 기준에 대한 완전학습을 실증하거나 새로운 기능이나 개념에 접근하기 위해 학생들의 준비도를 지속적으로 평가하라. *준비도(readiness)*라는 용어는 "준비된(prepared)" 것을 의미한다. 새로운 기능이나 기준 또는 개념에 대한 준비도나 출발점 상태는 학습자가 성공에 이르도록 문을 열어 준다. 다음은 효과적인 사전평가에서 활용되는 질문이다:

> 당신이 할 수 있을 때는 언제나 체험을 통해 가르쳐라. 그리고 체험이 불가능할 때만 말에 의지하라.
>
> — J.-J. Rousseau(1762)

이 학습자는 우리가 ___________ 를 시작하기 전에 ___________ 하는 방법을 알고 있는가?

## 수업 계획 개별화

형성적 맞춤형 수준별 · 개별화 평가는 교사들이 개별 학습자들을 위해 수업 계획을 개별화하거나 맞춤화할 수 있게 해 준다. 학생들에 관한 데이터를 수집하기 위해 다양한 사전평가 도구가 사용된다. 이를 통해 입수된 중요한 정보는 계획을 전략적으로 설계하는 데 활용할 수 있다. 신체적, 정서적, 사회적으로 개별 학생들의 요구에 맞는 긍정적인 환경을 조성하기 위해 지속적으로 노력하라.

앞으로 학습하게 될 주제나 교과에 대한 학생의 태도나 마인드 셋을 확인하는 것이 중요하다. 모든 사람은 불쾌한 경험을 회피하기 때문에, 부정적 사고는 성공에 지대한 장애가 된다. 학습자들이 부정적 사고와 태도를 경험하면, 배정된 과제에 대한 활동 욕구가 줄어든다.

"당신은 말을 물가로 데리고 갈 수 있지만, 말에게 강제로 물을 마시게 할 수는 없다"라는 잘 알려진 격언을 학생의 태도에도 적용할 수 있다. 학생이 상황이나 교과 또는 활동에 대한 불쾌한 경험이나 기억을 가지고 있다면, 감정을 변화시켜서 자신감을 회복시키고, 관련된 평가 과제에 전념할 욕구가 생기도록 하기가 어렵다. 말에 관한 이야기로 돌아가 보자. 당신은 말에게 물을 *강제로 마시게* 할 수는 없다. 그러나 만일 말에게 달콤한 귀리를 많이 먹인다면, 말을 아주 *목마르게* 할 수 있다! 이와 유사한 방식으로, 매력적이고 유의미한 경험을 제공함으로써 평가 활동에 대한 학생의 활동 욕구를 성공적으로 이끌어 낼 수 있다.

앞으로 다루게 될 주제와 관련되는 학생들의 느낌과 정서를 어떻게 발견할 수 있는가? 가장 분명한 방법은 그들에게 물어보는 것이다! 목표는 학생 개인들의 자발적인 반응을 이끌어 내는 것이다. 학습이 이루어지기 전에 적합한 평가 도구를 선정해서 학생의 느낌이나 정서를 확인하고 구체적인 전략을 세워 이런 요구들을 다룰 수 있도록 하라. 수업 계획을 개별화하기 위해서는 이런 특별한 집단의 학생들에 관한 정보를 수집할 수 있는 다양한 맞춤형 수준별 · 개별화 평가 도구를 활용하는 방법을 아는 것이 중요하다.

단원에 대한 수업 계획안을 설계하기 1~3주일 전에 예비 평가를 실시하여 평가 경험을 통해 학습에 대한 기대감을 높이고, 흥미를 유발하여 개인적인 주인의식을 심어줘라. 이는 개인별 장점과 단점을 표적으로 한다. 영화 광고에 관해 생각해 보라. 영화를 개봉하기 몇 주일 전에 남, 여 주연 배우들의 인터뷰를 동반한 시사회를 개최한다. 빌보드와 잡지, 신문, 텔레비전, 라디오, 인터넷에 홍보활동을 한다. 이런 대대적인 광고가 영화에 대한 기대감을 높이고 영화 팬을 유혹하기 위해 설계되는 것은 분명하다. 영화가 개봉될 때까지, 개인들은 "유혹"을 받는다. 이러한 접근을 활용하여 새로운 기능과 주제, 평가에 대한 흥분과 기대감을 생성하라.

## 학습 전 학생들 참여시키기

학생 참여는 수업의 모든 국면에서 중요한 구성요소이다. 학습이 이루어지기 전에 다음과 같이 … 하기 위해 학생들을 평가에 참여시켜라:

- 각 개인의 배경 지식 확인하기
- 새로운 학습에 대한 미리 보기 제시하기
- 개인적인 장점과 독특한 요구를 목표로 삼기
- 후속 학습과 관련된 감정과 태도 발견하기
- 학생들을 동기화하고 그들의 학습 욕구 자극하기
- 완전학습된 기준과 기능 및 개념 확인하기
- 새로운 학습에 대한 출발점 확인하기
- 배경 지식의 격차 확인하기
- 처방을 위한 계획 세우기
- 앞으로 학습할 주제에 대한 흥분과 기대감 생성하기
- 신기성을 더하고 흥미 형성하기
- 각 학습자를 위한 다음 단계 계획하기

## 형성적 사전평가 도구

형성적 사전평가(formative preassessment) 도구는 개별 학생이나 소집단 또는 학급이 앞으로 학습할 정보에 관해 무엇을 알고 있는지에 대한 관점을 제공해 주기 위해 전략적으로 선정된 실제적 기법이다. 학생들의 선행 학습을 확인하기 위한 적합한 도구를 선정하라. 도구가 효율적이고 보기 쉬워서, 학습하기 전에 즉각적인 피드백 결과를 제공할 수 있게 하라.

다음의 13가지 사전평가 도구와 활동은 주제와 관련된 학습자의 지식 기반과 선행 경험을 확인하게 해 준다. 수집된 자료를 활용하여 맞춤형 수준별 · 개별화 수업을 계획하라.

### 1. 깊이 생각하고 나아가기

앞으로 학습할 단원의 주제나 기능을 알려 줘라. 학습 구성원들에게 그래픽 조직자(표 6.2)가 제시된 페이퍼를 나누어 줘라. 도전의식을 고취하여 주제와 관련하여 학

**표 6.2 깊이 생각하고 나아가기**

주제 ______________________

| 알고 있는 사실 | 배우고 싶은 정보 | 탐구할 문제 | 기타 의견 |
|---|---|---|---|
| | | | |

생들이 알고 있는 사실을 적도록 하라. 흥미나 관심거리에 관한 질문과 의견뿐만 아니라 자신이 학습하고 탐구하고 싶은 정보를 포함할 수 있다. 학생들이 앞으로 수행할 *깊이 생각하고 나아가기(Ponder and Pass)* 활동을 위한 범주와 제목을 제출하도록 고무하라. 다음 활동은 앞으로 학습할 주제에 대한 학습자의 입력 정보를 얻기 위한 방안이다. 이 페이퍼는 이러한 중요한 정보를 수집하기 위해 교실 전체에 돌릴 수 있다.

## 2. 신호와 행동 반응

빠른 참여 방식으로 비공식적 데이터를 수집하기 위해 이와 같은 개인적인 반응 기법을 활용하라. 다음의 각 예시에 대해, 학습자가 자신에게 적합한 지식 기반 수준을 맞추기 위해 한 가지 행동을 선택하게 하라.

예시 A

*손 흔들기* → *나는 그것을 잘 알아요.*
*어깨 으쓱하기* → *나는 대충 짐작해요.*
*엄지손가락을 아래로* → *나는 잘 모르겠어요.*

예시 B

*자신의 머리를 가리키기* → *나는 그것을 잘 알아요.*
*자신의 눈을 가리키기* → *나는 전에 이것을 본 적이 있어요.*
*자신의 귀를 가리기* → *나는 그것을 결코 들어 본 적이 없어요.*

## 3. 입장 정하기

입장 정하기(Take a Stand) 사전평가 활동에서 학생들은 주제나 기능에 대한 자신의 지식 기반을 나타내는 숫자로 이동한다. 교사는 학습자들이 선택한 입장을 관찰해서 정보를 수집한다. 각 숫자에 해당되는 집단은 그들의 입장을 토의하고 방어한다. 각 집단은 자신들의 결과를 요약해서 전체 학급과 공유한다. 학급 토의 분석은 가치 있는 사전평가 도구로 활용된다.

### 지시문

1. 교실 주변에 1~6까지 순서대로 커다란 숫자를 준비하라.
   *선택:* 각 숫자 옆에 큰 차트 종이를 준비하여 주요 토의 내용을 기록하게 하라.

2. 숫자를 서로 떨어뜨려 배치하여 집단의 학생들이 제시된 숫자 앞에 일렬로 또는 둥글게 모일 수 있는 공간을 확보하라.
   *변형:* 학년 수준과 주제에 따라 숫자의 개수를 더 적게 할 수도 있다.

3. 토의를 위한 필수적인 질문이나 기준, 사실, 주제 또는 의견을 게시하고 진술하라.

4. 다음 지시문을 학생들에게 제시하라:
   a. ______________ 에 관한 자신의 지식을 생각해 보라.
   b. 이 주제에 관한 자신의 지식을 1~6의 척도로 평정하라.
      예: 6은 전문가 수준, 1은 초보자 수준
   c. 자신의 책상에서 자신의 지식에 대한 평점 점수를 종이 위에 비밀리에 기록하라.
      이 숫자를 선택한 근거를 추가해 적어라.
      *주의사항:* 학생들은 자신이 선택한 입장을 종이 위에 적으면 친구를 지지하여 입장을 바꿀 가능성이 낮아진다.
   d. 자신의 지식 수준을 나타내는 숫자 앞에 서라.
   e. 자신이 그 입장을 선택한 이유를 집단별로 토의하라.
   f. 집단의 대변인을 선택해서 토의 아이디어와 결과를 공유하게 하라.
      *선택:* 각 집단의 학생을 묘사하는 막대 인물(stick figure)을 그려서 입장 정하기 데이터에 기초한 통계 그래프(pictograph)를 만들어라.

이 활동은 학생들에게 자신의 이해를 실증하는 기회를 제공하여 주제와 관련된 오개념을 발견할 수 있게 해 준다. 토의의 세부 내용과 평정 차트 사전평가 정보를 활용하여 후속 수업을 설계하라.

## 4. 지식 기반 코너

지식 기반 코너(Chapman & King, 2008) 활동은 학생들의 내용 지식을 파악하기 위해 단원을 시작하기 전에 사용하는 평가이다. 이 전략은 앞으로 학습할 기준이나 주제들을 사전에 평가한다. 취미나 스포츠 사례들을 탐색하여 이 활동을 소개하라. 이 방법은 자신의 지식과 흥미, 경험이 얼마나 다양한지를 보여 준다. 학생들이 이 전략의 모델을 여러 번 보고 절차에 익숙해지면, 이를 활용해서 앞으로 배울 내용에 관한 지식을 사전평가하라. 각 위치마다 앞으로의 학습 기회를 제공하기 때문에, 이 활동은 어떤 코너에서든 이루어질 수 있다는 점을 강조하라.

### 지시문

긴 4개의 종이 띠를 제시하고, 다음에 제시된 4개 코너에 어울리는 문구로 각 종이 띠에 라벨을 붙여라. 창의력을 발휘하여 자신만의 내용 전문용어를 활용해서 코너의 라벨을 붙여라. 다음 표에 제시된 예들을 참고하라.

- 교실 코너에 각 종이 띠를 붙여라. 코너 이름을 큰 소리로 읽어라.
- 이 활동이 그들의 수업 계획을 안내하는 데 도움을 줄 것이라는 점을 강조하라.
- 학생들에게 주제에 대한 자신의 지식 수준에 맞는 코너 이름을 적게 하라.
- 학생들이 선택된 코너로 이동하여 같은 의견을 가진 사람들과 함께 하도록 하라.
- 각 집단이 차트 종이 위에 쓸 기록자를 선정하게 하라. 집단 구성원들은 주제에 관해 이미 알고 있는 정보와 알고 싶은 것을 브레인스토밍한다.
- 브레인스토밍한 정보를 기록하고 합의를 통해 항목들의 우선순위를 정하라.
- 결과를 공유하기 위해 각 코너의 지원자를 요청하라.
- 각 집단이 중요한 정보를 차트에 제시하는 신기한 방법을 집단별로 선택하도록 하라.
- 각 집단이 토의의 핵심 내용을 학급에 보고할 시간을 제공하라.

*주의사항*: 학생들이 자신이 선택한 코너에 서면, 학생의 수와 각 지식 수준에서 수집된 정보를 관찰하라. 데이터를 활용해서 앞으로 전개될 학습 단원이나 주제를 계획하라. 앞으로 학습할 정보가 새로운 것이기 때문에, 학생들에게 초보자 집단에서 충분히 수용할 수 있을 거라고 확실하게 말해 줘라.

*변형*: 학습자들이 지식 기반 코너를 이용하는 방법을 알고 있다면, 코너 라벨의 문구를 학년 수준의 주제 정보, 흥미, 배경에 맞게 변화시킴으로써 활동에 신기성을 추가하라. 표 6.3~6.7의 차트를 보라.

**표 6.3 지식 기반 코너**

| 전혀 몰라요! | 많이 알아요! |
|---|---|
| 조금 알아요! | 잘 알아요! |

**표 6.4 팀 선택하기**

| 리틀 리그 | 마이너 리그 |
|---|---|
| 메이저 리그 | 월드 시리즈 |

**표 6.5 태도 코너**

| | |
|---|---|
| 좋아하지 않는다. | 대부분을 좋아한다. |
| 조금 좋아한다. | 좋아하고 더 많이 배우고 싶다. |

**표 6.6 흥미 코너**

| | |
|---|---|
| 흥미 없음 | 가끔 흥미 있음 |
| 종종 흥미 있음 | 매우 흥미 있음 |

**표 6.7 나비의 변태**

| | |
|---|---|
| 알 | 애벌레 |
| 누에고치 | 나비 |

## 5. 내용 지식 상자

내용 학습 단원을 시작하기 전에 학생들이 알고 있는 것을 파악하고 그들이 가질 수 있는 오개념을 확인하기 위해 사전평가 활동을 활용하라. 수업을 계획하기 위한 출발점을 확인하기 위해 내용 상자를 설계하라. 표 6.8을 참조하라.

**표 6.8 사회과**

<table>
<tr><td colspan="12">국가 ____________</td></tr>
<tr><td colspan="4">위치</td><td colspan="4">음식, 의복 및 거주지</td><td colspan="4">자원</td></tr>
<tr><td colspan="4">정부</td><td colspan="4">인구와 민족</td><td colspan="4">풍습</td></tr>
<tr><td colspan="3">지리</td><td colspan="3">경제</td><td colspan="3">역사적 사건</td><td colspan="3">생활양식</td></tr>
<tr><td colspan="6">미국</td><td colspan="6">(공부할 국가)</td></tr>
<tr><td colspan="6"></td><td colspan="6"></td></tr>
</table>

예시

국가 ________________

우리는 (국가)를 학습하는 동안 차트 위에 열거된 지역에 관해 학습할 것이다.

(국가)에 관해 자신이 알고 있는 정보를 가지고 차트를 완성하라.

*주의사항*: 만일 구체적인 사실을 알지 못하면, 자신이 배우고 싶은 것을 적어라.

## 6. 내용 조사

내용 조사는 학생 개인이나 집단의 배경, 지식 기반에 관한 정보를 제공해 준다. 이 효과적인 사전평가 도구는 앞으로 공부할 내용에 관해 학생들이 알고 있는 것을 밝혀 준다.

교사가 창안한 목록과 조사는 구체적인 내용과 학생들을 위해 설계되었기 때문에 가장 좋다. 이런 평가 도구는 간략하면서 필요한 정보를 제공해 준다. 조사를 1년 내내 자료 수집 도구로 활용하라. 구체적인 주제에 대해 질문하라. 학생의 배경 지식과 교과에 대한 과거 경험, 학습과 관련된 기대감이나 목표를 철저하게 조사하는 질문과 진술을 포함시켜라.

### 예시: 사전평가 조사

- ____________ 은(는) 자신과 어떻게 관련되는가?
- 당신은 ____________ 에 대해 학습하고 싶은가?
- 앞으로의 학습 내용에 관해 당신이 알고 있는 것은 무엇인가?
- ____________ 에 대해 당신은 어떻게 느끼는가? 왜 그런가?
- 당신은 공부를 하는 동안 무엇을 바라는가?
- 당신이 학습에 대해 흥미로워했던 것은 무엇인가? 왜 그런가?
- 당신이 두려워하고 있는 부분을 확인하라. 왜 그런가?

## 7. 개인 조사와 목록

개인 목록과 조사는 학생의 생활에 관한 정보를 제공해 준다. 수집된 정보는 학생의 흥미와 정서, 느낌, 좋아하는 것, 싫어하는 것, 꿈, 목표를 알려 준다. 이런 요인들은 학습에 대한 학생의 접근과 참여, 개인적인 수행 수준에 직접적인 영향을 미친다.

예시

- 자신이 선호하는 ________(을)를 열거하라.
- 자신이 가장 좋아하지 않는 것은 무엇인가?
- 좋아하는 활동 파트너인 동료의 이름을 말하라.
- 당신은 어디서 공부하고 싶은가?

## 8. 브레인스토밍

학생들의 의견을 반영하여 후속 주제를 계획하기 위해 브레인스토밍을 활용하라. 기준이나 개념, 주제 또는 학습 단원에 관해 학생들이 알고 있는 것과 관련된 자료를 수집하기 위해 다음과 유사한 질문을 활용하라. 다음과 같은 예를 활용하여 자신의 브레인스토밍을 탐문하라:

- 자신이 새로운 주제에 관해 알고 있는 용어나 사실 또는 개념을 열거하라.
- 다른 수업에서 이 주제에 대해 들었던 것은 무엇인가? 언제 그리고 어디에서 들었는가?
- 나는 다음의 __________(책, 인터넷 사이트 또는 기사)에서 __________에 관해 들었다.
- 이 정보를 자신의 세계에서 어떻게 활용했는가?
- 당신은 __________ 학습하는 것에 대해 어떻게 느끼는가? 왜 그런가?

## 9. 색상 집합

다음과 같은 색상 집합(color clusters) 활동은 색상 키(color key)를 활용하여 주제와 관련된 학생들의 지식 수준을 확인한다. 각 학습자에게 마분지로 만든 색칠한 디스크 세트를 나누어 주고, 아래에 제시한 것과 유사한 키를 대응시키도록 하라. 각 학생이 특정 기능이나 주제에 대한 자신의 학습 수준을 반영하는 색깔을 전시하게 하라.

예시 키

녹색 = 준비성 있는　　노란색 = 신중한

빨간색 = 열정적인　　파란색 = 발전적인

## 10. 잡동사니 수집

학습 시작 1~2주일 전에 이 활동을 배정하라. 학생들에게 주제나 단원의 잡동사니 또는 뒤죽박죽된 물건들을 만들고 있다고 말해 줘라. 주제를 상자나 양동이, 통, 나무상자 또는 선반 밖에 갖다 놓아라. 학생들이 쓰레기 더미를 뒤지는 사람과 발견가, 조사자가 되도록 도전의식을 고취하여 앞으로 학습할 주제나 기능 또는 사건과 관련된 문제나 질문에 대한 해결책과 답을 발견하도록 하라. 학습자들이 해당 용기를 주제와 관련된 잡동사니 수집 양식(gallimaufry gathering grid)에 기록된 필기 자료로 채우도록 고무하라.

학습자들은 다양한 매체에서 여러 장르에 걸친 자원이나 정보를 발견한다. 인터뷰나 잡지 기사, 신문 스크랩, 웹 검색자료 또는 텔레비전 쇼를 포함하여 정보를 발견하는 방법을 제안하라. 정확성을 위해 교사와 학생들이 선정된 자료를 선별할 필요가 있다. 컬렉션에 참여할 때 학생들이 완성해야 할 참가 신청서를 고안하라(표 6.9 참조). 이런 활동은 학생들이 새로운 학습 경험에서 주인의식을 개발할 수 있도록 하기 때문에, 학습 분위기를 촉진한다. 컬렉션을 학습 단원을 강화시키기 위한 자원으로 활용하라.

*변형*: 제목을 변경함으로써 컬렉션 과정에 신기성을 추가하라. 다음의 제안들은 동기유발적이며, 과제를 완성하고자 하는 욕구를 불러일으키게 한다.

| | | |
|---|---|---|
| 신비한 달인 | 수색해서 체포한다 | 파고 뒤진다 |
| 마음의 시간 탐색 | 셜록 홈즈 되기 | 직업 탐구자 |

## 11. 방과 후 학습 기회

방과 후 학습 기회(ELOs: evening learning opportunities, Chapman & King, 2009a)는 학습을 지원하는 동안 지식과 배경을 구축하는 방과 후 도전 활동이다. 이런 과제는 학습자들이 수사관과 쓰레기 더미를 뒤지는 사람, 조사자, 발명가가 될 수 있도록 도전의식을 고취한다. 방과 후 학습 기회는 숙제가 아니다. 그것은 등급을 매기지 않는 학습 기회이다. 이런 과제들은 종종 고차적인 사고 기능을 필요로 한다. 방과 후 학습 기회를 활용하는 목적은 학생들이 앞으로 학습할 기준이나 기능 또는 개념과 관련된 배경 지식을 획득하도록 하는 것이다.

| 표 6.9 잡동사니 수집 양식 |
| --- |
| 이름 ______________________ |
| 주제 ______________________ |
| 1. 내가 발견한 것 ______________________ <br> ______________________ |
| 2. 그것이 의미하는 것 ______________________ <br> ______________________ |
| 3. 그것의 용도 ______________________ <br> ______________________ |
| 서명: ______________________ <br> 날짜: ______________________ <br> 자원: ______________________ |

## 교과 영역의 방과 후 학습 기회 예시

*수학*

- 자신의 주방에서 보물찾기 놀이를 하면서, 500cc, 1,000cc, 2,000cc, 또는 3,000cc 용기로 포장된 물품을 찾아라. 크기에 따라 물품 목록을 작성하라.
- 수사관이 되어 테이블스푼과 티스푼, 컵을 사용해서 음식 재료의 성분을 측정하는 레시피를 찾아라. 레시피의 복사본을 학급으로 가져와서 공유하라.
- 자신의 주변에서 다음 도형의 예를 찾아라: 원, 사각형, 삼각형, 타원형. 물품들이 대표하는 도형의 이름으로 물품 목록을 작성하라.

*과학*

- 동물의 목록을 분류하고 범주화하는 방법을 보여 주는 그림을 그려라.
- 자신의 주방에 있는 음식이나 차고에 있는 물품의 범주를 보여 주는 차트를 작

성하라.

- 자신의 집과 주변에서 발견한 동물들을 열거하라. 발견한 동물에 포유류나 어류, 조류, 파충류 또는 양서류와 같은 명칭을 붙여라.

*체육*

- 야구나 풋볼, 농구 또는 축구팀을 관찰하라. 이들의 주요 장점과 단점, 구체적 기능 또는 스포츠맨십을 비교하고 대조하라.
- 만일 자신이 어떤 스포츠에 참가한다면, 경기 준비를 위해 해야 할 활동들을 순서대로 열거하라.

*사회*

- 부모나 이웃, 다른 사람들과 그들의 직업에 필요한 조건에 관해 인터뷰하라.
- 자신의 기능과 작업 습관을 확인하라.
- 자신이 공부하고 있는 나라에 대한 영화나 다큐멘터리를 검토하라. 그 나라에서의 생활의 장점과 단점을 보여 주는 차트를 만들어라.

*언어*

- 시트콤이나 뉴스 프로를 시청하라. 주요 아이디어와 세부적인 근거 내용을 기록하라.
- 게임 쇼를 시청하거나 게임을 하라. 사건의 순서를 적어라.

## 12. 사전검사

사전검사(pretest)는 맞춤형 수준별 · 개별화 수업을 위한 중요한 정보를 수집하기 위해 계획을 세우기 전에 실시하는 공식적인 평가이다. 사전검사는 각 수업 참가자의 배경과 지식 기반을 보여 준다. 잘 개발된 사전검사는 시간을 절약해 준다. 검사 자료가 수업을 계획하기 전에 학습자의 요구를 밝혀 주기 때문이다. 수업은 되든 안 되든 운에 맡기는 것이 아니라 목표 지향적인 활동이다.

### 사전검사 개발하기

필수요소들을 단순한 것에서 복잡한 것으로 다루는 포괄적인 개요를 제공하는 사전검사를 설계하라. 사전검사를 전략적으로 개발하는 데는 시간이 걸린다. 그러나 검사 결과가 형성적 맞춤형 수준별 · 개별화 수업을 안내해 줄 때, 사전검사는 가치 있는 도구이다.

효과적인 사전검사를 제작하기 위해 다음과 같은 지침을 활용하라(Chapman & King, 2008):

- 새로운 주제나 단원을 가르치기 1~3주일 전에 사전평가를 실시하라. 이는 자료 수집과 분석 처리, 결과를 교육과정 설계에 활용할 시간적 여유를 제공한다.
- 100점이나 0점을 받는 사람이 없도록 검사 문항을 설계하라. 검사를 받는 각 학습자에게 도전의식을 고취하는 문항을 선정하라.
- 학습자들의 다양한 수준을 다루는 문항을 계획하라.
- 문항을 구체적인 것에서 추상적인 것으로 그리고 단순한 것에서 복잡한 것 순으로 제시하라.
- 평가 전반에 걸쳐 쉽고 어려운 문제나 과제를 골고루 분산시켜라. 이는 학생들이 가장 쉬운 문항이 먼저 나온다는 추측을 하지 못하게 한다. 종종 어려운 문제들이 몇 개 연달아 나오면 학생들은 문제풀이를 멈춘다. 왜냐하면 남은 문제들이 더 어려울 것이라고 추측하기 때문이다.
- 만약 관련된 수업에 조작물이 사용된다면, 사전평가에 이를 포함시켜라.
- 성장을 분석하기 위해 동일한 사전검사를 사후검사로 활용하라.

사전검사 응답 양식을 다양하게 하라. 예를 들어, 개방형 질문과 단서 제시, 그래픽 조직자, 연결형, 선다형, 빈칸 채우기 등을 활용하라. 학습자들이 복합적인 수준의 사고와 질문에 쉽게 도전할 수 있도록 하는 문항을 설계하라.

## 13. 표준화 검사 데이터

앞으로 다룰 내용 자료나 기능과 관련된 이전의 표준화 검사 데이터를 분석하고 해석하라. 데이터는 학업 개선뿐만 아니라 학생 배치에 대한 결정과 기금 문제를 다루는 데도 활용할 수 있다. 검사 정보가 계획을 위한 가치 있는 자원이지만 종종 간과되고 있다.

## 요약

학습자들이 사전 형성평가 과제에 참여하면, 그들의 지식 기반이 확장된다. 각각의 발견은 학습을 위한 기초를 형성한다. 학생들은 새로운 학습 주제를 준비하는 데 능동적으로 참여하면서 자신의 학습에 대한 책임을 지게 된다. 사전 형성평가 활동에 동반된 선전 효과는 기대감을 창출한다. 기대감은 그 주제에 대한 수업이 시작될 때까지 유지된다. 최적의 학습 기회를 계획하기 위한 준비단계로 학생들이 자신이 발견한 결과를 공유할 수 있는 기회를 제공하라.

# 7

# 학습 중 형성평가

**핵심 문제**

학습 경험을 하는 동안 학생들이 학습 모험을 순조롭게 잘 진행하기 위한 즉각적인 처방을 위해 다양한 맞춤형 수준별 · 개별화 평가 도구를 어떻게 활용할 수 있는가?

학습 경험을 하는 동안 지속적인 형성평가는 학습자가 수업 계획을 따라 순조롭게 잘 진행하도록 해준다. 학생들은 자신의 지식과 독특한 기능, 능력과 재능을 활용하여 서로 다른 속도로 학습한다. 학습자를 평가하기 위해서는 가장 효과적인 도구를 선택하는 것이 필수적이다. 학습 중 평가는 학생의 요구를 확인하면서 처방을 위한 점검과 조절 기회를 제공한다. 학습 중 평가는 학습 과정의 모든 부분에서 실행되는 평가 사이클의 주요 구성요소의 하나이다.

## 학습 중에 활용할 수 있는 형성평가

다음 절에서는 학습 중에 활용할 수 있는 가장 효과적인 도구 중 몇 가지를 확인한다. 지속적인 평가는 수업을 안내하기 위한 필수적인 정보를 제공한다. 이러한 중요한 자료는 학습 과정 동안 개별 학생들의 차별화된 요구를 충족하기 위한 계획을 안내하고 맞춤화한다.

다음과 같은 요구를 확인하기 위해 형성평가 정보를 유목적적이고 의도적으로 활용하는 방법을 알아야 한다:

- 다양한 수업 전략 계획하기
- 다시 가르치기, 개선하기 또는 강화하기
- 융통성 있는 집단 편성 활용하기
- 과제 조절하기
- 대체 자원 제공하기
- 탐문 또는 질문하기
- 처방과 부가적인 지원 제공하기
- 구체적 칭찬과 격려하기

## 1. 관찰

교사의 관찰은 가장 효과적인 형성평가 도구들 중 하나이다. 오늘날의 데이터 중심 세계에서는 관찰의 가치가 종종 간과된다. 각 학습자의 이해 수준과 기준이나 내용 정보에 대한 개인적인 성공에 대해 계속적으로 탐색하라.

자료 수집 과정 동안 관찰의 목적과 가치를 설명하여 학생들의 불안을 완화시켜라. 학생들에게 교사나 다른 성인들에 의해 기록된 노트가 그들의 학습을 돕고 개선하기 위해 활용된다는 점을 알려라.

관찰을 하는 동안, 학습자가 활동이나 과제에 참여함으로써 자료가 수집된다. 학생의 학업 능력과 장점, 요구, 능력, 행동, 사회적 상호작용, 건강, 정서, 반응, 느낌과 태도를 확인하기 위해 예리한 시각적, 청각적 그리고 그 외 지각 기능을 개발하라. 이런 융통성 있는 평가 도구는 언제든지, 어떤 환경에서도, 어떤 분위기에서도 활용할 수 있다. 관찰 데이터는 다음 사항들을 성취하기 위해 활용할 수 있다:

- 학생들과 교사들, 학부모들을 위해 진보 과정을 지속적으로 문서화한다.
- 학습자의 장점과 단점을 기록한다.
- 개인과 집단을 위해 필요한 과제들을 확인한다.
- 조절 가능한 과제의 계획을 돕는다.
- 적합한 자원과 자료의 선택과 점검을 안내한다.
- 수업을 지원하고 안내한다.
- 행동 양식을 확인한다.

## 2. 일화 평가

일화 평가(anecdotal assessment)는 학습자를 돕거나 가르치기 위한 데이터를 기록한 노트로 구성된다. 일화 기록은 학생의 학습이나 행동을 관찰하는 동안 작성한 기록이다.

### 일화 노트 기록하기: 제안된 절차

1. 노트 상단에 학생의 이름과 시간, 활동이나 교과 그리고 날짜를 적는다.
2. 각 관찰 내용을 명료하고, 간결한 용어로 기록한다.
3. 색인 카드나 메모지 또는 일지와 같은 관찰 내용을 기록할 관리 체계를 고안한다. 각 항목에는 관찰 가능한 구체적인 행동을 기록해야 한다.

### 일화 노트 관찰을 위한 팁

구체적인 데이터를 가지고, 관찰 날짜와 시간을 확실하게 기록하라. 학생에 관해 기술한 어떤 것이든 공적인 기록이 된다는 점을 명심하라. 주관적인 논평이나 형용사를 피하라. 평가 정보를 표 7.1에 제시된 목록처럼 기록하라.

**표 7.1 관찰 영역**

다음 차트를 수정해서 학생을 관찰하는 동안 구체적인 영역에 대해 기록하시오.

| 학업 수행 | 행동 |
|---|---|
| 이해와 오개념<br>지시 따르기<br>장점과 단점<br>성공과 실패<br>사용된 전략<br>과제 집중 시간 또는 과제 외 시간<br>생산성<br>지식 수준 | 태도<br>독립성<br>지원 요구<br>사회적 상호작용<br>긍정적 행동과 부정적 행동<br>주의집중 시간<br>규칙과 지시 따르기<br>협력하기 및/또는 자진해서 행동하기 |
| **흥미** | **사고 기능** |
| 선호와 비선호<br>구체적인 친밀감<br>개인적으로 선택해서 참여함<br>동기 수준 | 비판적 사고자<br>창의적<br>정보 파지 및 처리<br>문제해결 능력 |

- 특별한 상황에 대처하는 학생의 능력을 평가하는 것도 중요하다. 시간과 장소 그리고 좌절과 주의산만 또는 지루함의 원인을 기록하라. 개별이나 조별 또는 소집단으로 활동하는 각 학습자의 능력을 평가한다는 점을 기억하라.
- 관찰 중, 학습자의 요구에 주의를 기울여라. 성공을 기록하고 칭찬해 주어야 한다. 가장 가치 있는 노트는 이 학생이 무엇을, 어떻게, 왜, 언제 학습하는지를 분석하기 위한 평가 데이터를 포함하고 있다. 이러한 정보를 활용하여 개인을 위한 수업을 처방하고 설계하라.

### 변형 A: 클립보드 스티키

과제나 행동, 시범 또는 사건을 평가하는 동안 클립보드 스티키(clipboard stickie: 메모 프로그램)를 활용하여 구체적이고 관찰 가능한 의견을 기록하여 일화 노트를 조직하라. 해당 날짜를 적고 시간을 추가하라. 개인의 장점과 단점에 관한 증거뿐만 아니라 긍정적 행동과 부정적인 행동도 기록하라. 행동 양식과 행위도 확인하라. 형성 중인 습관과 학습된 습관도 포함하라.

이러한 평가 전략의 활용 지침은 다음과 같다:

1. 클립보드에 스티키 노트를 붙여라.
2. 특별한 학생들을 관찰하고 있다면, 스티키 노트의 상단에 각 학생의 이름과 날짜를 기록하라. 이는 확인된 학생의 주목할 만한 행동과 행위를 관찰자가 전략적으로 관찰하도록 상기시켜 준다.
3. 빈 스티키 노트 몇 장을 추가하여 다른 학습자들의 예기치 않은 주목할 만한 행동이나 기능에 관한 관찰 내용을 기록하라.
4. 관찰된 구체적인 행동을 노트에 기록하라. 행동 패턴을 확인하기 위해 노트 기록을 일관되게 하라.

### 변형 B: 카드 찾기

각 학생마다 큰 색인 카드 한 장을 사용하라. 각 카드의 상단 왼쪽 코너에 구멍을 뚫은 다음, 카드 구멍에 링이나 유사한 도구를 끼워 빨리 넘길 수 있는 평가 도구를 만들어라. 카드 맨 위 오른쪽 코너에 학생의 이름을 써라 — 예를 들면, 김○○, 이○○. 카드에 이름을 가나다순으로 배열하라. 쉽게 접근할 수 있도록 코너 공간에 학생의 전화번호와 그 외 중요한 정보를 추가하라. 관찰 내용을 기록하기 위해 카드를 항상 비치하라.

## 3. 알아요! 보여 줘요!

알아요!(Know it!) 보여 줘요!(Show it!)는 학습자의 이해 수준에 대한 데이터를 제공한다. 다음의 프롬프트는 수업 중 학생의 학습을 자연스럽게 평가할 수 있는 다양하고 매력적인 방법을 제안한다. 알아요! 보여 줘요!는 학생들에게 서로 다른 방식으로 학습할 수 있는 기회를 제공한다.

- 파트너에게 말하고 답을 편집하라.
- 정답을 함께 말하라.
- 집단별로 합의를 하고 자신의 플랫폼을 만들어라.
- 답을 스티키 노트 깃발로 묘사하라.
- 답 위에 게임 조각을 놓아라.
- 조작물로 시범을 보여라.
- 시뮬레이션을 창안하기 위해 역할극을 하라.
- 자신이 사용한 과정을 시범 보이고 말하라.
- 자신의 단계별 절차를 말하라.
- 독특한 상징이나 폰트를 사용하여 학급 노트에 표시하라.
- 다음 도구들을 활용하여 답이나 예를 표시하라.

| | | | |
|---|---|---|---|
| 그래프 | 책 | 슬라이드 | 게시판 |
| 구절 | 그림 | 다이어그램 | 문서 해독 장치 |
| 텍스트 | 문장 | 저널 | 차트 |
| 스마트 보드 | 컴퓨터 | | |

알아요! 보여 줘요! 평가를 하는 동안 표 7.2와 같은 선택 보드를 활용하라. 이 방법은 자신이 좋아하는 방식을 선택하여 학습자들이 알고 있는 것을 보여 줄 수 있는 기회를 제공한다. 알아요! 보여 줘요! 주사위 활동을 위해 평가 지시문을 수정해서 활용할 수 있다.

| 표 7.2 알아요! 보여 줘요! 선택 보드 견본 | | |
|---|---|---|
| 예시 만들기 | 예시 설명하기 | 그래픽 조직자로 설명하기 |
| 운율로 표현하기 | 보여 주기 | 쓰기 |

## 4. 응답 카드

응답 카드는 효과적이고 매력적인 형성평가 도구이다. 수업 전과 중, 수업 후에 빠르고 효율적인 평가를 위해 응답 카드를 활용할 수 있다. 교사가 학습자들의 주제에 대한 선행 지식이나 흥미, 자신감 또는 불안을 파악하는 데 도움이 된다. 응답 카드는 또한 학생들에게 메타인지 또는 자신의 사고에 관한 사고를 연습할 수 있는 소중한 기회를 제공한다.

카드는 둘 혹은 그 이상의 가능한 답으로 만들어진다. 학생들은 자신의 답을 지적하여 응답을 선택한다. 다음 예에서 알 수 있듯이, 응답 카드는 매우 적용하기 쉬운 도구이다. 다음의 샘플들은 비형식적인 사전평가 활동으로 설계되었다. 카드의 앞뒷면 동일한 장소에 동일한 응답 선택을 정확하게 기술하여 카드를 만들 수 있다. 학생들에게 자신과 마주하는 응답에는 엄지손가락을 대고 교사와 마주하는 응답에는 집게손가락을 대도록 한다. 이 방법은 카드의 각 면에 가시적인 응답을 선택하도록 하여 학생과 교사가 선택한 응답을 동시에 본다.

응답은 교사와 학생에게 자신의 지식 기반과 배경, 느낌, 감성, 태도, 선호와 비선호, 학습된 사실, 오개념에 관한 정보를 제공한다(표 7.3 참조). 학습 경험을 하는 동안, 응답 카드를 활용하여 느낌과 이해를 표시하도록 하라. 복습이나 심화 활동을 하는 동안, 학생의 느낌과 태도, 흥미와 학업 지식에서 변화를 확인하는 사후평가 도구로 카드를 다시 활용하라.

카드를 만들어 처음 사용한 후, 학생들에게 카드를 제출하게 하여 자료집에 모아라. 나중에 사용하기 위해 각 세트를 플라스틱 가방에 넣고, 라벨을 붙여서 보관하라. 잃어 버리거나 손상된 카드를 대체할 수 있도록 여분의 빈 카드를 항상 비치하라.

**표 7.3 이중 응답 카드**

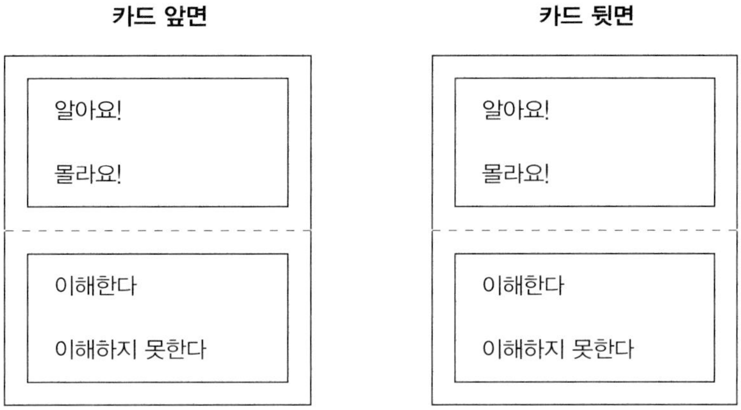


학습자들이 응답 카드를 들고, 정답을 가리키거나 두 손가락으로 잡게 하라. 학생들이 응답을 준비하는 동안 그들을 주의 깊게 관찰하라. 만약 자신 없어하고 망설이거나, 답하기 위해 급우들을 바라본다면, 마음속으로 기록하거나 필기를 하도록 하라. 이들에게 주위를 둘러보지 말도록 하거나 다른 학생의 답을 보지 말라고 이야기하지 마라. 이런 행동은 재수업이나 복습이 필요하다는 신호이다.

### 이중 응답 카드 대안

*이해 수준 …*

| | |
|---|---|
| 나는 알아요! | 나는 몰라요! |
| 나는 이해해요! | 나는 이해하지 못해요! |
| 동의해요. | 동의하지 않아요. |
| 알았어요! | 전혀 몰라요! |
| 나는 이해했어요! | 나는 잊어 버렸어요! |
| 나는 이것을 좋아해요! | 나는 이것을 좋아하지 않아요! |
| 내 마음은 움직이고 있어요! | 내 마음은 멈추어 있어요! |
| 나는 이것에 관해 느낌이 좋아요! | 이것은 나에게 맞지 않아요. |

*… 내용에 대해*

| | |
|---|---|
| 참 | 거짓 |
| 척추동물 | 무척추동물 |
| 사실 | 의견 |
| 원인 | 결과 |

### 변형 A: 삼중 응답 카드

학생들은 삼중(triple) 응답의 독특함을 즐긴다. 답 선택이 앞면과 뒷면에 나타나도록 카드를 설계한다(표 7.4 참조). 각 학생을 평가에 참여시키기 위해 여러 주제에 걸쳐 다양한 샘플 카드를 활용하라.

**표 7.4 삼중 응답 카드**

| 앞면 | 뒷면 |
|---|---|
| 처음<br>가운데<br>끝 | 처음<br>가운데<br>끝 |

### 변형 B: 높은 수준에서 낮은 수준의 응답으로

응답이 열거되는 방식을 다양하게 하기 위해 삼중 응답 카드를 활용하라. 다음의 예들은 높은 수준에서 낮은 수준까지 수와 단어 및 문구를 활용하고 있다. 이 활동은 학생들의 이해 수준이 어느 정도인지를 빠르게 나타낸다.

| 3 | 2 | 1 |
|---|---|---|
| 행복한 얼굴 | 무표정한 얼굴 | 슬픈 얼굴 |
| 예 | 아니오 | 전혀 |
| 알아요 | 조금 알아요 | 몰라요 |
| 행복해요 | 그저 그래요 | 슬퍼요 |
| 플러스(+) | 마이너스(-) | 잘 모르겠어요 |
| 동의해요 | 잘 모르겠어요 | 동의하지 않아요 |

### 변형 C: 낮은 수준에서 높은 수준의 응답으로

다음의 수와 단어 및 문구 응답은 낮은 수준에서 높은 수준의 범위를 나타낸다.

| 1 | 2 | 3 |
|---|---|---|
| 전혀 없음 | 하나 혹은 둘 | 셋 이상 다섯 이하 |
| 느릿느릿 걷기 | 속보 | 달리기 |
| 시간이 좀 더 필요함 | 자세히 살피기 | 종료하기 |
| 초반 | 중반 | 후반 |
| 모름 | 약간 앎 | 앎 |
| 지하층 | 중간층 | 고층 |
| 산아래 | 중턱 | 정상 |

### 변형 D: 사중 응답 카드

카드에 하나 또는 그 이상의 단어를 추가하여 삼중 응답 카드의 지시문을 수정하라. 카드의 앞뒷면 동일한 장소에 동일한 단어를 써야 한다는 점을 기억하라.

상이한 주제로부터의 평가를 위해 다양한 새로운 단어를 창안하라. 학생들이 학습 시뮬레이션과 자료들에 관해 무엇을 알거나 느끼는지를 그들 자신이 보여 줄 수 있도록 카드를 목적에 확실하게 부합시켜라(표 7.5 참조).

**표 7.5 사중 응답 카드의 예**

| 앞면/뒷면 | 앞면/뒷면 | 앞면/뒷면 |
|---|---|---|
| A<br>B<br>C<br>D | 전혀<br>드물게<br>때때로<br>자주 | 4. 설명할 수 있어요!<br>3. 이해하기 시작해요.<br>2. 질문이 필요해요.<br>1. 이해하지 못해요. |

### 변형 E: 내용 응답 카드

구체적인 내용을 평가하기 위해 정보를 제공하는 새로운 도구로 응답 카드를 설계하라. 이 카드는 모든 내용 영역에 걸쳐 어떤 크기의 집단에도 활용될 수 있다. 모든 교과에 활용할 수 있는 응답 카드를 개발하라. 다음의 예들은 선정된 교과 영역의 응답 카드를 위한 것이다(표 7.6 참조).

**표 7.6 내용 응답 카드**

| 과학 | 사회 | 역사 | 국어 | 수학 |
|---|---|---|---|---|
| • 강수량<br>• 증발<br>• 응결<br><br>• 소화 기관<br>• 골격 기관<br>• 순환 기관<br><br>• 포유류<br>• 파충류<br>• 양서류<br>• 어류 | • 북<br>• 남<br>• 동<br>• 서<br><br>• 산<br>• 사막<br>• 초원<br>• 고원 | • 1차 세계대전<br>• 2차 세계대전<br>• 둘 다<br><br>• 큰 바위산<br>• 자유의 종<br>• 자유의 여신상 | • 서술문<br>• 논설문<br>• 설명문<br><br>• 마침표<br>• 의문 부호<br>• 감탄 부호<br><br>• 배경<br>• 인물<br>• 구성<br><br>• 형용사<br>• 부사<br>• 동사 | • 더하기<br>• 빼기<br>• 곱하기<br>• 나누기<br><br>• 정육면체<br>• 원뿔<br>• 구<br>• 각뿔<br><br>• 페니(1센트)<br>• 니켈(5센트)<br>• 다임(10센트)<br>• 쿼터(25센트) |

## 5. 하이파이브

하이파이브 평가 도구는 1부터 5까지의 수를 사용하여 현재의 주제나 기능에 대한 개인적인 지식 수준이나 이해 정도를 평가한다. 평가되는 교과나 기능, 개념이나 주제를 지정하라. "1, 2, 3, 나에게 보여 줘!"라고 말하라. 각 학생은 지식과 이해 수준의 표시로 적절한 손가락 수를 보여 준다.

5 나는 그것을 이해하고 설명할 수 있다.
4 나는 그것을 활용할 수 있지만 설명할 수 없다.
3 나는 향상되고 있지만 도움이 필요하다.
2 나는 이제 막 이해하기 시작했다.
1 나는 그것을 이해할 수 없다.

## 6. 개인적 문제점

학생은 종이 맨 위에 문제점이나 질문을 적는다. 학습자는 이를 3~5명의 급우들에게 전달해서 개선을 위한 제안이나 질문에 대한 답을 구한다. 각 개인은 문제점을 해결하기 위해 자신의 응답에 서명한다.

## 7. 색상 부호화

절차상의 단계를 평가하거나 일정표 짜기 또는 목록에 있는 항목들을 강조하기 위해 색상 부호화(color-coding)를 활용하라. 순서대로 색상 순서를 선택하는 데 학생들을 참여시켜라. 이 방법은 학생들이 시작 순서를 기억하도록 돕는다. 색상 양식을 게시하라. 학급이나 학교 전체에 일 년 동안 동일한 색상 체계를 유지하라:

### 예시

1 = 검정　2 = 파랑　3 = 초록　4 = 빨강　5 = 보라

- 마커나 크레용, 색연필 또는 색상지로 색상을 부호화하라.
- 다음과 같은 활동을 위해 색상 부호화 평가를 활용하라.
  - 과정이나 절차상의 단계 확인하기
  - 목록의 우선순위 매기기
  - 이야기나 사건 또는 과정을 순서대로 배열하기

## 8. 마음 스케치

사실이나 개념을 확인하기 위한 표시로 활용하기 위해 학생들에게 학습 단원이나 주제 속의 중요한 명사들을 간단한 미니어처 그리기나 스케치를 통해 표현하게 하라. 그림 그리기는 정보를 찾고 기억하기 위한, 그리고 배치의 정확성을 평가하기 위한 정신적인 그림이나 상징을 제공한다.

### 예시

음식 학습 단원에서, 과일과 관련된 각각의 중요한 사실 옆에 사과를 그려라.

*육지, 바다, 하*늘 범주로 구성된 교통 단원에서, 일반 자동차 옆에 도로를 그리고, 선박 옆에 파도를 그리고, 항공기 옆에 구름을 그려라. 만일 운송 수단이 한 가지 범주 이상에 해당되더라도, 그에 적합한 각각의 상징을 사용하라.

### 변형: 라벨을 붙여라!

과정과 절차를 가르치는 수학 단원에서, 단계 옆에 +, −, ×, ÷와 같은 조작적 기호를 갖다 놓아라. 육지의 형성에 관한 학습에서, 지협과 반도와 같이 혼란을 일으키는 용어에 대해 우표 크기의 그림을 그려라.

## 9. 학생 노트 분석

학생들은 학습 중에 평가를 위한 가치 있는 정보를 제공한다. 교사가 기록된 자료를 읽을 때, 글로 표현된 단어들은 학생의 사고를 반영하고 정보를 해석하는 데 심층적인 관점을 제공한다.

학습자의 사고를 탐문하기 위해 다음과 같은 아이디어들을 활용하라. 이렇게 하는 목적은 평가를 위해 저장된 정보를 가시적으로 만드는 데 있다.

### 예시

- 중요한 용어나 핵심 아이디어를 강조하라.
- 텍스트의 중요하거나 혼란스러운 부분들을 표시하라.
- 개인의 스티키 노트에 각각의 질문이나 관심 사항을 적어라. 노트를 그 속에 담겨진 정보를 확인하기 위한 표시로 활용하라.
- 네모나 원을 그려 각각의 핵심 항목을 담아라.

- 중요한 항목 옆에 별표나 별을 그려라.
- 중요한 이름이나 날짜, 사건 또는 구체적인 용어들을 확인하기 위해 체크 표시를 하라.
- 가장 중요한 사실 옆에 감탄 부호를 표시하라.
- 혼동되는 단어나 구절 또는 문장 앞에 의문 부호를 표시하라.
- 중요한 항목을 강조하기 위해 노트에 다음과 같은 응답을 적어라:

  와우　이해해　단서가 없어　저런!　도와줘　몰라　예!　히허!*

## 10. 체크포인트 검사

텍스트의 중요한 부분을 읽은 후, 기능을 시범 보인 후, 새로운 절차나 과정 또는 순서를 소개한 후, 신속한 평가를 필요로 하는 학습 부분이나 중요한 사실들을 제시한 후에 주기적으로 체크포인트 검사를 활용하라. 기대되는 응답에 적합한 크기의 종이를 선택하여 신기성을 더하라. 예를 들어, 단답형 퀴즈의 경우 4분의 1 크기의 종이를 사용하라. 그 결과 각 학생이 학습한 것과 적용할 수 있는 것을 보여 줄 수 있다.

## 11. 일일 성적

선정된 일일 학급 과제와 프로젝트, 문제해결 기회, 숙제 도전, 깜짝 퀴즈로부터 성적을 수합한다. 개별 학생의 수행에 관한 실상을 나타내는 성적을 누적하라. 이는 계획이나 즉각적인 처방을 위한 로드맵(road map)을 제공한다.

## 요약

개별 학생의 진보와 관련된 형성적 데이터를 지속적으로 수집하는 것이 필수적이다. 학습자를 좌절시키고 실패를 초래하는 함정과 고난을 피하기 위해 지속적으로 형성평가를 활용하라. 재수업과 재조정, 개선과 향상 또는 필요한 계획을 강화하고 맞춤화하기 위해 피드백을 활용하라. 학생들이 메타인지적 습관을 개발하고 자신의 학습을 점검하도록 하기 위해 학습하는 동안 자기평가를 활용하는 방법을 가르쳐라. 학습하는 동안 다양한 새로운 평가 도구를 활용하여 학생들의 마음을 고무시키고 자극하라.

* 역자주: 히허(Yee haw!) 주로 카우보이나 카우걸이 신났을 때 내는 소리

# 8

# 학습 후 형성평가

**핵심 문제**

학습자의 즉각적인 수업 요구와 후속 수업 요구를 확인하기 위해 학습 후 다양한 형성적 맞춤형 수준별 · 개별화 평가 전략을 어떻게 활용할 수 있는가?

전통적으로 학습 후 평가를 학생의 기준 숙달 정도를 분석하기 위한 하나의 방법으로 생각해 왔다. 사후평가는 학습자가 시초 목표에 도달했는지를 알기 위해 결과를 분석하기 때문에 매우 중요하다. 만일 목표에 도달되지 않았다면, 학생을 위해 맞춤화된 구체적인 계획을 수립한다. 교사는 많은 형성평가 도구를 활용하여 학습의 하나 혹은 그 이상의 측면에서 일부 학생 또는 모든 학생들에게 부가적인 경험이 필요한지를 결정한다.

## 학습 후 학생 참여

후속 학습을 위한 계획을 수립하기 위해 학습 후 형성평가 데이터를 수집하고 분석한다. 다음 사항들을 성취하기 위해 학생들을 학습 후 평가 도구를 활용하는 데 참여시킨다:

- 완전 학습된 정보를 확인한다.
- 학습 격차를 확인한다.
- 필요한 처방을 발견한다.
- 다음 활동을 계획하기 위한 구체적인 요구를 정확히 찾아낸다.

학생 참여를 지속하기 위해 자신에게 다음과 같은 질문을 하라:

- 교육과정 계획에서 확인된 요구와 장점을 언제 어디에서 다루고 있는가?
- 이 학습자에게 맞추기 위해 어떤 평가 도구를 활용해야 하는가?
- 이 학습자에게 도전의식을 심어 주기 위해 어떤 기회를 제공해야 하는가?
- 어떻게 하면 이 학습자가 계속 참여하여 성공적이 되도록 할 수 있는가?

## 평가 도구: 학습 후

이 장에서는 학습 후 활용할 수 있는 13가지 효과적인 평가 도구를 탐구한다. 이러한 평가 도구는 진보에 대한 즉각적인 피드백을 위한 데이터를 제공한다. 이러한 정보는 또한 후속 학습 기회를 위해 전략적으로 활용된다.

### 1. 형성평가를 위한 효과적인 질문 기법

#### 개방형 질문

개방형(open-ended) 질문은 학생들이 응답에 대해 생각하게 하고 자신의 사고를 선택하도록 도전의식을 자극한다. 예를 들어, 교사는 상황을 제공하고, 학생은 대답 속에 사고와 아이디어를 전달한다. 그것은 필수적인 질문이나 가설 또는 진술의 형태일 수 있다. 대답 속에는 많은 세부 내용이나 설명 혹은 과정이 포함될 수 있다. 이것은 형성평가의 중요한 부분이다. 만일 학생이 정확한 정보를 활용하여 응답한다면, 그들은 주제에 관해 무엇을 알고 있는지를 보여 준다. 대답은 학습자의 관점과 의견을 반영하며 사실이나 근거가 되는 세부 내용을 설명하는 학생의 능력을 보여 준다.

다음과 같은 개방형 질문과 탐문 진술의 예를 활용하라:

… 하는 방법을 설명하라.
… 에 관한 당신의 의견은 무엇인가?
… 하는 이유는 무엇인가?
… 를 서술하라.
… 에 관해 더 말해 보아라.
… 에 대한 당신의 단계적 사고를 제시하라.
당신은 이 문제를 어떻게 해결했는가?
다음에는 어떤 일이 일어날까?
당신은 그 정보를 어떻게 활용할 수 있는가?
이것이 왜 중요한가?

### 반성 질문

학생들에게 분석과 반성을 위해 질문을 활용하는 방법을 가르쳐라. 특정한 주제나 단원의 내용을 학습하는 동안이나 하루나 일주일 아니면 과제를 완성한 후에 글쓰기와 반성 활동, 시험에 질문 기법을 활용하라. 다음 예들과 유사한 질문을 일상 수업과 토의에 활용하라.

#### 예시

- 얼마나 많이 조절하거나 변화시켜야 하는가? 이들 중 한 가지를 내게 말하라.
- 당신이 극복한 장애요인은 무엇인가?
- 당신이 발견한 것은 무엇인가?
- 당신은 다음에 이것을 어떻게 다르게 할 것인가?
- 당신이 배운 가장 중요한 일은 무엇인가?
- 다음에 학습해야 하는 것은 무엇인가?
- 당신은 어떤 다른 논평, 제안 또는 관심 사항을 가지고 있는가?

## 이해 평가를 위한 Bloom의 분류 체계

학생이 알고 있는 정보를 알아내고 학습이 필요한 정보를 확인하는 탐문으로 효과적인 질문을 활용하라. 다음 절의 정의와 표 8.1은 Bloom과 Krathwohl(1956)이 확인한 것으로 다양한 사고 수준에서 탐문 진술과 단서, 질문을 개발하는 데 활용할 수 있는 핵심 단어를 제시하고 있다.

### 전문 용어 정의하기

학생들이 지시문 속에 있는 용어를 이해하지 못해서 개방형 질문에 답하지 못할 수도 있다. 학생들이 토의할 시간을 제공하고 평가 활동에서 가장 일반적인 용어들을 사용하라. 핵심 단어와 정의를 학생들이 이해할 수 있는 용어로 설명하라. 예를 들어, 개방형 질문에서 사용되는 핵심 단어들에 대해 학생에게 친근한 정의를 제공하라. Bloom의 분류 체계에 제시되어 있는 단어들을 사용하라.

종종 다음과 같은 혼동스러운 평가 용어들이 지시문이나 개방형 질문 항목에서 발견된다. 학생들은 랩을 만들어서 단어와 정의를 반복적으로 말할 수 있다. 용어들을 장기기억에 저장하기 위해 기억하기 쉬운 정의들을 사용하라.

| | | | | |
|---|---|---|---|---|
| 감정하다: | 심판이 되어요! | 사정하다 | 판단하다 | 평가하다 |
| 범주화하다: | 무리지어요! | 분류하다 | 정렬하다 | 무리짓다 |
| 정교화하다: | 세부 내용을 더 제시해요! | 더 말하다 | 확장하다 | 세부 내용을 제시하다 |
| 평가하다: | 가치를 말해요! | 결론짓다 | 요약하다 | 가치를 제시하다 |
| 정당화하다: | 입장을 세워요! | 설명하다 | 변호하다 | 근거를 제시하다 |
| 삽화를 그리다: | 그려요! | 보여 주다 | 밑그림을 그리다 | 그림을 활용하다 |
| 예측하다: | 어떤 일이 일어날까요? | 추측하다 | 예견하다 | 기대하다 |
| 비평하다: | 당신의 의견을 진술해요! | 설명하다 | 의견을 말하다 | 분석하다 |
| 공식화하다: | 결합해요! | 고안하다 | 준비하다 | 설치하다 |
| 조사하다: | 검토해요! | 탐구하다 | 검사하다 | 연구하다 |
| 종합하다: | 결합해요! | 결합하다 | 융합하다 | 혼합하다 |
| 추정하다: | 추측! 추측! 추측해요! | 추정하다 | | 대략적인 수치를 제시하다 |

교육과정 전반에 걸친 평가의 사례 속에 이러한 단어와 문구들이 제시되기 때문에, 사용 중인 용어 목록을 학생들의 전문 용어로 게시하라. 최상의 정의를 고안하기 위해 학생들의 단어를 사용하라. 단어와 그 정의를 랩이나 노래, 시, 시엠송, 챈트 또는 응원에 반영하라. 이와 같은 신나는 경험은 학습자들이 어려운 평가 용어들을 파지할 수 있도록 동기를 유발한다.

**표 8.1 Bloom의 분류 체계에 사용된 핵심 단어**

| 수준 | 핵심 단어 | | 교실 적용 |
|---|---|---|---|
| 평가 | 판단하다<br>어림잡다<br>사정하다<br>요약하다 | 가치를 매기다<br>비평하다<br>감정하다<br>예측하다 | • _______ 를(을) 평가하라(비판하라, 결론지으라).<br>• _______ 의 가치를 기술하라.<br>• _______ 에 대한 _______ 의 영향을 평가하라. |
| 종합 | 작곡하다<br>구성하다<br>준비하다<br>제안하다<br>공식화하다 | 조립하다<br>설계하다<br>배열하다<br>조직하다<br>계획하다 | • _______ 를(을) 작곡하라(재배열하라, 편집하라).<br>• 분리된 요소들을 활용하여 새로운 _______ 를(을) 창안하라.<br>• _______ 를(을) 개발하기 위한 세부 내용을 조직하라. |
| 분석 | 검사하다<br>질문하다<br>차별화하다<br>비판하다 | 변별하다<br>확인하다<br>도해하다<br>실험하다 | • _______ 를(을) 개관하라(범주화하라, 분리하라).<br>• 절차에 어떤 단계들이 있는가?<br>• 다음에는 어떤 일이 일어날 것인가?<br>• 가설을 어떻게 증명할 것인가? |
| 적용 | 시범 보이다<br>면담하다<br>번역하다<br>조작하다<br>예증하다 | 연습하다<br>적용하다<br>극화하다<br>예정하다<br>해석하다 | • _______ 를(을) 시범 보여라(조작하라, 보여라).<br>• _______ 를(을) 어떻게 활용할 것인가?<br>• 어떤 아이디어와 사실들이 이 _______ 를(을) 지원하는가? |
| 이해 | 서술하다<br>설명하다<br>보고하다<br>토론하다<br>표현하다 | 재진술하다<br>확인하다<br>비교하다<br>인지하다<br>검토하다 | • _______ 를(을) 설명하라(예측하라, 요약하라).<br>• _______ 를(을) 서술하라.<br>• _______ 를(을) 어떻게 생각하는가?<br>• 저자가 말하고 있는 것은 무엇인가? |
| 지식 | 정의하다<br>반복하다<br>명명하다<br>기록하다<br>관련짓다<br>보고하다 | 열거하다<br>기억하다<br>분류하다<br>회상하다<br>말하다<br>이야기하다 | • _______ 를(을) 정의하라(회상하라, 암송하라).<br>• _______ 은 무엇인가?<br>• 목적이 무엇인가? |

출처: Bloom & Krathwohl(1956)

## 2. 게시물 공유 축하 행사

### A. 차례로 순회하기(Wraparound)

1. 각 학급 구성원은 공부한 내용의 가장 중요한 정보를 작은 종이나 포스트잇에 적는다.
2. 학생들은 자신의 노트를 가져와서 공동체 집단이나 소집단에 합류한다.
3. 학습자들은 학급의 나머지 학생들과 차례로 돌아가며 하나의 통찰을 공유한다.

*주의사항*: 교사는 학습된 정확한 정보를 듣고 학습한 것을 강조한다.

### B. 회전목마 축하 행사(Carousel Gala)

1. 최근에 학습한 단원을 복습하기 위해 학생들에게 강조점을 게시하도록 하고 교실 둘레에 여러 장의 차트 용지를 걸어놓아라.
2. 각 차트 용지 위에 학습한 주요 제목을 적어라.
3. 각 차트에 검은색 매직펜을 놓아두어라.
4. 강조점의 수에 맞추어 학급을 소집단으로 나누어라. 예를 들어, 만일 8개의 차트가 있다면, 학급을 8개의 집단으로 나눈다.
5. 각 소집단을 하나의 차트에 배정하라. 팀 구성원들은 해당 주제에 대해 자신이 알고 있는 것을 공유하고 적는다.
6. 집단이 다음 차트로 이동하도록 신호를 주어라.
7. 새 집단에게 바로 앞 집단에서 나온 아이디어를 읽고 더 많은 정보를 추가하도록 말하라.
8. 각 집단을 허용된 시간 내에서 회전목마 둘레에 있는 각 차트로 계속 이동하게 하라. 각 집단이 모든 차트를 다 방문할 필요는 없음을 기억하라.
9. 각 집단을 하나의 차트에 배정하라. 집단 구성원들은 읽고, 공유한 다음, 포스터 위의 좋아하는 정보를 선택한다.
10. 회전목마 공유 축하 행사를 위해 학생들에게 정보를 새롭고 신기한 방식으로 발표하도록 도전의식을 고취하라.

### C. 율동적인 팡파르(Rhythmic Fanfare)

1. 각 소집단은 복습을 위한 중요한 정보들을 선정하거나 배정된다.

2. 각 집단이 노래나 시, 시엠송, 랩, 챈트 또는 응원가를 만들어 선택된 내용 정보를 복습하고 축하하게 하라.
3. 각 집단이 연습하고 학급 전체에 발표할 시간을 제공하라.
4. 학급의 나머지 학생들에게 학습한 것을 음악 박자로 공유하게 하라.
5. 축하합니다!

## 3. 학습과 태도 및 진보를 평가하기 위한 리커트식 척도

리커트식 척도는 등급을 매긴 숫자를 오름차순이나 내림차순으로 배열한 선이다. 이 척도는 일정한 간격에 기초한 선다형 평가 도구이다. 개인의 수행 수준은 척도상의 각 숫자에 대한 지표를 통해 확인된다. 이 척도는 원래 조직심리학자인 Rensis Likert가 고안하였다.

단어나 구절을 지표로 사용하여 새로운 척도를 창안하고 이를 학생들과 공유하라. 연속선상의 숫자의 순서와 용어를 다양하게 하여 학습자들이 평가 도구를 사용할 때마다 다양한 지시문을 경험할 수 있도록 하라(표 8.2와 8.3 참조).

## 4. 루브릭: 기대감에 대한 로드맵

*루브릭*(*rubric: 평가 기준*)이란 단어를 학습자들에게 소개하라. 루브릭은 “red(붉은색)”를 의미하는 라틴어 *rubrica*에서 유래하였다. 가능하다면, 학생들에게 루비 암석을 보여 줘라. *루브릭*이란 용어는 초기에 덜 중요한 정보와 구별하기 위해 붉은 글씨로 표시한 제목이나 소제목 또는 중요한 구절을 의미하는 데 사용되었다는 점을 설명하라.

**표 8.2 진보를 확인하는 리커트식 척도**

프로젝트나 계약 또는 활동에 대한 진보를 점검하기 위해 리커트식 척도를 활용하라.

예시:

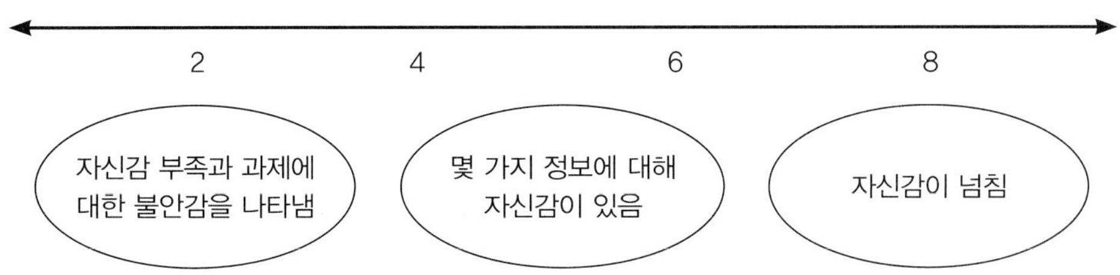

**표 8.3 학습과 태도를 평가하기 위한 리커트식 척도 샘플**

1. 숫자를 사용하라.

| 2 | 4 | 6 | 8 |
|---|---|---|---|

| 8 | 6 | 4 | 2 |
|---|---|---|---|

2. 학습 주제에 대한 진보나 느낌을 평가하기 위해 학생들의 학년 수준에 적절한 단어를 사용하라.
   예시

| 출발선 | 주저앉기 | 전속력으로 달림 | 결승선 |
|---|---|---|---|

3. 연속선을 따라 단어나 문구를 사용하라. 학습자의 지식 기반에 따라 척도에 표시하라.

| 거의 알지 못한다 | 조금 안다 | 많이 안다 | 모두 안다 |
|---|---|---|---|

| 아니다! | 보통! | 그렇다! |
|---|---|---|

| 드물게 | 조금 | 자주 | 항상 |
|---|---|---|---|

4. 관찰 가능한 행동을 반영하는 선 위에 X 표시를 하라.

| 거의 참여하지 않음 | 조금 참여함 | 많이 참여함 | 완전히 참여함 |
|---|---|---|---|

오늘날 교실에서 공통적으로 사용되는 루브릭은 교사와 학생, 학부모에게 평가를 위한 중요한 세부 내용을 제공한다. 각 루브릭은 규정된 척도를 포함하고 있다. 구체적인 과제에 대한 기대는 척도상의 숫자로 표시된다. 척도상의 각 숫자 옆에 있는 지표나 설명은 교사와 학생이 이해하고 활용할 수 있도록 명확한 용어로 진술된다.

최상의 루브릭은 교사가 직접 고안한 것이다. 왜냐하면 루브릭이 가르치고 있는 것을 측정하기 때문이다. 실행이 가능하다면, 루브릭을 설계하는 데 학생들이 보조하게 하라. 표 8.4~8.9에 제시된 루브릭의 예들을 참조하라.

다음 사항을 평가하기 위한 루브릭을 맞춤형으로 제작하라:

| | | | |
|---|---|---|---|
| 구체적 내용 | 글쓰기 견본 | 기능 | 행동 |
| 과제 | 책임감 | 구두 발표 | 기준 |
| 프로젝트 | 시범 | 팀워크 | 보고서 |

**표 8.4 루브릭 템플릿**

학생 ____________ 프로젝트 ____________

평가자 ________ 본인 ________ 교사 ________ 동료 ________

| 프로젝트나 결과물 제목 | 1 | 2 | 3 | 4 | 점수 |
|---|---|---|---|---|---|
| 준거 | 서술자 | 서술자 | 서술자 | 서술자 | |
| 준거 | 서술자 | 서술자 | 서술자 | 서술자 | |

총점 ________

논평

| 이해함 | 노력함 | 도움이 필요함 |
|---|---|---|
| | | |

**표 8.5 루브릭 양식**

학습자들의 과제를 확인하시오. 관찰 학생의 이름과 대상 행동을 해당 칸에 쓰시오. 관찰된 개선점과 진보 중인 행동에 관해 해당 칸에 논평하시오.

과제 ____________________________

*행동 지표: 무엇을 관찰하고 평가하는가?*

| 학생 이름 | 행동 A | 행동 B | 행동 C |
|---|---|---|---|
| 1. | | | |
| 2. | | | |
| 3. | | | |

| 관찰된 개선점 | 진보 중 |
|---|---|
| | |

**표 8.6 집단 과학 프로젝트를 위한 루브릭**

주제: 소화 기관

과제: 소화 기관의 4가지 주요 기능을 설명하는 디스플레이를 설계하라.

이름 ______________________

| 준거 | 4 | 3 | 2 | 1 |
|---|---|---|---|---|
| 배열 | 구성요소들이 설계에 균형 있게 잘 배열됨. | 디스플레이가 매력적임. 각 부분이 쉽게 잘 보임. | 디스플레이가 혼란스러움. 일부는 보기가 어려움. | 디스플레이가 혼란스럽고 시선을 끌지 못함. |
| 내용의 정확성 | 정보가 정확함. | 대부분의 정보가 옳음. | 일부 세부내용이 제시되고, 일부 정보가 정확함. | 정보가 부정확함. |
| 내용의 완전성 | 4가지 기능들 전부가 확인되고 조직된 형식으로 완전하게 기술됨.<br>각 기능의 세부내용에 대한 기술과 기능들 사이의 상호관계가 포함됨. | 4가지 기능 전부가 확인되고 몇 가지 조직된 형식이 포함되어 있음. 세부내용에 대한 기술이 불완전함. | 2~3가지 기능이 세부내용의 일부를 활용하여 기술됨. 내용이 조직되지 않음. | 모든 기능들이 확인되지 않음.<br>기능들에 대한 기술이 불완전하고 완전히 조직되지 않음. |
| 다이어그램/그래픽 | 그래픽 설계가 창의적이고, 조직적이며, 주제를 명확히 설명함. | 각 그래픽이 주제를 설명하고 이해하기 쉬움. | 일부 그래픽이 적합하고 주제를 설명함. | 그래픽이 불명확함. 그래픽이 디스플레이를 잘 이해시키지 못함. |
| 자원의 적합한 활용 | 5가지 이상의 자원이 제시된 정보를 뒷받침함. | 3~4가지 자원이 정보를 뒷받침함. | 적합한 자원을 1~2가지 활용함. | 정보를 뒷받침하기 위해 자원을 활용하지 않음. |
| 팀워크 | 학생이 팀의 가치 있는 구성원으로서 프로젝트의 모든 부분에서 다른 사람들과 매우 잘 활동함. | 학생이 팀과 그럭저럭 잘 해나가며 대부분의 책임을 공유함. | 학생이 가끔 팀의 활동을 방해하고 대부분의 과제를 다른 사람들이 완성하게 함. | 학생이 과제에 대해 책임 있는 팀 구성원으로 활동하지 않음. |
| 지침 활용 | 과제에 대한 모든 지시와 지침들을 따르고 이행함. | 지시에 따라 대부분의 단계들을 성공적으로 이행함. | 프로젝트 지침을 아주 조금 따름. | 프로젝트 지침을 따르지 않음. |

**표 8.7 조절 가능한 과제를 분석하기 위한 루브릭 양식 견본**

이름 ______________ 학급/교과 ______________ 날짜 ______________

과제 ______________________________________________

| | |
|---|---|
| 8 | 전문가<br>______________<br>______________ |
| 6 | 대부분 알아요!<br>______________<br>______________ |
| 4 | 일부 정보를 알아요<br>______________<br>______________ |
| 2 | 초보자<br>______________<br>______________ |

**표 8.8 성공 수준을 기술하기 위한 루브릭 제목 지표**

| | | | |
|---|---|---|---|
| 이해하지 못한다 | 도움을 받아 과제를 완성할 수 있다 | 혼자서 몇 가지를 할 수 있다 | 독립적으로 학습한다 |

| | | | |
|---|---|---|---|
| 1~2개 옳음 | 3~5개 옳음 | 6~8개 옳음 | 9~10개 옳음 |

| | | | |
|---|---|---|---|
| 직면하다 | 참여하다 | 향상하다 | 포용하다 |

**표 8.8 성공 수준을 기술하기 위한 루브릭 제목 지표 (계속)**

| 초보자 | 수습자 | 숙련자 | 달인 |
|---|---|---|---|

| 거의 할 수 없다 | 조금 할 수 있다 | 대부분의 과제 수행 방법을 안다 | 과제를 완수하는 방법을 안다 |
|---|---|---|---|

| 과제가 두렵다 | 약간 편안하다 | 대부분의 시간이 편안하다 | 과제에 대담하게 접근하고 편안하게 완수한다 |
|---|---|---|---|

| 비포장도로 | 포장도로 | 고속도로 | 노란 벽돌 길 |
|---|---|---|---|

| 전혀 모른다 | 이해하기 시작한다 | 대부분을 이해한다 | 전부 이해한다! |
|---|---|---|---|

| 부적합한 응답 | 만족스러운 응답 | 능숙하게 시연 |
|---|---|---|

| 1<br>답하려 하지 않음 | 2<br>답하려고 시작은 하지만 답을 완성할 수 없음 | 3<br>다소 결점이 있지만 만족스러움 | 4<br>능숙한 응답 | 5<br>모범적인 응답 |
|---|---|---|---|---|

**표 8.9 진보 루브릭**

| | 조직 | 정확성 | 진보 |
|---|---|---|---|
| 3일차 | | | |
| 5일차 | | | |
| 7일차 | | | |

## 가중치 부가 루브릭

가중치 부가 루브릭(weighted rubrics)은 등급을 매긴 점수 척도를 포함한다. 척도상의 각 숫자는 과제에 대한 기대와 수행 수준을 간략히 서술한다. 척도상의 가장 높은 숫자는 대개 높은 수준의 기대를 서술하고 있다. 가장 낮은 숫자는 보통 가장 낮은 수준의 과제와 수행에 대한 서술을 의미한다. 이 방법은 각 숫자에 가중치나 값을 부여한다. 학습자들이 척도상의 각 숫자의 가중치나 값을 알면, 기대되는 준거를 알게 된다. 따라서 학습을 시작하기 전에 척도화된 각 숫자에 요구되는 수행 수준을 이해할 수 있다. 가중치 부가 루브릭은 평정 과정에서 주관성을 배제하여 모든 사람에게 공정하게 평가하게 한다. 모든 학습자들이 높은 점수를 받을 기회를 가지게 된다. 표 8.10을 참조하라.

**표 8.10 글쓰기를 위한 가중치 부가 루브릭 견본**

학생 ____________ 날짜 ____________ 제목 ____________

평가자 ________ 본인 ________ 교사 ________ 동료 ________ 부모 ________

점수 척도: 각 부분에 1~5까지 점수를 매긴다 (*낮음* 1 2 3 4 5 *높음*)

**아이디어와 내용 및 조직** **가능 점수 40점**

아이디어와 세부내용이 동일한 주제와 관련된다.
세부내용이 중심 아이디어를 뒷받침한다.
구성과 요점을 이해하기 쉽다.
글쓰기가 서론, 본론, 결론으로 구성되어 있다.
사실과 아이디어가 의도적으로 조직되어 있다.

점수(*낮음* 1 2 3 4 5 *높음*) 소계 _____ × 8 = _____

**스타일과 목소리** **가능 점수 30점**

서술적인 단어를 적합하게 사용한다.
대화가 있는 회화를 포함하고 있다.
독자를 위해 적합한 목소리를 사용한다.
다양한 유형의 문장을 포함하고 있다.
비유적인 언어를 사용한다.

점수(*낮음* 1 2 3 4 5 *높음*) 소계 _____ × 6 = _____

**단어 사용과 문장 구조** **가능 점수 20점**

문장이 자연스럽고 적합하다.
동사의 시제가 일관되고 정확하다.
적합한 문장 구조를 사용한다.
정확한 단어를 선택한다.

점수(*낮음* 1 2 3 4 5 *높음*) 소계 _____ × 5 = _____

**관례와 기법** **가능 점수 10점**

기계적인 글쓰기가 읽기를 향상시킨다.
단어의 철자를 정확히 사용한다.
구두점 표시가 바르다.
대문자를 정확하게 사용한다.
글이 읽기 쉽다.

점수(*낮음* 1 2 3 4 5 *높음*) 소계 _____ × 2 = _____

**총점 = _____**

**(최고 가능 점수 100점)**

논평:

## 5. 체크리스트

체크리스트는 특정 목적을 위해 관찰하거나 점검해야 할 기준이나 기능 또는 행동을 문항으로 만든 것이다. 최상의 체크리스트는 교사가 창안한 것이다. 왜냐하면 교사는 평가해야 할 영역을 알고 있기 때문이다. 체크리스트는 교사와 학생의 요구를 충족시키기 위해 쉽게 맞춤화할 수 있다.

체크리스트를 개발하는 데 투자한 시간과 에너지는 이를 통해 소중한 데이터를 수집하여 피드백을 제공하고, 수업의 초점을 개별 학습자의 요구에 맞출 때 그만한 가치가 있다. 체크리스트를 다음과 같은 목적으로 활용하라:

- 새로운 학습을 위해 완성되거나 이해 또는 수행될 단계들을 확인하기 위한 하나의 과정
- 학생이 개별 또는 집단 경험에 참여할 때 관찰하고 데이터를 수집할 행동 관리
- 학업 요구와 과제집중 행동, 사회적 상호작용을 평가하기 위한 센터, 프로젝트, 실험 및 시범

### 체크리스트 개발하기

체크리스트는 특정 교과나 활동, 기능 또는 행동을 위해 설계될 수 있기 때문에, 실제적이고 융통성 있는 평가 도구이다. 일상 활동과 특별한 사건에도 체크리스트를 사용할 수 있다. 가장 가치 있는 체크리스트는 학습자의 기능과 지식 및 태도를 평가하여 수업 계획을 맞춤형 수준별 · 개별화하는 것이다.

다음에 제안한 단계들을 응용해서 체크리스트를 개발하라:

1. 체크리스트의 목적을 선택하라.
2. 점검할 학습자들을 확인하라.
3. 다양한 문항을 산출하기 위해 모든 가능성을 브레인스토밍하고 열거하라.
4. 별개의 포스트잇 위에 체크리스트에 수록할 각 문항을 적어라.
5. 목록을 분석하고 양보다는 질적인 측면을 고려하여 문항을 줄여라.
6. 활용할 최선의 양식을 선택하라.
7. 양식에 양질의 문항을 순서대로 배치하라.
8. 누가 관찰하고 점수를 기록할 것인지를 결정하라. 관찰자는 보통 교사나 동료, 자기 자신 또는 보조원이다. 각 관찰자의 서명란을 포함시켜라.

### 체크리스트 평가를 위한 체크리스트

다음 체크리스트를 활용하여 체크리스트 평가 도구의 양식과 내용을 분석하라.

- ☐ 관찰 가능한, 명확한, 구체적인 문항을 포함하고 있다.
- ☐ 점수 매기기가 쉬운 양식을 활용하고 있다.
- ☐ 필요한 데이터만 제공한다.
- ☐ 정답지를 포함하고 있다.
- ☐ 학생 이름과 평가자 서명, 자기 자신이나 동료, 소집단, 교사 또는 관찰자가 체크리스트를 완성한 날짜를 기록하는 난이 포함되어 있다.
- ☐ 개별, 조별, 소집단 또는 학급 전체의 관찰 내용에 맞추어져 있다.
- ☐ 일정 기간 동안의 성장을 확인하기 위해 활용할 수 있다.
- ☐ 의견을 기술할 공간이 포함되어 있다.

여러 명의 관찰자가 한 학생에 대한 체크리스트를 완성하면, 체크리스트 결과들을 수합하여 그 학습자에 대한 보다 완전한 관점을 산출할 수 있다. 적합하다면, 학생에게 체크리스트를 완성할 책임을 부여하라(표 8.11과 8.12 참조).

**표 8.11 학급 관찰 체크리스트**

학급/팀 ______________________________

관찰 초점 ____________________ 교과 ____________________

평가자: 교사 ____________ 동료 ____________ 본인 ____________

날짜 ____________ 학급 ____________

*핵심어: O = 뛰어남 S = 만족 N = 개선을 요함*

| 학생 이름 | 기준1 | 기준2 | 기준3 | 기준4 | 논평 |
|---|---|---|---|---|---|
| 1. | | | | | |

**표 8.11 학급 관찰 체크리스트 (계속)**

| | | | | | | |
|---|---|---|---|---|---|---|
| 2. | | | | | | |
| 3. | | | | | | |

**표 8.12 구두 보고 체크리스트**

이름 ______________________ 날짜 ______________________

주제 ____________________________________________________

다음 정답키로 모든 요소들을 평가하라:

*O = 뛰어남　S = 만족　N = 개선을 요함*

| | |
|---|---|
| ________ 정보의 정확성 | ________ 부분의 상대적 중요성에 기초한 시간의 적합성 |
| ________ 질 | ________ 프레젠테이션 |
| ________ 양 | ________ 자세 |
| ________ 조직 | ________ 목소리의 명료성 |
| ________ 자료 구조의 명료성 | ________ 열정 |
| ________ 주제를 뒷받침하는 세부내용 | |

논평

### 독립적 활동을 위한 체크리스트

각 질문에 반응하기 위해 필요한 "내적 언어(inner speech)" 또는 자기대화(self-talk)를 공유하여 학생들에게 다음의 체크리스트(표 8.13)를 사용하는 방법을 가르쳐라. 독립적인 활동을 위한 체크리스트를 제공하기 전에 체크리스트 활용을 모델로 보여주고 연습하라.

## 6. 읽기와 쓰기를 위한 평가 도구

모든 교과에서, 학생의 읽기와 쓰기 능력 수준을 아는 것이 중요하다. 각 내용 영역에서 성공은 단락을 이해하고 사고를 글로 표현하는 학습자의 기능에 달려 있다. 다음에 제시된 평가는 읽기와 쓰기에서 학습자의 대략적인 지식 수준을 확인하기 위한 빠르고 쉬운 방법을 제공한다(Chapman & King, 2009a).

**표 8.13 독립적인 활동 체크리스트**

| 예 | 아니오 | |
|---|---|---|
| □ | □ | 나는 이 과제의 목적을 이해한다. |
| □ | □ | 나는 무엇을 해야 할지 안다. |
| □ | □ | 나는 시작하기 전에 질문이 필요하다. |
| □ | □ | 나는 필요한 자료를 가지고 있다. |
| □ | □ | 나는 가장 좋은 장소를 선택하여 학습한다. |
| □ | □ | 나는 충분한 작업 공간을 가지고 있다. |
| □ | □ | 나는 제한 시간을 안다. |

**메모**

**이름** ______________ **날짜** ______________

### 구두 읽기 평가

이해 능력을 점검하는 빠르고 비형식적인 한 가지 방법은 선정된 구절을 학생에게 읽어 주는 것이다. 학습자가 중요한 아이디어를 활용하여 해당 구절을 구두로 바꾸어 말하거나 요약하게 하라. 대개 묵독하는 동안에는 구절을 이해할 수 없었던 학생이 소리 내어 읽을 때 더 수준 높게 이해한다.

다음과 같은 진술이나 질문으로 구두 읽기를 점검하라:

1. 자신이 읽은 내용 중에서 세 가지 중요한 사실을 말하라.
2. 한 가지 사실을 선택하여 그것이 왜 중요한지 말하라.
3. 중요한 사건을 확인하라.
4. 이 사건이 언제 일어났는가?
5. 이 사건이 왜 일어났는가?
6. 정보를 요약하라.

일부 학생들은 구두 읽기 기능에 결함을 가지고 있다. 학생들에게 구절을 소리 내어 읽기 전에 독립적으로 또는 파트너와 함께 읽을 시간을 제공하라. 이런 예행연습 시간은 구두로 읽는 학생의 자신감과 유창성을 향상시킨다.

### 글쓰기를 위한 단서

학생들에게 글쓰기 경험을 위한 단서(prompt)를 제시하라. 질문이나 진술을 친숙한 주제와 관련된 단서로 선택하라.

#### 예시

- 자신의 삶에서 좋아하는 시간에 관해 써라.
- 자신이 기억할 수 있는 가장 무서운 사건은 무엇인가?
- 친구를 위해 자신이 좋아하는 자유 시간 활동을 기술하라.
- 자신이 좋아하는 책이나 시트콤, 영화에 등장하는 인물을 기술하라.

*주의사항*: 만일 학생이 글쓰기에 어려움을 겪고 있다면, 메모지에 미소 짓는 얼굴을 그려서 잘 보이는 곳에 둬라. 학생에게 미소 짓는 얼굴을 보고 응답으로 각 단어를 사용해서 말하도록 지시하라. 학생은 단어를 말하면서 그 단어를 쓴다. 학생들은 대개

정보를 순서대로 진술하고, 이 단계들을 따르면서 조직된 내용을 구성한다. 이 방법은 주제에 대해 이야기할 수는 있지만 글로 표현하는 데 어려움을 겪는 학생에게 유익하다.

## 7. 통합적 평가 활용하기

왜 양식과 척도, 지표가 서로 다른 항목들을 모아 놓은 통합적 평가(assessment combination)를 고안하지 못하는가? 체크리스트와 루브릭, 리커트식 척도, 의견 또는 개방형 질문을 포함시켜라. 각 항목을 평가하기 위한 최상의 평가 도구를 활용하는 방안을 고안하라. 교사들은 구체적인 과제를 계획할 때 척도를 개발하기 위해 종종 잘 알려진 루브릭에 관한 형식적 지식에 의존한다. 이것은 평가 개발에 관한 하나의 색다른 사고방식이다. 만일 학습된 기능이나 정보를 루브릭보다 체크리스트로 평가하는 것이 더 쉽다면, 체크리스트를 활용하라. 일부 평가는 체크리스트 양식이 더 실제적이다.

요구되는 평가 결과를 반영하는 루브릭을 설계하라. 예를 들어, 개인의 구체적인 요구나 과제 수준에 따라 4분위 루브릭을 줄이거나 확장할 수 있다. 도구를 필요한 준거와 적합한 지표에 맞추어야 한다는 것을 명심하라. 만일 그것이 예나 아니오 항목이라면, 체크리스트에 정보를 제시하라.

목표는 가장 완전한 평가의 실상을 보여 주기 위해 학습자에게 최상의 도구를 제공하는 것이다. 학습을 시작할 때 성공을 위한 안내를 제공하기 위해 선정된 도구를 학생들과 공유하라.

통합적 평가는 응용하기 쉽고 맞춤형 수준별 · 개별화하기 쉬운 효율적인 도구를 산출한다. 구체적인 활동이나 학생 집단 또는 개별 학습자를 위해 도구의 내용과 설계를 다양하게 할 수 있다.

신기성(novelty)을 활용하여 평가를 설계하라. 학생들의 흥미와 도전의식을 유지하기 위해 양식과 내용을 다양하게 하라. 예를 들어, 루브릭이 대개 가로형 상자로 제시된다면, 세로형 상자를 활용하라. 학생들이 그림 척도를 사용하는 방법을 알고 있다면, 숫자로 이루어진 척도를 활용하라. 학생들이 숫자 척도를 성공적으로 활용하는 방법을 알고 있다면, 단어로 이루어진 척도를 도입하라. 척도의 순서를 높은 것에서 낮은 것으로 그리고 낮은 것에서 높은 것으로 다양하게 하여 학습자들이 시작하기 전에 반드시 지시문을 읽어야 한다는 점을 깨닫게 하라. 또한 특별한 척도 양식을 숙달하는 데 일부 학생들이 다른 학생들보다 더 오래 걸릴 수 있다는 것을 인식하라. 학습자들에게 도전의식을 심어 주어, 독립적인 과제와 활동을 하는 동안 자기평가를 위한 그들 자신의 루브릭을 설계하게 하라. 학생들은 과제를 시작할 때 자신의 손으로 직접 평가 도구를 만들어 봄으로써 굉장한 이득을 얻게 된다. 학생들은 다음의 예에 제시된 성공의 구체적인 기준을 알게 된다.

학생이 센터나 실험실, 스테이션(station)에서 또는 컴퓨터로 독립적인 과제에 개별적으로 참여하는 동안, 루브릭 척도와 리커트식 척도, 체크리스트, 의견란을 활용하여 평가하라(표 8.14 참조).

## 8. 기호물 설계

학생들이 좋아하는 모양이나 상징을 선택하게 해서 학습 단원이나 주제를 통해 학습한 정보를 확인하라. 학생들은 설계를 창안하고 학습 요점을 적는다.

## 9. 저널로 평가하기

학생들이 저널 활동에 두려움을 가지지 않도록 하기 위해, 이중 목록 저널(duo entry journal)이나 파트너 저널(표 8.15, 8.16, 8.17 참조)과 같은 창의적인 저널 과제로 기대감을 제공하라. 학생들이 "오, 안돼, 저널은 다시는 안돼!"라고 생각하는 대신, 다음 기회에 흥미로운 글쓰기 경험을 하려고 열망할 것이다.

저널 쓰기는 실제적이고 효율적인 평가 도구이다. 저널 활동을 통해 학생이 어떤 기능을 언제 자동적으로 정확하게 사용하는지 한눈에 볼 수 있다.

### 재즈 같은 다채로운 저널 평가

재즈 같은 다채로운 저널은 평가 활동을 흥미 있고 신나게 만들어 준다. 학생들에게 자신의 아이디어를 추가하여 다채로운 저널 항목들을 만들도록 도전의식을 부여하라. 저널 평가 과제를 위해 다음과 같은 제안들을 고려하라:

- 순서를 설계하라.
- 스케치하거나 그림을 그려라.
- 캐리커처를 창안하라.
- 그래픽 조직자를 활용하라.

## 표 8.14 독립적인 학습의 평가

이름 ______________________________ 날짜 __________

진행 중인 학습 ______________________________

*루브릭*

1. 과제 집중 시간

| 과제 집중 시간이 거의 또는 전혀 없음 | 지도하에 과제에 집중함 | 대부분의 시간을 과제에 집중함 | 과제를 완성할 때까지 과제에 집중함 |
|---|---|---|---|

2. 초기 접근

| 과제 시작이 느림 | 즉시 과제를 시작함 |
|---|---|

3. 혼자서 활동

| 중요한 도움이 필요함 | 약간의 도움이 필요함 | 자신의 속도로 활동함 |
|---|---|---|

*리커트 척도*

4. 혼자서 학습하는 태도

←――――――――――――――――→

2 4 6 8

부정적 긍정적

*체크리스트*

5. 적용하는 항목에 체크하시오.

_______ a. 지시문을 이해한다

_______ b. 필요한 질문을 한다

_______ c. 독립적으로 학습한다

_______ d. 적합한 행동을 시연한다

*논평*

______________________________

______________________________

______________________________

______________________________

(평가자)서명 ______________________ 날짜 __________

- 다양한 폰트와 색깔을 이용해서 게시판 목록을 만들어라.
- 노래나 랩, 시엠송, 운율, 챈트 또는 응원가를 창안하라.

정보를 처리하기 위해 재즈 같은 다채로운 저널 항목을 활용하라. 학생들이 자신의 아이디어를 활용하여 은유나 직유를 창안할 때, 사실과 개념들을 잘 기억한다. 학생들의 두뇌가 시각적 관련과 연결을 창출하기 때문이다.

이중 항목 저널을 창작하기 위해 다음과 같은 양식을 활용하라. 시간이 허용되면, 학생들이 이 페이지를 색깔과 디자인, 다양한 폰트로 개별화하도록 고무하라.

**표 8.15 이중 목록 저널 양식**

이름 ______________________ 학년 __________

주제 ______________________ 날짜 __________

| A. 1차 메모 날짜 ________ | B. 2차 메모 날짜 ________ |
|---|---|
| | |

파트너 A와 B가 주제에 관한 자신의 아이디어를 적절한 칸에 적는다. 이들은 질문에 대한 답을 바로 해결하거나 해결책을 찾아가면서 더 깊이 이해하며 서로 돕기 위해 차례로 저널을 쓴다.

**표 8.16 파트너 저널**

| 파트너 A | 파트너 B |
|---|---|
| | |

학생들이 특정 주제나 단원의 다양한 학습 단계를 진행하는 동안 중요한 정보를 기록할 수 있도록 메모 저널 양식을 활용하라.

**표 8.17 메모 저널 양식**

| 아는 것 | 첫 번째 읽기를 통한 메모 | 강의 내용 메모 | 공부할 메모 |
|---|---|---|---|
| | | | |

### 예시

그 (사실, 개념, 기준, 기능)은 __________ 때문에 __________와 유사하다.

*주의사항*: 학생이 아래 목록에서 항목이나 인물을 선택하게 한다.

| | | | |
|---|---|---|---|
| 음악 도구 | 음악의 유형 | 특별한 노래 | 스포츠 |
| 동물 | 운동선수 | 여행 | 사건 |
| 가구 | 차량 | 색깔 | 경험 |

학생들이 다음 중 한 가지 또는 그 이상을 결합하여 자신의 저널을 "신나게 만들도록" 고무하라:

| | | | |
|---|---|---|---|
| 색실 | 펀칭 조각 | 형광색 | 리본 |
| 우표 | 폭이 다양한 선 | 종이 오리기 도안 | 상징 |
| 사진 | 미니어처 스케치 | 파이프 클리너 | 별 |
| 속담 | 잡지 오린 조각 | 엄지손가락 지문 그림 | 스크랩북 |

## 10. 그래픽 조직자

그래픽 조직자(graphic organizer)는 정보를 기록하기 위해 사용하는 시각적 표현이다. 사실과 아이디어는 시각적 방식을 적용하면, 정신적으로 더 쉽게 조작하고 처리하고 기억할 수 있다. 학습자들은 그래픽 조직자를 완성할 때, 자신의 사고 과정에 능동적으로 참여한다. 설계가 단어나 구절로 완성되기 때문이다. 시각적 표상은 정보를 다양한 방식으로 연계하여 개인적 관련성을 창출한다.

> 검사에 그래픽 조직자를 포함시키면 대부분의 전통적인 객관식 문항들보다 더 창조적이고, 도전적이며, 재미있을 것이다.
>
> — Burke(2010)

정보의 기억을 향상시키기 위해 그래픽 조직자로 학생들의 경험에 신기성을 더하라. 대부분의 학생들은 워드프로세서 프로그램에서 발견되는 다양한 폰트 스타일에 친숙하다. 특정한 하위 주제나 평가 도구의 수준에 따라 상이한 프린트 양식과 크기를 사용하도록 고무하라. 예를 들어, 중요한 주제는 크고 굵은 폰트로 기록하고, 하위 주제로 갈수록 더 작은 폰트로 기록하라. 폰트 크기를 줄임으로써 하위 주제로 갈수록 가치가 감소함을 강조한다.

유의미한 학습 경험을 위해 그래픽 조직자를 활용하여 학생들에게 현실적인 평가 도구에 대한 권한을 부여하라. 예를 들면, 손을 펼쳐 외곽선을 따라 그리고 그 위에 주제나 기준, 개념, 인물 또는 읽기 선택에 관해 기억해야 할 다섯 가지 사실을 적어라.

다음의 학습 내용은 학생의 지식이나 교재에 대한 태도 또는 완성된 결과물이나 프로젝트를 평가하기 위해 PMI(pluses, minuses, and intriguing: 더하기, 빼기, 흥미) 조직자를 활용하고 있다(표 8.18 참조). 이러한 소중한 학생의 입력을 활용하여 현재와 미래의 계획을 향상시키고 평가하라.

## 11. 평가를 위한 단서

단서는 활동이 끝날 때, 학생들이 자신의 학습을 평가하도록 도전의식을 제공한다. 개방형 진술은 특정 주제나 용어에 관한 사고를 촉진한다. 필요에 따라 다음과 같은 단서(표 8.19 참조)를 활용하라.

**표 8.18 PMI 차트**

| *더하기, "+"* | *빼기, "−"* | *흥미* |
|---|---|---|
| 나는 … 를 좋아한다 | 나는 … 를 좋아하지 않는다 | 나는 … 에 관해 계속 생각하고 있다 |
| 나는 … 를 안다 | 나는 … 를 모른다 | 이것은 … 를 상기시켜 준다 |
| 나는 … 에 동의한다 | 나는 … 에 동의하지 않는다 | *제안* |
| 나는 … 를 사용할 수 있다 | 나는 … 을 사용할 수 없다 | 나는 … 에 관해 더 알고 싶다 |

*변형:*

| *더하기, "+"* | *빼기, "−"* | *흥미* | *제안* |
|---|---|---|---|
| | | | |

**표 8.19 평가 단서**

| | | |
|---|---|---|
| 나는 … 를 학습했다 | 나는 … 할 때 놀랐다 | 나는 … 을 발견했다 |
| 나는 … 를 계속 이해하지 못한다 | 나는 … 에 실망했다 | 다음에, 우리가 … 하기를 바란다 |
| 나는 … 를 기억할 것이다 | 가장 쉬운 부분은 … 였다 | 가장 좋은 부분은 … 였다 |
| 나는 … 을 기뻐했다 | 가장 어려운 부분은 … 였다 | 가장 도전적인 부분은 … 였다 |
| 흥미로운 부분은 … 였다 | 나는 … 에 관해 계속 생각하고 있다 | 나는 … 에 대한 복습이 필요하다 |
| 어떤 사람이 나를 도울 수 있다 | 나는 … 을 믿는다 | 나는 … 에 관해 확신한다 |
| 나는 … 인지 궁금하다 | 한 가지 해결책은 … 이다 | 나는 … 를 설명할 수 있다 |
| 이것은 나에게 … 를 상기시켜 준다 | 나는 이 … 를 적용할 수 있다 | 나는 … 를 예측한다 |

## 12. 백지로 평가하기

"이번 시험을 위해 매우 열심히 공부했지만, 잘못 공부했다!"라고 말하는 학습자가 많다. 이 학습자는 새로운 주제에 관해 학습한 것을 답으로 보여 주지 못했기 때문에 시간을 낭비했다고 느낀다. 이런 문제점을 없애기 위해, 시험에 백지를 추가해서 학생이 주제에 관해 알고 있는 정보를 적을 기회를 제공하라. 백지 평가를 필수가 아닌 선택 활동으로 제공하라. 학생이 답안을 잘못 작성하거나 백지에 추가 내용을 적지 못하더라도 점수를 감점하지 마라.

이러한 신기한 아이디어는 교사가 학생이 알고 있는 정보를 학습하는 데 도움이 된다. 학생이 답안을 바르게 확장하거나 검사에서 다루지 않은 정보를 진술하면, 추가 점수를 부여하라. 검사 점수에 추가된 각각의 올바른 사실에 대해 학생에게 1점씩 주는 것을 고려하라. 학생이 이미 얻은 만점에 10개의 올바른 사실이나 아이디어를 추가한다면, 점수는 110점이 된다. 정확한 응답에 대해 칭찬이나 추가 점수를 부여하라. 이것은 학생들이 알고 있는 것을 나타내게 하는 흥미로운 방법이다. 검사 끝부분에 백지를 추가함으로써 학생들이 평가를 위해 학습하고 준비하려는 동기를 부여해 준다.

## 13. 수행 평가

교사는 학습자의 사고를 겉으로 드러낼 때 신비한 마법사(Wondering Wizard)가 된다. 두뇌의 기적과 모두가 문제를 서로 다른 방식으로 해결한다는 사실을 논의하라. 교사는 학습을 학생에게 맞추고 사고를 자극하기 위해 양질의 과제를 언제, 어디에서, 어떻게 제시해야 하는지를 알기 때문에 마법사와 같다. 교사는 신비한 마법사로서 다음의 차트에 제시된 것처럼(표 8.20 참조) 학생들이 알고 있는 것을 창의적인 방식으로 시연하도록 하는 기회를 제공한다.

## 14. 교사 제작 검사

가장 효과적인 검사는 학급의 개개인을 위해 교사가 직접 제작하는 것이다. 각 학급에 그리고 해마다 동일한 검사를 활용하는 것에 대해 신중해야 한다. 기준과 단원, 학생들은 변한다. 수업 계획을 개인과 집단에 관한 현재의 평가 결과와 요구에 적합하게 맞춤화하라. 사려 깊게 잘 선정된 도구와 전략으로 학생들을 위한 맞춤형 수준별·개별화 평가를 하기 위해 교사 제작 검사(teacher-made tests)를 설계하라.

**표 8.20 수행 평가**

| 음악적으로 표현하시오. | 설명하시오. | 시범을 보이시오. | 글로 쓰시오. | 시각적으로 나타내시오. |
|---|---|---|---|---|
| 뮤지컬을 창작한다. | 토론한다. | 전시품을 창작한다. | 이야기를 꾸민다. | 삽화를 그린다. |
| 박자를 친다. | 연설한다. | 조작 자료를 활용하여 설명한다. | 명단을 작성한다. | 포스터 갤러리를 꾸민다. |
| 노래한다. | 또 다른 상황에 적용한다. | 실연해 보인다. | 조사를 구성하고 실행한다. | 파워포인트 프레젠테이션을 제작한다. |
| 랩을 한다. | 상세하게 요약한다. | 비교/대조한다. | 사설을 쓴다. | 복제품을 만든다. |
| 리듬 형식을 창안한다. | 비평 글을 쓴다. | 그래픽 조직자로 보여 준다. | 차트로 나타낸다. | 장면이나 사건을 재창조한다. |
| 시를 쓴다. | 자료를 옹호한다. | 삽화로 연대표를 만든다. | 일지를 쓴다. | 캐리커처를 창작한다. |
| 시엠송을 창작한다. | 더 간단한 말을 사용한다. | 미니 포스터 위에 증거를 모으고 공유한다. | 인물의 관점에서 쓴다. | 전시품을 만든다. |
| 합창곡 읽기에 참여한다. | 단계적 과정을 서술한다. | 그림을 그려 플립북을 만든다. | 사건을 변호한다. 진술을 기록한다. | 책 표지를 제작한다. |
| 챈트를 한다. | 그래프를 그려 프레젠테이션을 제작한다. | 인물 전시를 한다. | 뉴스 속보를 쓴다. | 연재 만화를 고안한다. |
| 응원가를 짓고 응원한다. | 일지 목록을 만들어 과정을 계열화한다. | 수동 게시판을 설계한다. | 연구 논문을 쓴다. | 디오라마를 제작한다. |
| 배경 음악을 창작한다. | 색 코드를 사용해서 단계들을 확인한다. | 순서화된 계획을 수립한다. | 그래픽 조직자로 구성한다. | 안내 책자를 창작한다. |

## 효과적인 교사 제작 검사는 무엇을 보여 주는가?

다음과 같은 정보를 확인하기 위해 교사 제작 검사를 설계하라:

- 학습된 정보의 양
- 학생의 장점과 요구
- 학습자에게 다음에 필요한 기능이나 개념
- 중재 또는 더 많은 배경 정보를 요구하는 오개념
- 학생이 정보를 어떻게 처리하는가?
- 학습자의 해석

## 체크리스트를 활용하여 교사 제작 검사의 가치 분석하기

□ 검사가 학생이 알고 있는 것을 보여 주는가?
□ 학습자가 이 검사 양식을 사용할 수 있는가?
□ 이 검사를 실시할 가장 효과적인 시간은 언제인가?
□ 검사가 사전 검사와 사후 검사로 활용될 수 있는가?
□ 이 평가를 학습된 정보의 총괄평가로 마지막에 활용하는 것이 더 나은가?
□ 학생이 이 정보나 기능을 과거나 미래 학습을 위한 중요한 연계나 단계로 알 필요가 있는가?
□ 학생들은 검사를 위한 준비가 되었는가?
□ 검사된 정보가 평생 학습을 위해 필요한가?
□ 학생은 정보를 알고 있다는 것을 말하기나 시범 보이기와 같은 다른 방식으로 시연할 수 있는가?
□ 이 학습자에게 어떤 검사 양식이 필요한가?
□ 질 높은 학습자 응답을 위해 적합한 시간이 허용되는가?
□ 각 질문이 명확히 진술되는가?
□ 지시문은 따르기 쉬운가?
□ 검사를 어떻게 채점하고 등급을 매길 것인가?
□ 도구의 어떤 부분이 다른 부분보다 더 많은 점수를 부여할 가치가 있는가?

### 교사 제작 검사를 위한 검사 양식 선택

다양한 평가 양식을 제시할 때 학생들은 각 양식의 세부적인 지시를 따르는 방법을 학습하게 된다. 각 검사 양식을 도입할 때, 해당 양식에 접근하는 방법을 설명하라. 주기적으로 절차를 복습하라. 각 접근에 대한 자신의 사고를 말로 표현하거나 자기대화를 통해 나타내게 하라. 이 방법은 학생들에게 자신의 메타인지 기능을 활용하는 방법을 보여 준다. 또한 학생들에게 여러 가지 평가 양식을 사용하는 방법을 보여 주는 대화를 유도하고 팁을 공유하라.

*진위형(참/거짓)*

학생들이 진위형(true/false: 참/거짓) 문항에 정답을 맞힐 확률이 50%가 된다는 점을 기억하라. 이 평가 양식에서는 추측(guessing)이 매우 중요한 역할을 한다. 진위형(참/거짓) 문항은 점수를 산정하기 쉽다.

*선다형*

선다형(multiple choice) 문제에 접근하고 처리하기 위해 학생들에게 다음과 같은 팁과 전략을 가르쳐라:

- 만일 답을 알고 있다면, 바로 표시하라. 다시 고민하지 마라.
- 대개 두 개의 예상 정답으로 응답을 좁히기는 쉽다.
  1. 둘 중에 조금 덜 명확한 답이 왜 맞지 않은지 설명하라.
  2. 왜 *틀린* 답을 제거하는 것이 쉬운지 설명하라.
  3. 정답을 선택하라.
- 게임 양식으로 선다형 질문에 접근하는 방법을 연습하라. 다음의 팁들을 활용하여 정답을 찾는 중요한 비밀 단서 몇 가지를 설명하라.
  - 답을 전혀 알지 못하면, 추측하라.
  - 한 가지 질문에 너무 오랜 시간을 소비하지 마라. 나중에 다시 보고 표시하라. 일단 넘어가고 다시 돌아오라.
  - 보통 *항상*, *결코 … 않다* 또는 *아무도( … 않다)*라는 단어를 포함하는 선택지는 답에서 제외할 수 있다.
  - 주요 단어와 구절을 찾아라.
  - 만일 "모두 해당함"이라는 선택지가 있다면, 종종 그것이 답이다.

*빈칸 채우기*

학생들은 주어진 정보를 통해 사실과 세부내용을 회상하고 자신의 답을 기록한다. 빈칸 채우기(fill in the blank) 검사는 답으로 제시된 두 개 혹은 세 개의 단어나 단어 은행(word bank)을 포함할 수 있다. 때때로 학습자들에게 빈칸을 채우기 위해 책을 보거나 자신의 노트를 활용하도록 선택하게 할 수 있다. 연습 기회를 주기 위해 일상 수업과 숙제를 부과할 때 예들을 포함시켜라. 다음은 빈칸 채우기, 단답형 질문의 예이다:

- *겨울잠*이란 단어의 정의는 ______________________________.
- ________, ________, ________는 정부의 세 개 부서이다.

*개방형 질문*

개방형 질문(open-ended question)이나 진술은 학생들에게 자신의 말로 상세하게 응답할 수 있는 기회를 제공한다. 이 방법을 흔히 토의 질문이라 불렀다. 검사를 평정하기 위한 준거를 제시하라. 이를 변형하라! 학생이 선택하거나 선정할 수 있는 여러 가지 개방형 질문을 제공하라.

### 예시

- 긴 나눗셈 문제를 해결하는 데 필요한 단계들을 설명하라.
- 세포가 어떻게 분열하는가?

*수행 검사*

수행 검사(performance test)는 실험실 실험이나 시뮬레이션과 같이 학습자의 능력을 보여 주고 이해를 증명하기 위해 설계된 직접 경험 또는 시범을 포함한다. 학생이 알고 있는 것을 보여 주기 위한 계속적인 활동을 포함할 수 있고, 한 번의 수행으로 끝날 수도 있다. 예를 들어, 학생은 이집트가 지도상 어디에 위치해 있는지를 보여 주거나 손으로 시계를 가리켜 구체적인 시간을 나타낼 수도 있다. 학습자는 문제 해결을 증명하기 위해 조작 자료를 활용할 수도 있다. 다양한 수행 평가 아이디어에 대해서는 이 장에 있는 놀라운 마법사(표 8.20 참조)를 참조하라.

*기능 검사*

이 검사 유형은 학생에게 기능을 시연할 기회를 제공한다. 목공 가게에서 새장 만들기, 체육 시간에 배구공 서브하기 또는 컴퓨터 프로그램에서 특정 기능 적용하기 등이 기능 검사(skill test)의 예에 해당된다.

*문제 중심 평가*

문제 중심 평가(problem-based assessment)는 실생활 상황이나 문제를 활용한다. 학습자는 보고서와 공예품 및 수집품을 데이터로 제출한다. 종종 필수적인 질문이나 가설을 선택하여 학생에게 흥미로운 지역이나 주, 국가 또는 세계적인 문제를 조사하게 한다.

## 15. 포트폴리오

*포트폴리오(portfolio)*란 말은 "운반하다"를 의미하는 라틴어 *portare*와 "종이 한 장"을 뜻하는 *folio*에서 유래하였다. *포트폴리오*란 용어는 예술과 기업 분야에서 널리 사용되고 있다. 이들 분야에서 포트폴리오는 미술품이나 보고서, 공식적인 서류 또는 공예품을 넣어 두는 케이스를 의미한다.

교사와 학생들은 교실에서 활동 샘플을 수집하고 조직하기 위해 크기와 모양, 형태가 다양한 포트폴리오를 활용한다. 활동 샘플과 다른 항목들을 완성하고 수집하여 자신의 포트폴리오를 만드는 책임을 학생들 각자가 맡게 될 것이라고 안내하라.

*포트폴리오 평가*

포트폴리오 평가에서, 학생의 진보를 점검하기 위해 학생과 교사, 학부모들은 수집된 활동 샘플을 활용할 수 있다. 포트폴리오 평가의 주요 목적은 성장과 진보를 보여주기 위해 학생들을 참여시켜 자신의 요구와 장점을 평가하고 확인하도록 하는 데 있다.

학습자들의 요구와 장점은 개별적인 포트폴리오 모음에서 확인할 수 있다. 이 정보는 학생들의 수업을 평가하고 안내하는 평가 데이터를 제공한다. 학생의 활동 샘플 분석 결과는 특별한 기준이나 기능에 대한 이해를 반영하는 데이터를 제공한다. 교사는 이러한 정보를 활용하여 학습 격차를 목표로 설정하여 학생이 수업에서 필요한 다음 단계를 받아들이게 한다. 포트폴리오 평가를 통해 도출된 정보는 설계를 안내하기 위한 중요한 도구이다.

다음 사항들을 실행하기 위해 포트폴리오 평가를 설계하라:

- 활동 샘플을 전시
- 학습자들에게 권한 부여
- 진보와 수행의 단계 제시
- 성취 증거 제시
- "나는 할 수 있어."와 같은 자기 효능감 개선
- 학생들에게 자기반성적이 되도록 가르치기
- 자기분석과 자기개선을 위한 방안 제공
- 학생들에게 자기평가와 동료 비평을 통해 더 높은 수준의 사고 안내
- 성취를 통한 진정한 자부심 고양
- 성적의 근거가 되는 증거 제공
- 중재를 위한 요구 확인
- 성공에 대한 공개 행사 창안

## 어떤 것들이 포트폴리오로 활용될 수 있는가?

포트폴리오의 주요 목적은 학생의 최상의 활동과 요구를 반영하는 활동 샘플을 수집하는 데 있다는 점을 명심하라. 만일 포트폴리오 평가 활동이 일 년 동안 한 번 이상 계획된다면, 수집 도구와 수집 과정, 제시 양식을 다양화하라. 포트폴리오 평가 경험을 수집하기 위한 참신한 모둠철을 만들기 위해서는 표 8.21의 예들을 응용하라.

## 포트폴리오 요약본

*요약본(brief)*이란 말은 "요약(summary)"을 의미하는 라틴어 *breve*에서 유래하였다. 요약이란 용어가 중요한 문서를 가리킬 때, 이는 중요한 사실이나 요점을 포함하는 "압축된 버전"을 의미한다.

전통적 포트폴리오의 더 간략 버전, 즉 포트폴리오 요약본은 과제에 참신성을 더해 준다. 포트폴리오 요약본은 활동 샘플에서 학생이 선택한 하이라이트를 포함한다. 다시 말해, 그것은 샘플의 샘플이다. 샘플의 각 항목은 학생의 장점과 요구에 관한 간결하거나 축약된 의견을 포함한다. 이러한 활동 수집 기법은 자료 분석에 필요한 시간을 크게 줄일 수 있기 때문에 전통적 포트폴리오보다 이점이 많다. 교사와 학생이 수많은 세부적인 활동과 활동 샘플을 선별하는 데 소비하는 시간을 줄일 수 있다.

**표 8.21 포트폴리오 옵션**

| 자료 수집 방법 | 표지 디자인 | 페이지 레이아웃 | 수집 과정 | 프레젠테이션 방식 |
|---|---|---|---|---|
| • 폴더<br>• 용기<br>• 보관 상자<br>• 공책<br>• 박스<br>• 엑스레이 폴더<br>• 큰 봉투<br>• 포스터 게시판(접거나 스테이플러로 고정된)<br>• 웹사이트<br>• USB 드라이브 | • 주제 상징물<br>• 개인적 흥미와 취미<br>• 낙서판<br>• 기하학적 모양<br>• 스크랩북 아이디어<br>• 사진<br>• 그림<br>• 웹사이트상의 홈페이지 | • 프레임<br>• 콜라주<br>• 삽화<br>• 범례<br>• 아이디어 스크랩북 만들기<br>• 투명 커버<br>• 사진 앨범<br>• 파워포인트 프레젠테이션 | • 3~4가지 예시<br>• 선정한 문구<br>• 강조<br>• 요약<br>• 전시나 전시품<br>• 웹<br>• 면담<br>• 연구<br>• 독립적인 연습<br>• 사진 | • 구두 보고<br>• 면담<br>• 회의<br>• 대화<br>• 동호회<br>• 가족의 밤<br>• 해설이 포함된 슬라이드 프레젠테이션<br>• 토크쇼<br>• 다큐멘터리<br>• 소책자<br>• 일기<br>• 일지 |

교사와 학생들은 이러한 방법을 활용하여 포트폴리오 요약본을 창안하기 위한 새롭고 혁신적인 방법을 개발할 필요가 있다. 전통적인 포트폴리오에서는 학생들이 자신의 능력을 반영하는 많은 쪽의 분량을 준비한다. 포트폴리오 요약본은 학생이 자신의 최상의 활동을 강조하는 샘플을 선택하도록 도전의식을 부여한다. 포트폴리오의 각 항목은 학습자의 능력에 대한 스냅 사진이 된다. 포트폴리오 요약본 선택 과정에서 학생들은 자신의 일상 활동을 평가하는 방법을 배우고, 자기주도적 학습을 경험하게 된다.

### 예시

나의 최상의 활동은 ____________________________________.

나는 ____________________________의 도움이 필요하다.

포트폴리오 요약본 목록을 위한 샘플 글쓰기 과제는 다음과 같은 내용을 포함한다:

- 자신의 에세이 중에서 가장 잘 쓴 문단을 선택해서 종이 맨 위에 붙여라. 자신의 활동에 대해 2에서 10까지의 척도로 점수를 매겨라. 자신의 활동을 개선시키는 방법을 기술하는 두 문장을 적어라.

- 오늘 우리 수업에서 가장 중요한 사람이나 사건을 25~30단어로 기술하라.
- 오늘 수업에서 다섯 가지 중요한 사실을 열거하라.
- 오늘 학습한 수학의 절차를 보여 주는 문장제 문제를 써라.
- 마지막 다섯 문제를 완성하라.
- 양손 엄지손가락 지문이나 막대 인물(stick characters)을 활용해서 정보를 다시 말하라.
- 그 문구를 다시 말하고, 그것을 자신의 말로 써라. 장면을 만들기 위해 글의 둘레에 하나 또는 그 이상의 상징을 반복 활용하여 도안을 창안하라.
- 다음에 어떤 일이 일어날 것인가? 자신의 생각을 보여 주기 위해 말풍선이 있는 봉선화(棒線畵: stick figure)*를 그려라.

*포트폴리오 요약본 준비 센터*

포트폴리오 요약본 센터를 위해 다음의 자료와 공급 물품을 활용하라:

| | | | | | |
|---|---|---|---|---|---|
| 가위 | 펀치 | 스테이플러 | 형광펜 | 매직펜 | 풀 |
| 반짝이는 펜 | 색연필 | 클립 | 배경 모음 | 스티커 | |
| 색상지 | 형광색 종이와 설계 용지 | | | | |

*쇼케이스(showcase: 공개 행사) 채점*

학생들과 교사들은 포트폴리오 평가를 위해 다음 예와 같은 채점 루브릭을 개발하라:

5. **탁월**(above and beyond)
   - 필요 이상의 활동을 완성
   - 모든 활동을 완료하고 조직
   - 모든 것을 제 시간에 제출

4. **정상**(on track)
   - 모든 과제를 완성
   - 조직화된 활동
   - 제 시간에 완성

* 역자주: 머리 부분은 원, 사지와 체구는 직선으로 나타낸 인체나 동물 그림

3. **부족**(not quite there)
- 한두 부분을 이해하지 못함
- 활동을 잘 조직하지 못함
- 하루 늦게 제출

2. **매우 부족**(thrown together)
- 서너 부분을 이해하지 못함
- 조직하지 못함
- 이틀 늦게 제출

1. **무능력과 무노력**(a "no show" effort)
- 노력하지 않음
- 능력이 보이지 않음
- 제출이 이틀 이상 늦음

| 논평 상자 |
| --- |
| 교사: |
| 학생: |

## 요약

> 교사와 학생들이 검사를 학습한 것을 보여 주는 흥미롭고 매력적인 도전으로 활용한다면, 더 높은 검사 점수와 더 보상적인 학습 경험이 될 것으로 예측한다.
> — Chapman & King(2009a, p. 5)

학습이 끝날 무렵 적합한 평가 도구를 선택하여 학생의 통찰력과 기능과 지식 수준의 진보를 확인하라. 데이터는 학습자가 현 시점에서 알고 있는 것을 나타낸다. 이러한 정보는 다음 학습 단원이나 주제에 대한 계획을 안내한다.

학생들에게 연습과 복습을 위해 습득한 기능을 새로운 방식으로 적용할 기회를 제공하라. 신기성을 활용하여 학습자들의 지능과 학습 양식을 통합한 맞춤화된 접근을 계획하여 습득되지 않은 기능을 가르쳐라. 결과와 계획을 학생들과 공유하라.

학습 단원이나 수업의 일부가 끝날 때, 학습자들을 성공적으로 만드는 전략과 활동들을 확인하라. 도움이 되지 않는 기법들은 버려라. 학습자의 요구를 충족시키기 위한 새로운 방법을 탐구하라. 이러한 접근은 학습 후 형성평가를 교사와 학생들을 위한 새로운 발견을 창출하는 계속적인 모험으로 제시한다.

# 9

# 총괄평가 맞춤형 수준별 · 개별화

**핵심 문제**

학습자들의 다양한 요구를 공식적인 평가에서 어떻게 수용할 수 있는가?

학습자들의 상이한 학습 방식에 적합한 다양한 수업 전략을 사용하여 평가를 준비시켜라. 각각의 평가 경험을 계획함에 있어서, 학습자들의 신체적, 정서적, 학업적 요구를 고려하라. 불안감과 좌절감을 완화시키기 위해 학습자들에게 평가의 목적과 형식, 평가의 각 측면을 알려 줘라.

## 표준화 평가를 어떻게 맞춤형으로 수준별 · 개별화할 수 있는가?

표준화 평가(standardized assessment)는 교사용 매뉴얼에 구체적인 지침과 방향이 제시되어 있다. 이러한 공식적 평가는 구체적인 요건을 포함하고 있다. 지역 교육기관이나 학교의 관리자가 추가적인 지침이나 절차를 만들 수도 있다.

지역 교육기관과 학교 현장의 관리자가 제작한 표준화 평가의 지침과 지시사항은 반드시 지켜져야 한다. 다행히도, 표준화 평가의 일부 측면에는 제한이 없다. 이러한 자율성이 교사로 하여금 평가를 맞춤형 수준별 · 개별화할 수 있는 기회를 준다. 지시된 규정을 실행하기 위한 준비가 되어야 한다. 개별 학생들의 성공 기회를 높여 주는 영역에서 맞춤형 수준별 · 개별화할 수 있는 방법을 찾아라.

각 학습자는 서로 다른 태도와 기능, 성공에 대한 기대를 가지고 검사에 참여한다. 그러나 표준화 평가는 동일한 지시문과 시간제한, 응답 형식과 질문들로 시행된다.

학생들이 교실에서 학습하고 수행하는 다양한 방식과는 관련성이 거의 없다.

## 조절: 교사의 재량

공식적인 절차와 지침 때문에 표준화 평가를 모든 학습자들에게 맞추기는 어렵다. 이러한 규칙과 규정은 교사의 손을 벗어나 있거나, 통제 영역 밖이다. 학생들을 위한 조절을 고려하기 전에 평가에 수반되는 지시문을 철저히 검토하라. 교사의 손에서 *벗어나 있는* 구체적인 요소들을 확인하라. 그리고 평가 경험과 관련된 항목 중 교사가 조절 가능한 것들을 나열하라. 개별 학습자의 요구에 맞추기 위해 이러한 요소들을 조절할 수 있다(Chapman & King, 2009c).

평가 경험 중 개별 학생들에 대한 맞춤형 수준별 · 개별화를 위해 다음과 같은 제안과 팁을 활용하라. 학생들이 편안하게 평가에 임하도록 일 년 내내 일상적인 연습 시간에 변화를 줘라. 예를 들어, 장과 단원을 평가하는 동안 책상을 떼어 놓고, 상황에 맞추어 조정하라.

### 좌석 배치

- 학생들에게 수행하기 편한 장소를 선택할 수 있는 기회를 제공하라.
- 학생 개인의 요구를 충족시키는 구체적인 좌석을 배정하라.
- 점검을 위해 자유롭게 이동할 수 있도록 책상 사이를 띄워라.

### 시간

- 가능하면, 매일 얼마나 많은 평가를 시행할 수 있는지 결정하고, 학생들에게 가장 적합한 시간을 선택하라.
- 학생들의 두뇌를 활기차게 하기 위해 짧은 전환 시간을 계획하여 신선한 공기 속에서 즐겁게 신체 활동을 하게 하라. 만일 평가를 하는 동안에 밖으로 나가는 것이 어렵다면, 학생들을 도전적이면서도 긴장을 풀어 주는 활동에 참여시켜라.
- 가능하면, 학생들이 가장 잘 집중할 수 있는 시간에 평가를 시행하라. 예를 들어, 연구를 통해 고등학생들은 오후에 가장 집중할 수 있는 것으로 밝혀졌다.

### 도구

- 평가 규정과 지침에 적합하다면 학생들이 평가에 성공하기 위한 도구들을 제공하라. 예를 들어, 시험 중에 색인 카드나 자, 표시도구 등 읽기에 도움이 되는 것을 사용하는 것이 허락된다면 학생의 이해를 증진할 수 있다.
- 메모 용지와 계산기, 연필, 플레이스홀더(placeholder), 연필 그립(pencil grips), 지우개 등을 이용할 수 있게 하라.
- 시험응시용 #2 연필을 일 년 내내 "스마트 연필"로 활용하라.
- 평가 중에 학생들에게 매력 있는 참신한 도구들을 사용하라.

### 개인적 요구

- 쉽게 산만해지는 학생에게는 개인 공간을 제공하라.
- 친구에게 의존하는 학생들은 분리시켜라.
- 구체적인 장비를 필요로 하는 특수 요구가 있는 학생을 확인하여 평가 시간 중에 필요한 장비를 사용할 수 있게 하라.

## 긍정적인 검사 환경 조성

교사와 관리자, 학부모는 학생들이 시험에 최선을 다할 수 있도록 준비하고 격려해 주어야 한다. 동시에, 시험에 대한 두려움과 불안을 조장하여 의도치 않게 학생들이 평가를 성공적으로 수행하지 못하게 하는 장벽을 만들 수도 있다. 평가 결과에 대한 강조는 학교와 관련된 모든 사람들에게 많은 압박을 준다. 나아가 높은 평가 점수에 대한 압력은 학습자들에게 더 큰 압박을 준다.

> 우리는 모든 사람이 검사를 두려운 사건이 아닌, 두뇌의 경이로운 능력을 축하하는 행사로 보아야 한다고 믿는다.
>
> — Chapman & King(2009a, p.xi)

두뇌 연구와 상식에 따르면 뇌는 편안하고 위협받지 않는 상태에서 가장 잘 작동한다. 두뇌가 실패에 대한 두려움과 불안, 스트레스를 겪을 때, 학생들에게 도움이 되는 완전한 사고능력을 발휘할 수 없다.

교육자와 학생, 학부모들이 사용하는 평가에 관한 부정적인 암시를 담은 말이나 표현들을 확인하라. 이러한 말들을 일 년 내내 목록에 추가하라. 학교와 집에서 평가의 성공에 장애가 될 수 있는 부정적인 의견이나 활동, 행동들을 의식하라. 학생이 평가를 학습 여행을 촉진하는 가치 있는 경험으로 볼 수 있게 하는 긍정적인 평가 환경을 만들 구체적인 계획을 개발하라.

## 효과적인 지시문 제시

평가에 대한 설명을 마치자마자 곧바로 한 학생이 손을 들고 "그럼 이제 뭘 해야 되죠?"라는 실망스러운 질문을 하는 것은 보기 드문 광경이 아니다. 왜 이런 일이 일어나는 걸까?

다음의 팁을 활용해서 이러한 일들이 발생하는 것을 막아라. 학생들을 지정된 좌석에 앉도록 한 다음 과제 수행에 필요한 것들을 제공해야 함을 기억하라. 학생들이 과제를 수행하기 직전에 지시문을 제공하라. 이러한 지시문은 가능한 한 짧고 간결해야 한다는 점을 기억하라. 절차를 위해 한 번에 하나 또는 두 개의 단계를 제시하는 것이 필요할 수 있다. 이를 통해 이해를 개선시키고, 전달 내용을 명료화하며, 과제 수행 속도를 조절한다. 오해를 피하기 위해 여러 학생들이 지시문을 반복해서 읽게 하라. 이 전략은 어떠한 과제에 대한 지시문에도 효과적이다.

표준화 평가 지침에 제시된 평가 지시문은 대개 인쇄된 대로 정확하게 읽을 필요가 있다. 그렇다면, 중요한 지시 정보에 대해 언어적으로 강조하며 분명하고 또렷하고 친절한 목소리로 읽어라. 가능하면, 사전에 지시문을 검토해 보고, 읽는 연습을 하라.

### 지시문 변형

평가할 때, 지시문을 분명히 이해시키는 것이 중요하다. 평가 지시문을 유목적적으로 제시하고 충분히 설명하여 학생들이 쉽고 정확하게 수행할 수 있도록 해야 한다. 학생들이 같은 정보에 대해 다른 방법으로 실습을 할 수 있도록 형성평가 지시문을 일 년 내내 다양하게 하라. 평가 지시문을 다양하게 하면, 한 가지 방법에서 어려움을 겪는 학생들이 같은 정보에 대해 다른 방식으로 응답할 수 있는 기회를 얻게 된다.

## 시험 치르는 기능 가르치기

검사의 요구사항을 분석하고, 시험 치르는 기능(test-taking skills)을 교실 활동을 동기화시키는 데 활용하는 방법을 결정하라. 학생들은 학교에 다니는 동안 이러한 구체적인 기능을 배우고 연습하고 숙달할 필요가 있다.

### 검사 성공에 필요한 자기조절 기능

검사를 하는 동안 학습자들에게 자기조절 기능을 활용하는 방법을 가르쳐라. 학생들의 정신적 바퀴(mental wheel)가 잘 돌고 바른 궤도로 나아갈 수 있도록 상기시켜라. 평가 시간에 다음과 같은 팁들을 공유하라.

- 자신의 사고를 조절하라.
- 핵심어에 귀를 기울여라.
- 평가 전에 필요한 질문을 하라.
- 과제에 집중하라.
- 시간을 점검하라. 그러면 수행 속도를 조절할 수 있다.
- 최선을 다하라.
- 자신이 아는 것을 보여라!
- 자신의 답을 검토하라.

### 생각이 막히고 정체될 때

학습자들이 검사 문항에 어려움을 느끼거나 문제에 대한 답을 모를 때, 다음 예들과 유사한 전략을 활용하는 방법을 보여 줘라.

- 단서를 찾아라.
- 이 정보를 학습했을 때 자신의 모습을 시각화하라.
- 지시문의 어구를 바꾸거나 단순화하라.
- 작은 덩어리로 나누어라! 정보를 범주나 그룹으로 구분하라.
- 친숙한 대상이나 사람과 비교하거나 대조하라.
- 지시문 속의 모르는 단어를 빼고 읽어라.
- 모르는 단어를 익숙한 단어로 바꿔라.

### 지시문을 이해하기 위한 돌파구 단서

만약 학생들이 무엇을 해야 할지 이해하는 데 어려움이 있다면, 검사 지시문에서 돌파구(breakthrough) 단서를 찾도록 가르쳐라. 다음과 같은 활동을 활용하여 지시문을 읽도록 하라.

#### 꾸며 주는 단어를 찾는 탐정 되기

꾸며 주는 단어(qualifying word)는 다른 단어나 구절의 의미를 강화하거나 수정 또는 제한한다. 이러한 단어들은 진술문이나 질문의 의미를 변화시킬 수 있기 때문에, 꾸며 주는 단어를 찾는 탐정이 되는 것이 중요함을 강조하라.

| | | | | | | |
|---|---|---|---|---|---|---|
| 항상 | 모든 | 전혀 ~ 않다 | 조금도 ~ 않다 | 오직 | 참 | 거짓 |
| ~를 제외한 | 이상 | 이하 | 약간 | 부정적인 | 많은 | 긍정적인 |

#### 부정어 메모하기

접두사는 단어의 의미를 변화시키거나 수정한다. 학생들이 검사 지시문에서 부정적인 단어나 구절을 만드는 접두어들을 숙지하도록 가르쳐라.

영어: un, non, in, il, dis, im, ir, a, ex
우리말: 비, 불, 부, 몰, 무

#### 체크, 체크, 체크

시험을 치르는 동안 학생들이 다음과 같은 자기대화 질문을 자동으로 사용할 때까지 사전에 연습시켜라.

- 나의 답안이 읽기 쉬운가?
- 답안지에 정보들을 정확히 옮겨 적었는가?
- 나의 답이 의미가 통하는가?
- 나의 답을 정확히 표시하거나 기록하였는가?
- 불필요한 표시를 지워야 하는가?

## 평정

평정(grading)에 관해서는 여러 권의 책을 쓸 수 있고, 실제로 많은 책들이 출판되었다. 평정은 여러 면에서 논란의 소지가 있고 감정적인 주제이다. 학습과 평가를 맞춤형으로 수준별 · 개별화하는 데 도움이 되는 몇 가지 평정 지침을 소개한다. 학생들에게 비공식적인 평정과 공식적인 평정을 통합해서 제공하라. 학생의 지식 기반을 보여 주는 과제와 학생의 능력 수준에 기초한 과제를 통해 수집한 결과를 활용하라. 통지표에 기재된 성적은 교과와 관련된 학생의 학업 진보와 학년 수준의 기준을 나타낸다.

행동과 노력, 태도는 능력과 수행의 지표가 아니다. 물론, 이러한 요인들도 학습에 영향을 미치기 때문에 성적표에 기록할 수 있지만, 이 지표들은 별개의 부분이나 다른 형태로 나타낼 필요가 있다.

평정에는 항상 주관성의 문제가 제기된다. 믿을 만한 증거들을 가능한 한 많이 모으고, 이러한 증거들을 반영하여 평정하라.

### 최종 성적

학생들이 자신의 지식 기반 수준에 따라 수행할 때 이들의 활동으로부터 몇 가지 성적을 확보하라. 해당 학년 수준보다 낮은 중재 과제를 수행하는 학생은 이러한 정보를 이해하고 이미 준비되어 있기 때문에 성적이 높을 것이다. 다른 급우들과 같은 수준의 독립 과제를 수행할 때 점수를 가산하라. 많은 학생들의 경우 해당 학년 수준의 과제를 잘 수행하지 못하기 때문에 성적이 낮게 될 것이다. 다시 말해, 학습자에 대한 종합적이고 공정한 관점을 제공하기 위해 학생들의 준비도 수준에 따라 일부 성적을 제공하고, 학년 수준에 기초한 성적도 일부 제공하라.

> 맞춤형으로 수준별 · 개별화된 교실에서 학생의 수행에 대한 실상을 최종 성적에 반영하기 위해서는 평가가 통합되어야 한다.
>
> — Chapman & King(2009a, p.191)

이렇게 수합된 성적은 학생의 현재 학업 수준과 기대되는 학업 수준을 모두 보여 준다. 이러한 평정 과정은 공정하다. 왜냐하면 해당 학년 수준의 기준과 관련된 학생의 수행에 대한 실상을 보여 주기 때문이다.

## 평가 보고를 위한 학부모 회의

학생의 교육 프로그램에서 파트너로서의 지원을 얻기 위해 학부모 회의를 계획하라. 많은 학부모들이 교사들을 어려워한다는 점을 기억하라. 화기애애한 분위기를 만들어라. 학부모들이 자녀의 성공에 중요한 공헌자임을 알게 하라.

다음과 같은 샌드위치 기법을 통해 평가 데이터에 나타난 약점 영역들을 파악하라. 회의를 학생에 대한 칭찬으로 시작한 다음, 분명하고 간결한 설명과 활동 샘플을 가지고 요구 영역에 접근하라. 학생들의 향상을 위한 구체적인 제안을 하라. 학생들에 대한 진심이 담긴 칭찬으로 회의를 마무리하라. 이 접근 방법은 둘 혹은 그 이상의 긍정적인 진술 사이에 부정적인 코멘트를 끼워 넣는 것이다. 학부모들에게 학생들의 학업 성공을 촉진할 수 있도록 보조하고, 격려하고 지원해 줄 수 있는 구체적인 제안을 하라.

다음과 같은 지침을 활용해서 회의 절차를 조직하라:

1. 수집된 자료를 주의 깊게 검토하라. 특히, 학생의 포트폴리오와 관찰 노트를 주의 깊게 검토하라.
2. 두세 학생의 학업적, 개인적 장점에 초점을 두고 회의를 시작하라.
3. 과거의 부정적인 행동이 현재의 수행에 계속 영향을 미치는 경우가 아니라면, 이를 다시 언급하는 것을 피하라.
4. 학습자의 요구 영역을 확인하고 토의하라.
5. 집에서 연습할 수 있는 구체적인 활동의 예들을 제공하라.
6. 긍정적인 논평으로 회의를 마쳐라.
7. 학부모들에게 학생들이 약점 영역을 강화하는 방법을 학습하기 위해 자신이 선호하는 방법을 사용하도록 상기시켜라.

### 예시

- 학생이 예술 활동을 즐긴다면, 기능이나 개념에 대한 삽화를 그려 보도록 격려하라.
- 학생이 동작 활동을 즐긴다면, 기능이나 개념을 실연하도록 격려하라.

8. 부정적인 코멘트와 행동으로 야기되는 학업 성공에 대한 정서적 장애를 강조하라.

9. 학부모들에게 학생들을 지원하고 동기를 유발할 수 있는 구체적인 긍정적 코멘트를 활용하도록 격려하라.
10. 학부모들이 귀중한 시간을 내서 회의에 참여한 것에 대해 칭찬하라.

## 요약

오늘날과 같은 책무성의 시대에, 우리는 평가의 목적이 개별 학습자들을 돕기 위한 방법을 확인하는 데 있음을 항상 기억해야 한다. 학생들은 각각의 형성평가 활동이 개선을 위한 정보 수집을 위해 설계된다는 것을 알아야 한다.

> 학생들이 습득한 지적 자산을 자신의 교육 경험에서 빛나는 순간으로 축하해 주어야 한다: 표준화 검사가 비록 학습의 즐거움에 종종 먹구름을 드리우지만, 이것이 진실이 되어서는 안 된다. 적합하게 구성된 평가 장면은 학습에 대한 사랑을 촉진하는 긍정적 태도와 성공적인 경험을 창출해 준다.
>
> — Chapman & King(2003c, p. 4)

# 10

# 맞춤형 수준별 · 개별화 수업과 융통성 있는 집단 편성 평가

**핵심 문제**

융통성 있는 집단을 편성하여 맞춤형 수준별 · 개별화 수업을 하는 데 자주 활용되는 전략과 활동에 효과적인 형성평가를 어떻게 통합시킬 수 있는가?

맞춤형 수준별 · 개별화 평가의 주요 목적은 적합한 도구와 융통성 있는 집단 편성을 활용하여 개별 학습자들을 진단하는 것이다. 가능하면 언제나, 평가에 대한 긍정적인 태도를 형성해 주는 평가 활동을 선택하거나 설계하라. 매력 있고 도전적인 도구들은 학습자들에게 동기를 유발하여 기억 속에 저장된 정보를 드러내도록 한다. 학생들은 전략적으로 고안된 형성평가에서 정신적인 장벽과 부정적인 느낌을 없애는 데 능동적으로 참여할 수 있다.

이 장에서 다루는 수업 전략들은 테크놀러지와 주사위 기법, 선택 보드와 일정표 활용을 포함하고 있다. 스테이션과 학습 구역을 설정하기 위한 아이디어들을 제시하고 있다. 팁과 기법, 제안을 학습자들의 평가 요구에 적응시켜라. 효과적인 형성평가와 개별화 계획을 위해 융통성 있는 집단 편성 시나리오와 설계를 활용하라.

## 평가에 테크놀러지 활용하기

테크놀러지(technology)는 교수-학습을 위한 평가를 촉진시킨다. 테크놀러지는 전략적으로, 적합하게 계획되어야 한다. 테크놀러지 활용의 단점은 시간을 때우거나 소일거리로 테크놀러지에 의존하는 것이다. 평가 테크놀러지와의 상호작용을 보상적이고 생산적이 되도록 하라. 평가 테크놀러지는 학습 전과 학습 중, 학습 후에 활용할 수 있는 효과적인 평가 도구이다. 테크놀러지 활용 평가 경험을 학급 전체나 혼자 학습하는 개인, 파트너와 함께 또는 소집단을 위해 설계할 수 있다.

## 테크놀러지 소프트웨어

양질의 평가 계획을 돕기 위해 소프트웨어 옵션에 친숙해져라. 일부 소프트웨어는 구매하거나 채택된 시리즈 및 패키지와 함께 "공짜로 주는 것(freebies)"을 얻기도 한다. 각 자원이 학생들의 요구와 평가 기준에 맞는지 철저히 검토하라. 또한 각 부분이 지루함이나 흥미를 유발하는지에 대해 주의 깊게 평정하라. 만일 지루하거나 필요한 요구를 충족시키지 못하는 자원이라면, 활용하지 마라. 학습자들을 위해 설계되지 않은 자료에 대한 전면 활용을 경계하라.

예를 들어, 일부 회사들은 각 단원이나 장에 대한 사전검사와 사후검사를 보유하고 있다. 그것은 글로벌한 관점에서 작성되어 종종 당신의 기준과 관련이 없을 수도 있다. 사전검사와 사후검사를 생산적인 평가로 만들기 위해 다음과 같은 제안들을 활용하라:

- 각 문항을 읽고, 확인된 기준과 개념 및 기능을 다루지 않은 것들을 제외시켜라. 학생들에게 이런 문항들은 건너뛰라고 말하라.
- 만일 프로그램을 해제할 수 없다면, 학생들의 요구를 더 잘 수용할 수 있도록 문제를 재배열하라.
- 쉬운 문항과 어려운 문항을 섞어라.
- 검사가 학생들의 요구에 맞지 않는다면, 자신이 직접 검사를 설계하라.

## 테크놀러지를 활용하는 수행 평가

수행 평가에서, 학습자들은 자신이 알고 있는 것을 보여 주는 결과물을 창출한다. 테크놀러지는 학습자들에게 유혹적이고 매력적인 평가를 제공한다. 평가 활동을 맞춤형 수준별 · 개별화하기 위해 다음 예들을 독립적인 평가나 소집단 평가로 활용할 수 있다. 이러한 예들을 평가 선택 보드로 설계해서 교실에 전시할 수도 있다:

- 상호작용 화이트보드로 실증하라.
- 파워포인트 프레젠테이션을 개발하라.
- 웹페이지를 설계하라.

- 팟캐스트(podcast)를 제작하라.
- 블로그 토론회를 조직하라.
- 수업용 게임을 개발하라.
- 비디오를 제작하라.

다음과 같은 경우에 테크놀러지로 평가하라:

- 도구가 정보에 부합한다.
- 도구가 관련성이 있다.
- 도구가 학습자들의 요구에 부응한다.
- 도구가 즉각적인 결과와 피드백을 위한 건설적인 데이터를 제공한다.
- 도구가 지식을 실증하기 위한 가장 효과적인 방법을 제공한다.
- 대안적인 평가가 필요하다.
- 학생은 도구 사용에 대해 철저한 수업을 받았다.
- 학생은 도움이 거의 없거나 전혀 없이 테크놀러지 활용 방법을 알고 있다.
- 수업 계획을 맞춤화하기 위해 수집된 데이터를 활용할 수 있다.

## 테크놀러지 기반 평가 도구

시장에는 평가를 위해 활용할 수 있는 흥미진진한 도구들이 많다. 다음 목록을 테크놀러지 기반 평가 도구에 추가하라:

| | | |
|---|---|---|
| 디지털 포트폴리오 | 캠코더 | 오디오 녹음기 |
| 스캐너 | 디지털 카메라 | 플립 비디오 카메라 |
| 리모컨 시스템 | 상호작용 보드 | 휴대용 컴퓨터 |

테크놀러지는 평가에서 중요한 역할을 하기 때문에 교수-학습에 핵심 도구가 되고 있다. 검사 데이터를 기록하고 공유하는 동안, 개인별 진보를 점검하고 일화를 기록하기 위해 이런 도구들을 사용할 수 있다. 이메일, 블로그, 학교 웹사이트와 토론회를 통해 학부모와 학생들과 의사소통하는 것도 또 다른 이점이다. 교사들은 수업 계획과 중재, 숙제, 평가 결과 및 소식을 게시하여 열린 의사소통 라인을 유지할 수 있다. 평가 경험을 향상시키기 위해 최신 장비와 전문용어, 유용한 도구, 연구, 프로그램 그리고 혁신적인 테크놀러지 발전을 잘 파악하라.

## 주사위 기법 평가

주사위 기법(cubing) 활동은 학생들에게 평가에 대한 선택권을 제공하고 사고에 참신성을 더해 준다. 종이 상자나 발포 고무 조각 또는 정육면체 용기로 주사위를 만들어라. 주사위 기법 활동을 창안하기 위한 또 다른 방법은 표 10.1에 제시된 것처럼 평면 위에 6가지 항목을 적는 것이다.

1. Bloom의 분류 체계에 제시된 사고 영역으로부터 단어를 선택하라. 다음 예처럼 주사위의 각 면에 한 가지 용어를 배치하라. 특정 교과에서 학생의 사고 수준을 평가하기 위해 용어를 맞춤화하라. 인물이나 장소, 사건, 주제, 항목, 용어 또는 명사를 게임 주제로 선정하라.
2. 학생은 주사위나 원판 또는 비밀 번호를 사용하여 주사위의 한 면을 선택한다.
3. 각 학생은 자신이 선택한 행운의 수에 따라 그 용어를 사용하는 명사에 대해 보고한다.

**표 10.1 주사위 기법 평가의 예**

| | |
|---|---|
| 1. 제안하다 | 2. 시범 보이다 |
| 3. 등급 매기다 | 4. 기술하다 |
| 5. 예측하다 | 6. 정의하다 |

### 주사위 기법 평가 활동의 변형

- 학습 내용 중에서 개념이나 주제, 어휘 또는 인공물에 적합한 6가지 용어를 선택하라.
- 한 가지 대상을 선택하여 이를 서술하는 용어를 주사위에 배정하라. 학생의 요구에 따라 글로 쓰는 활동이나 구두 활동을 할 수도 있다.

- 전체적으로 한 가지 대상을 선정하여 선택된 주사위에 제시된 용어 각각에 대해 토의하라.
- 센터에서 주사위 기법 활동을 활용하라. 학생들은 해당 용어를 사용하는 주제나 어휘 또는 개념에 대해 그림을 그리거나 글을 쓴다.
- 주사위를 굴려서, 주사위의 수에 대응하는 용어를 사용하여 대상이나 단어 또는 개념을 적용하라. 만일 두 학생이 주사위를 굴려서 동일한 수가 나오면, 각자가 서로 다른 방식으로 단어를 적용하게 한다.
- 주사위 각 면의 특정 주제에 대해 서로 다른 평가 활동을 할 수 있도록 주사위 기법을 설계하라. 학습자는 주사위를 굴려서 과제를 선택한다.

## 선택 보드

평가 선택 보드는 학습자들이 자신의 이해와 현재 지식을 실증하는 다양한 방식을 제공한다. 선택 보드는 기준이나 기능, 레슨, 장, 단원 또는 평정 시기와 같은 학습 요소에 관한 정보를 평가할 수 있다. 선택 보드에 대한 각각의 평가는 학생들의 확인된 요구와 능력과 흥미를 충족시키기 위해 구체적으로 설계할 수 있다.

선택은 학습에서 자신감을 고양하고 독립성을 촉진하고, 책임감을 길러 주며, 학생들에게 주인의식을 심어 준다. 선택 보드는 학생들이 평가 활동을 선택할 수 있는 기회를 제공하기 때문에 동기를 유발한다. 보드는 교사들에게 모든 교과 영역과 기능에 대한 평가 과제를 창안할 수 있는 융통성 있는 도구를 제공한다.

### 선택 보드 설계하기

선택 보드를 설계하기 전에 학습자들이 얼마나 많은 선택 경험이 있는지 고려하라. 만일 학생들이 선택을 결정할 기회가 거의 또는 전혀 없었다면, 두 가지 선택지로 시작하라.

#### 예시

- 정사각형의 외곽선을 활용해서 4가지 선택지를 만들어라.
- 삼목 게임(tic-tac-toe)의 외곽선을 활용해서 9가지 선택지를 만들어라.

- 빙고판 외곽선을 활용해서 25가지 선택지를 만들어라.

## 신기성 추가하기

선택 보드에 신기성을 추가하기 위해, 선택 보드 배경으로 주제나 계절별 모양, 외곽선 또는 독특한 도안을 활용하라. 이러한 모양을 시도하여 외곽선을 그리거나 자신의 모양을 창안하라!

| | | | |
|---|---|---|---|
| 바퀴 | 손 모양 | 피자 | 무지개 |
| 로켓 | 피라미드 | 깃발 | 펼쳐진 책 |
| 나무 | 구름 | 두루마리 | 계절성 품목 |

가장 효과적인 선택 보드 중 하나는 학생들의 브레인스토밍 아이디어를 반영하여 설계하는 것이다. 이러한 선택 보드는 학생들이 많은 자기평가 전략을 학습하고 그것을 활용하여 연습하는 매력적인 방법이다. 다음의 지침을 활용하여 평가 경험을 위한 양질의 선택 보드를 창안하라:

1. 선택 보드 활용을 위해 준거와 평가를 수업 계획의 어느 위치에 배치하는 것이 적합한지 선택하라.
2. 평가 선택 활동의 광범위한 목록을 브레인스토밍하라.
3. 학습 기준을 위한 학생의 평가 요구에 적합한 목록의 활동 옆에 체크 표시를 하라.
4. 체크 표시의 수를 세라.
5. 선택된 활동의 수에 맞는 모양을 활용하여 선택 보드를 그려라. 예를 들어, 5개의 꽃잎으로 구성된 꽃송이를 활용하거나 문어의 다리를 활용하여 8개의 선택지를 만들어라.
6. 각각의 선택된 활동을 선택 보드 위에 배치하라.
7. 선택된 활동에 번호를 매겨라.

*변형:* 와일드카드를 하나의 옵션으로 활용하라. 와일드카드가 선택되면, 교사의 승인하에 학생이 평가 도구나 전략을 창안한다.

## 선택 보드를 현명하게 활용하기

선택 보드는 융통성 있는 평가 도구이다. 다음 목록은 과제를 제시하기 위한 여러 가

지 방안을 포함하고 있다:

- 삼목 게임이나 빙고 게임을 위한 승리 전략에 기반을 둔 과제를 제시하라. 예를 들어, 다음과 같은 지시문을 사용하라: 수평선이나 수직선 또는 대각선의 가로 활동을 완성하라.
- 초보 학습자를 위한 평가 활동을 짝수 부분에 배치하라. 습득 수준이 높은 학생들에게 도전의식을 부여하기 위해 설계된 평가 활동은 홀수 부분을 활용하라.
- 학생들에게 무작위 선택 과정을 활용할 기회를 제공하는 과제를 창안하라. 예를 들어, 이런 지시문을 사용하라: 선택 보드에서 세 가지 활동을 선택하라.
- 학습자의 요구에 적합한 구체적인 항목들을 배정하라. 다음과 같은 예들을 고려하라:
    - 선택 보드에서 평가 활동의 맨 아래 열을 완성하라.
    - 네 개의 코너에 있는 활동들을 완성하라.
- 각 행 위에 A, B, C, D와 같은 글자를 배치하고, 열에는 1, 2, 3, 4 번호를 매겨라. 개인이나 집단의 요구를 수용하기 위해 구체적인 평가 활동을 전략적으로 배치하라. 예를 들어, A4, C2, D3과 자신이 선택한 활동을 완성하라.
- 와일드카드 공간에는 매우 중요한 기능을 배치하고, 그것을 과제 해결을 위한 요구조건으로 하라. 다음과 같은 예들을 고려하라:
    - 모든 사람이 와일드카드를 포함하는 열을 완성해야 한다.
    - 와일드카드 공간에 있는 활동과 자신이 선택한 두 가지 활동을 완성하라.

*주의사항*: 가능하면 언제든지 학생에게 선택 보드 평가 활동을 설계하고 선택할 기회를 제공하라.

교육 컨설턴트이자 트레이너인 Liz Bennett는 교사들에게 학습을 희생하며 선택을 제공하지 말라고 환기시킨다. 학생들은 자신의 강점 학습 양식과 지능과 흥미에 맞게 자연스럽게 선택한다. 모든 상황에서 선택권이 제공되면, "학생들의 강점은 더 강해지고 약점은 더 약해진다". 학생들의 총체적 지식과 건전한 설계 전략을 활용하여 선택 평가 활동이 언제 가치 있는 경험이 되는지 결정하라.

표 10.2는 학생들이 텍스트 구절이나 구체적으로 선택한 읽기 내용, 단원이나 교과에서 학습한 것을 보여 주는 혁신적인 방법을 제시하고 있다. 학생들에게 평가 활동을 위한 루브릭이나 체크리스트를 제시하여 성공의 준거와 지표를 알게 할 수 있다.

**표 10.2 평가 선택 보드**

| 주제 ____________________ | | |
|---|---|---|
| 1. 아이디어 나무를 활용하여 ________의 인과관계를 나타내라. | 2. 자신이 좋아하는 인물에 관해 학습한 정보를 봉선화(stick figure)로 묘사하라. | 3. 두 사건을 벤다이어그램으로 비교하고 대조하라. |
| 4. 개념 지도를 활용하여 중요한 세부내용을 조직하라. | 5. 중요한 사건에 대한 계열 차트를 설계하라. | 6. 다섯 가지 중요한 사실을 손 조직자(hand organizer)에 배치하라. |

학생들에게 선택 보드를 위한 평가 전략과 도구를 설계할 기회를 제공하여 도전의식을 제공하라. 학생들이 평가 활동을 창안하는 방법을 알게 되면, 독립적으로 학습하는 동안 이러한 전략을 자기평가 도구로 적용할 수 있다.

자기선택(self-selection)은 평가 과정에서 학습자들에게 발언권을 제공한다. 학생들은 자신이 아는 것을 보여 주기 위해 다양한 방식으로 정보를 적용할 수 있도록 하는 선택 활동을 즐긴다.

## 일정표 평가

일정표(agenda)는 개별 또는 소집단의 요구를 충족시키기 위해 전략적으로 설계된 구체적인 과제이다. 일정표를 때로는 메뉴라고도 한다. 평가 일정표는 개인이나 소집단 학생들이 상이한 기능이나 주제, 개념, 흥미, 정보 또는 전략에 대한 경험을 요구할 때, 학습 시간을 관리하기 위해 사용된다. 학생(들)은 다른 집단 구성원들이 다른 수업이나 활동을 하는 동한 일정표에 따라 활동한다.

교사는 일정표 과제 속의 활동 목록을 설명하고 마감 시간을 정한다. 일정표는 선택한 활동이나 완료 순서 또는 각 항목에 대한 수행 속도와 같은 학생 선택을 위한 기회를 포함할 수도 있다. 과제는 폴더나 차트 또는 명시된 구역에 수합된다. 견본 일정표는 표 10.3을 참조하라. 학생은 자신의 준비도 수준에 맞게 설계된 상세하고 개요가 서술된 숙제와 과제를 독립적으로 학습할 수 있다.

학습 일지를 작성하기 위해 일정표 항목을 점검하거나 일상적으로 평가할 수 있다. 학습자들이 정규 평가에 참여함으로써, 자신의 요구와 진보 정도와 성공에 대해 알게 된다.

**표 10.3 일정표 평가**

학생 ______________________ 날짜 __________

□ 물건 찾기 게임(scavenger hunt)을 시작하고 _______ 에 관한 _______ 사실들을 찾으시오. 스티커 메모지를 사용해서 발견된 각각의 사실을 표시하시오. 각 사실에 관한 세부내용을 스티커 메모지에 적으시오.

□ _______ 로부터 학습한 것에 관해서 콜라주를 만드시오.

□ _______ 컴퓨터 프로그램에서 10개의 이야기 문제 중 5개를 완성하시오.

□ 평가 선택 보드에서 2개의 활동을 선택해서 완성하시오.

날짜 ______________________________

학생 서명 ______________________________

교사 서명 ______________________________

반성, 논평, 제안

______________________________________________

______________________________________________

______________________________________________

______________________________________________

## 일정표 계획 평가

일정표 계획을 평가하기 위해 다음 목록을 활용하라.

양질의 평가 일정표는 학습자가 다음 활동을 할 수 있게 한다:

______ 1. 필요한 기준과 내용으로 학습한다.

______ 2. 습득한 지식의 증거를 보여 준다.

______ 3. 도전의식을 느낀다.

______4. 적합한 속도로 학습한다.
______5. 과제를 학습하기 위한 순서를 선택한다.
______6. 독립심을 개발한다.
______7. 개인적인 시간을 관리한다.
______8. 자신의 준비도 수준에 따라 학습한다.
______9. 반성적인 평가 활동을 포함한다.

## 평가를 위한 스테이션과 센터, 학습 구역

결과물을 창출하는 조작도구와 기회를 활용하여 도전의식을 제공하는 집중적인 평가를 위해 다양한 스테이션이나 실험실 또는 센터를 활용하라. 학습자의 능력과 지식을 평가할 수 있는 가장 좋은 때는 개인이 자신의 속도로 능동적으로 참여할 때이다(Chapman & King, 2008).

### 탐구 스테이션

탐구 스테이션은 학습자들의 수행 경험을 평가할 수 있는 훌륭한 장소이다. 자료를 제공하고 규칙을 정하라. 학생들은 자신이 선택한 학습 양식을 활용해서 제공된 항목들을 활용하여 발견하고, 발명하며, 창조하고 처리한다. 학생들의 사고 과정을 분석하고, 자신들의 행동을 설명할 기회를 제공하며, 어떤 일이 어떻게 왜 일어났는지 해석하는 적합한 질문을 하여 평가하라. 질문에 대한 응답을 활용해서 다음에 학생에게 무엇이 필요한지를 결정하라. 학습자들이 교과 영역 속의 주제를 탐색할 수 있도록 탐구 스테이션을 설계하라.

탐구 스테이션을 위해 다음의 지침과 규칙을 적용하라:

- 스테이션에 제공된 항목만 활용하라.
- 적절한 공간에서 학습하라.
- 다른 사람을 존중하라.
- 자료를 현명하게 활용하라.
- 지정된 구역에서 결과물을 전시하라.

- 떠나기 전에 학습 구역을 정리하고 청소하라.

### 탐구 스테이션에 대한 평가

- 학습자가 과제에 집중한다.
- 이 스테이션은 시간을 효율적으로 사용한다.
- 활동들이 사고와 탐구를 촉진시킨다.
- 자료가 적합하고, 유용하며 접근이 용이하다.
- 참여자의 마음에 참신한 방식으로 도전의식을 유발한다.

## 구조화된 스테이션

어떤 교과에서든지 특정 주제나 기능에 대해 구조화된 스테이션을 설계할 수 있다. 학생들이 수행해야 할 과제와 절차를 정한다. 적합한 자료가 제시되고 규칙을 정한다. 다음의 지침을 적용해서 구조화된 스테이션 평가 활동을 위한 과제를 개관하고, 규칙을 제시하고 자료를 선정하라.

### 구조화된 스테이션 과제

1. 자신이 학습한 정보를 가르치기 위한 모형을 창안하라.
2. 공작용 판지 위에 모형을 배치하라.
3. 모델 위나 가까이 잘 보이는 공간에 자신의 이름을 써라.
4. 지정된 공간에 자신이 학습한 것을 전시하라.

### 규칙

- 제공된 자료를 활용하라.
- 지시를 따르고 완성하라.
- 적절한 공간에서 학습하라.
- 떠나기 전에 스테이션과 학습 구역을 청소하라.
- 오늘 스테이션에서 알게 된 자신의 문제점과 성취한 성공을 글로 써라.

### 구조화된 스테이션 평가

구조화된 스테이션을 설치하고 실행할 때 다음 체크리스트로 평가하라:

______목표와 목적이 확인된다.
______지시와 절차가 분명하고 간결하다.
______과제가 정의되고 수행하기 쉽다.
______감독 없이 활동을 완수할 수 있다.
______자료들이 유용하고 접근이 용이하다.
______시간을 효율적으로 활용한다.

### 평가 스테이션 관리 팁

평가 스테이션은 대개 교사가 배정한다. 가능하면 언제든지, 학생들이 개별적으로 또는 짝과 함께 활동하는 것을 포함하는 과제를 어디에서 어떻게 완성할 것인지 선택할 수 있는 기회를 제공하라.

사인이나 명칭을 고안하여 학생들이 자료나 워크스테이션의 위치를 알게 하라. 만약 교실을 이동하기 어려우면, 학생들이 자기 책상 둘레에 특별한 작업공간을 만들도록 허용하라. 플라스틱 가방이나 폴더나 상자 속에 보관된 자료들로 가치 있는 스테이션을 만들 수 있다. 자료들을 사용해서 스테이션의 이름과 규칙, 지시와 절차를 만들어 잘 보이는 공간에 게시하라.

스테이션은 바쁘기만 하고 별로 쓸모없는 일을 하거나 시간을 낭비하려는 의도로 만들어진 것이 아니다. 만약 스테이션이 제대로 기능을 하지 못하거나 학생들이 규칙을 따르지 않는다면, 스테이션을 폐쇄하라. 생산적인 장소의 역할을 할 때, 스테이션을 개방하라. 스테이션에 일시적인 개방과 폐쇄 표시를 설계하는 것이 재미있고 실제적이다.

#### 예시

| | | |
|---|---|---|
| 수리 중 | 영업 중 | 개방 |
| 개장 | 재건축 중 | 폐쇄 |

### 스테이션 시간 평가

스테이션 시간 평가의 가장 생산적인 측면은 학생이 과제를 해결하는 동안 자신의 사고를 어떻게 처리하고 해석하는지에 대한 데이터를 제공할 수 있다는 점이다. 스테이션 시간 평가는 또한 특정 영역에서 개인의 단점이나 장점을 확인할 수 있는 정보를 제공한다. 워크스테이션(workstation) 시간을 제공하는 목적은 학생이 알고 있는 것에 통찰력을 제공하는 중요한 관찰 내용을 기록하는 데 있다. 맞춤형 수준별 · 개별화 수업을 계획하기 위해 형성평가 데이터를 기록하고, 해석하고, 활용하라.

### 스테이션 시간을 위한 질문

학습자의 마음을 탐색하고 사고를 확장시키기 위해 다음과 같은 개방형 질문(open-ended questions)을 활용하라:

- 당신이 무엇을 하고 있는지 내게 말해 주세요.
- 당신은 ______을 어떻게 했어요?
- 이것에 관해 더 많은 것을 내게 말해 주세요.
- 당신은 왜 ______을/를 활용했나요?

## 융통성 있는 집단 편성에 대한 평가

융통성 있는 집단 편성 전략은 수업 또는 평가에 대한 학습자의 요구를 수용한다. TAPS라는 약어는 평가 집단을 설계하기 위한 4가지 기본 방식을 대변한다.

T = 전체 집단(Total Group)　A = 개별(Alone)
P = 조별(Partners)　S = 소집단(Small Group)

| | |
|---|---|
| **전체 집단** | 학습이 끝나면 학급 전체를 평가한다. 모든 학생들에게 동일한 지시와 기대가 설정된다. |
| **개별** | 각 학생은 구체적인 평가 과제에 대해 독립적으로 학습한다. |
| **조별** | 두 명의 학생이 함께 학습한 다음 개방형 질문이나 브레인스토밍 활동, 토의 주제, 프로젝트나 프레젠테이션으로 평가받는다. |
| **소집단** | 4~6명의 학생들이 평가 과제를 학습한다. 각 집단 구성원은 자신의 학습에 책임을 진다. 학생들이 서로 배우면서 도전적이고 협력적인 과제와 토의를 하는 동안 개별적인 장점과 재능이 발휘된다. |

## 집단 편성 결정

학생이 독립적으로, 조별로, 소집단으로, 전체 집단으로 학습하는 것 중 어느 방법이 최선인지는 교사가 결정한다. 다음 질문지는 학습 전과 학습 중, 학습 후에 최적의 집단 편성을 평가하기 위해 고안되었다. 각 집단 편성 시나리오의 장점과 단점을 고려하라. 응답을 분석하여 전략의 효과성을 결정하라. 특정 학생의 요구를 충족시키기 위해 융통성 있는 집단 편성 방법을 기억하라.

### *T*: 전체 집단

#### 수업 전 평가하기

- 수업의 어떤 부분을 전체 집단에 가르쳐야 하는가?
- 이 자료와 이들 개념에 대한 학급 전반의 준비 상태는 어떠한가?
- 적합한 시각자료와 소품, 그래픽, 기타 자료들이 가용한가?
- 전체 집단 활동을 형식적, 비형식적으로 어떻게 평가할 것인가?

#### 학습 중 평가하기

- 학생들이 적합한 기준이나 기능 또는 내용을 학습하고 있는가?
- 학생들이 집중하여 잘 듣고 있는가?
- 학생들이 긍정적인 태도를 보여 주는가?
- 학생들이 정보를 적용하는 활동에 참여하는가?
- 학생들이 정보를 계속 파지하는가?
- 학생들의 다양한 요구를 충족시키기 위해 계획을 수정하고 재조정하는가?
- 시간을 생산적으로 사용하는가?

#### 전체 집단 경험 후 평가하기

- 학생들의 반응이 학습하고 있다는 것을 보여 주었는가?
- 소품과 시각자료 및 수업 자료가 학습을 향상시켰는가?
- 가르치고 배우는 활동이 목표와 기대를 충족시켰는가?
- 다음에 학생들에게 필요한 것은 무엇인가?

### 전체 집단

| 단점 | 장점 |
|---|---|
| 관리가 어렵다.<br>학생들이 과제에서 벗어나기 쉽다.<br>수준별 · 개별화가 어렵다.<br>개별적인 참여 수준이 낮다. | 모든 학생에게 동일한 지시를 한다.<br>교사 주도적이다.<br>시간이 절약된다.<br>학생들이 동료들로부터 논평을 듣는다. |

## *A*: 개별

### 수업 전 평가하기

- 사전평가 데이터에 따르면, 누가 없애야 할 특별한 격차를 가지고 있는가?
- 학생들이 어떤 과제를 개별로 학습해야 하는가?
- 선택 보드를 설치해야 하는가?
- 일부 학생들에게 개인별 일정표가 필요한가?
- 이 학생은 다음에 무엇을 학습해야 하는가?
- 학생들은 개별로 어떤 기능을 연습해야 하는가?
- 각각의 경험을 어떻게 평가할 것인가?
- 어떤 중재가 필요한가?

### 학습 중 평가하기

- 학생이 과제에 대해 도전의식을 가지는가?
- 학생이 과제에 집중하는가?
- 학생이 이해 여부를 어떻게 실증하는가?

### 학습 후 평가하기

- 학습자가 과제를 성공적으로 완성했는가?
- 학생은 무엇을 학습했는가?
- 학생의 장점과 단점은 무엇인가?
- 평가 결과가 무엇을 보여 주는가?

- 다음에 학생에게 필요한 것은 무엇인가?

### 개별

| 단점 | 장점 |
|---|---|
| 다른 학생들로부터 학습할 기회가 없다. | 개별적인 책무성이 있다. |
| 부정확하게 연습할 수 있다. | 자신의 속도로 학습한다. |
| 각 개인을 평가하기가 더 어렵다. | 요구 수준에 따라 학습한다. |
| 상호의존성이 없다. | 개별적인 선택을 한다. |
| 구체적인 계획을 설계하기가 더 어렵다. | 독립성이 향상된다. |

## *P*: 조별

### 수업 전 평가하기

- 어떤 과제가 조별 학습에 가장 효과적인가?
- 조를 구성하기에 가장 유리한 방법은 무엇인가?
- 동료 대 동료 개인교수가 필요한가?
- 각 조별 활동을 어떻게 평가할 것인가?
- 계획 속에 개별 책무성이 포함되어 있는가?

### 학습 중 평가하기

- 조별로 사회적으로 잘 지낼 수 있는가?
- 짝이 과제에 기여하는가?
- 조별로 과제에 집중하는가?
- 각 개인에게 과제가 생산적인 학습 경험인가?

### 조별 경험 후 평가하기

- 짝이 각각 무엇을 학습했는가?
- 각 팀이 다음에 무엇을 학습해야 하는가?
- 학습한 것을 조별로 어떻게 공유할 것인가?

- 짝이 차후의 과제에서도 그대로 유지되어야 하는가?

### 학습 평가 후 조별로 공유하기: 비형식적

조별 활동에는 모든 학습자들이 참여한다. 두 명의 개인이 함께 활동할 때, 한 학생이 이야기하는 동안 다른 학생은 듣거나 메모한다.

조별 평가를 생산적인 경험으로 만들기 위해 다음과 같은 "주목할 만한 메모 스포트라이트"와 유사한 아이디어를 활용하라:

- 자신이 학습한 두세 가지 일들에 대해 개별적으로 짧게 메모하라.
- 메모한 후, 짝을 찾아라.
- 누가 짝 A가 되고 누가 짝 B가 될 것인지 결정하라.
- 자신의 메모를 교대로 공유하라.

### 변형

- 짝들이 메모를 한 번에 다 읽은 다음, 토의하기에 좋은 메모를 선택하라.
- 짝 A와 B는 교대로 각각 하나의 메모를 공유한다. 모든 항목들이 공유될 때까지 계속하라.
  - 짝 A가 한 항목을 공유한다. 그 다음 짝 B는 짝 A가 읽는 항목과 관계있는 것을 공유한다.
  - 그 다음 짝 A가 짝 B의 메모와 관계있는 메모를 공유한다. 모든 메모가 토의될 때까지 교대로 계속 공유한다.

### A/B 조별: 공유-연결 사고

이 활동은 학생들이 학습한 것을 다른 사실에 연결하는 방법을 연습할 수 있게 한다. 교사는 학생들이 이 활동을 수행하는 기능을 관찰한다. 이 기능을 개발시키기 위해 약간의 수업과 안내 및 연습이 필요할 수 있다.

각 학생은 개별적으로 학습한 두세 가지 일들을 적는다. 학생들은 열의 있는 짝과 만나서 누가 짝 A와 짝 B가 될 것인지 결정한다. 짝 A가 사실과 정보를 공유하면서 시작한다. 교사가 박수를 치면, 짝 B는 짝 A의 마지막 단어로 시작하여 계속 더 많은 것을 사고한다. 교사가 다시 박수를 치면, 짝 A는 짝 B의 마지막 단어로 시작하여 주제와 관련된 다른 사실들과 연결한다.

짝들은 자신들이 작성한 진술을 다음과 같이 공유한다:

- 짝 A가 한 항목을 공유한다.
- 짝 B는 그 항목과 관계있는 다른 항목을 공유한다.
- 짝 A는 짝 B의 마지막 생각과 연결되는 두 번째 항목을 공유한다.
- 짝 B는 두 번째 관련 항목을 공유한다.

이 활동은 교사가 신호를 줄 때까지 계속된다. 짝들이 학습한 것과 관련된 모든 진술을 공유하고 나면 교사에게 신호를 보낼 수 있다. 이 활동은 매우 재미있고 도전적이다.

## 학습 조별 팀 평가하기

| 1. 학생들이 지시를 따르고 있는가? | 예 | 아니오 |
|---|---|---|
| 2. 학생들이 필요한 자료를 가지고 있는가? | 예 | 아니오 |
| 3. 학생들이 목표에 따라 학습하고 있는가? | 예 | 아니오 |
| 4. 학생들이 과제를 수행 중인가? | 예 | 아니오 |
| 5. 학생들이 정보를 학습하고 있는가? | 예 | 아니오 |
| 6. 팀은 생산적인가? | 예 | 아니오 |
| 7. 학생들이 협력적으로 학습하는가? | 예 | 아니오 |
| 8. 파트너의 최상의 활동은 ___________ 때 일어난다. | | |
| 경험에 관한 논평<br><br>파트너 A 반성<br><br>파트너 B 반성<br><br>교사 논평 | | |

### 조별

| 단점 | 장점 |
|---|---|
| 결과물에 대한 소유권이 공유된다.<br>개별적인 학습을 평가하기가 어렵다.<br>과제에서 벗어난 행동을 하기 쉽다.<br>학습 부담이 공평하지 않을 수 있다. | 참여 기회를 제공한다.<br>학생 중심의 학습을 촉진한다.<br>신뢰감을 형성한다.<br>대인관계 요구를 충족시킨다. |

## *S*: 소집단

소집단은 과제를 완성하기 위해 모든 구성원들이 협력할 때 효과적으로 학습이 일어난다. 개별적인 책무성을 부여하기 위해 각 팀 구성원들에게 구체적인 과제를 부과하라.

### 수업 전 평가하기

- 학습해야 할 기준과 기능은 무엇인가?
- 소집단 수업에는 어떤 활동이 가장 적합한가?
- 기능이나 무작위, 알파벳순 또는 흥미에 따라 집단을 선택하는가?
- 이 수업이 협동 학습인가 아니면 소집단 활동인가?
- 각 집단 구성원들이 어떻게 책임을 질 것인가?
- 각 집단 시간을 어떻게 평가할 것인가?
- 개인들은 어떤 역할을 맡게 될 것인가?
- 소집단 배치가 정보를 가르치는 가장 효과적인 방법인가?
- 자료에 접근하기 용이한가?
- 지시가 명료하고 정확한가?

### 학습 중 평가하기

- 각 집단 구성원들이 참여하고 있는가?
- 팀 구성원들이 잘 해 나가고 있는가?
- 각 학습자가 자신의 역할을 하고 있는가?
- 집단 구성원들이 과제에 집중하고 있는가?

- 팀에게 그 밖에 필요한 것은 무엇인가?
- 집단 구성원들이 내용을 학습하고 있는가?

### 소집단 경험 후 평가하기

- 집단 활동이 가치 있는 시간이었는가?
- 집단이 무엇을 성취하였는가?
- 다음 시간에는 무엇을 달리할 것인가?
- 집단 구성원들이 학습한 것을 어떻게 공유할 것인가?
- 집단이 결과물을 어디에 전시할 수 있는가?
- 활동을 어떻게 평가할 것인가?

### 소집단

| 단점 | 장점 |
|---|---|
| 학습자들이 과제에서 벗어날 가능성이 있다. | 관점과 아이디어를 결합한다. |
| 개별적 책무성이 부족하다. | 협력에 초점을 둔다. |
| 책임감이 불평등하게 공유될 수 있다. | 관용을 가르친다. |
| 권력 투쟁이 발생할 수 있다. | 학생들의 능동적인 학습을 촉진시킨다. |
| 종종 한두 명의 학생들이 지배할 수 있다. | 대인관계 요구를 충족시킨다. |

## 집단 활동 평가

표 10.4는 집단 구성원들의 성공을 분석하기 위한 평가의 한 예이다. 개별 학생이나 동료, 집단 또는 교사가 체크리스트를 완성할 수 있다.

**표 10.4 집단 구성원 평가 체크리스트**

이름 ______________________ 날짜 __________

| 관찰 가능한 행동 | 아직 | 때때로 | 거의 | 논평 |
|---|---|---|---|---|
| 과제에 집중 | | | | |
| 지시를 따름 | | | | |
| 집단 구성원들을 존중 | | | | |
| 자신의 학습 분담을 완수 | | | | |

표 10.5의 척도를 활용해서 집단을 평가하라. 이 평가는 전체 집단이나 집단 구성원 또는 관찰하는 교사가 활용할 수 있도록 설계되었다.

**표 10.5 집단 활동 평가하기**

이름 ______________________ 과제 __________

☐ 본인 ☐ 동료 ☐ 집단 ☐ 교사

A. 효과적인 시간 활용

1 ←——— 2 ——— 3 ———→ 4

B. 과제 수행

1 ←——— 2 ——— 3 ———→ 4

C. 생산성

1 ←——— 2 ——— 3 ———→ 4

D. 기여도 수준

1 ←——— 2 ——— 3 ———→ 4

E. 전체 요약

1 ←——— 2 ——— 3 ———→ 4

논평

### 개별 구성원들이 집단을 채점하기

각 집단 구성원들에게 표 10.6의 복사본 한 장을 제공하라. 각 항목을 채점한 후, 특정 점수를 부여한 자신의 근거를 타당화하는 논평을 적는다.

**표 10.6 집단 토의에서 개별 점수 매기기**

숙제/과제 ______________________________

1~4척도를 활용하여 개별 집단 구성원의 점수를 매겨라.

←————————————————————→

| 집단 구성원의 이름 | A. 효과적인 시간 활용 | B. 과제 수행 | C. 생산성 | D. 기여도 수준 | E. 전체 요약 |
|---|---|---|---|---|---|
| | | | | | |
| | | | | | |
| | | | | | |

논평

관찰자 서명 ______________________ 날짜 ______________

### 집단 구성원에 대한 자기평가

표 10.7의 체크리스트는 각 집단 구성원들이 과제를 해결하는 동안 자신의 참여도와 공헌, 팀워크에 관해 사고하도록 하기 위해 설계되었다. 체크리스트에서 상황에 적합한 항목들을 선택하라.

**표 10.7 집단 참가자에 대한 자기평가**

활동명 ______________________ 날짜 ______________

학생 ______________________ 평가자 ______________

| | | | |
|---|---|---|---|
| 1. 나는 집단에 기여했다. | 예 | 때때로 | 아니오 |
| 2. 내가 할 수 있거나 그들이 나를 필요로 할 때, 다른 사람들을 도왔다. | 예 | 때때로 | 아니오 |
| 3. 나는 토의 내용을 경청했다. | 예 | 때때로 | 아니오 |
| 4. 나는 집단의 다른 구성원들을 존중했다. | 예 | 때때로 | 아니오 |
| 5. 나의 아이디어를 공유했다. | 예 | 때때로 | 아니오 |
| 6. 내 아이디어가 수용되었다고 느꼈다. | 예 | 때때로 | 아니오 |
| 7. 나는 다른 사람들을 격려했다. | 예 | 때때로 | 아니오 |
| 8. 집단이 나를 존중해 주었다. | 예 | 때때로 | 아니오 |

A. 우리 집단이 잘한 점

B. 우리 집단이 개선해야 할 점

C. 기타 제안 및 논평

서명 ______________________ 날짜 ______________

## 집단 토의: 평가

형식적, 비형식적 집단 토의를 하는 동안 학습자를 관찰하라. 학습자의 요구와 최선의 노력을 확인하라. 집단 토의를 하는 동안 한 학생이 여러 번 대화를 지배한다. 때로는 토의에 기여하지 않고 듣는 것도 중요하다. 정보의 정확성과 깊이를 관찰하고 분석하면서 토의의 각 부분에서 누가 기여하는지를 확인하라. 어떤 학습자는 자신이 기회를 얻지 못하거나 틀릴까봐 두려워서 토의에 기여하지 못할 수도 있다.

학습자들 간의 상호작용을 평가하기 위해 토의의 다음 측면들을 관찰하라:

- 토의에 기여한다.
- 적절하고 정확하게 기여한다.
- 학습된 정보와 개인적인 경험을 관련짓는다.
- 학습한 정보를 참고하여 관점이나 의견 또는 코멘트를 뒷받침한다.
- 정보를 유창하게 토의한다.
- 적합한 결론과 추론을 이끌어 낸다.
- 의견과 아이디어를 자유롭게 표현한다.

### 집단 설계

과제 평가를 위해 학생들을 다양한 방식으로 조직하는 융통성 있는 집단 편성 설계를 활용하라. 가장 생산적인 학습 기회를 설계하기 위해 상황과 과제들을 자주 평가하라. 필요에 따라 집단 편성을 변화시켜라.

융통성 있는 집단 편성을 결정하기 위한 지침으로 다음과 같은 진술과 질문을 활용하라:

- 이 과제를 위한 가장 생산적인 집단 편성 설계는 ________________ (이)다.
- 모든 학생들에게 동일한 설계를 활용해야 하는가? 아니면 개별 학생의 요구를 충족하기 위해 서로 다른 설계를 활용해야 하는가?
- 이 과제를 학습하는 데 가장 효과적인 활동 팀은 어떤 것인가?
- 누가 누구와 학습하고 있는가?
- 필요한 역할은 무엇인가?
- 각 집단이 활동할 최상의 장소는 어디인가?

- 집단에 역할을 어떻게 배정할 것인가?
- 어떤 규칙과 지시문, 지침이 마련되어야 하는가?
- 각 집단이 과제를 완성하기 위해 어떤 자료를 필요로 하는가?
- 지난번에 이 학생들을 활동 팀으로 편성했을 때, 어떤 내용이 잘 학습되었는가?

기준과 목적에 기초를 둔 집단 편성 설계를 선택하라. 학생들의 개별적 요구에 기초하여 배정하라. 과제와 그것을 완성하는 데 필요한 시간을 분석하라.

평가 활동을 계획할 때 다양한 집단 편성 설계 중에서 선택하라. 특정 기능을 학습하고, 정보를 복습하거나 새로운 개념을 학습하기 위해 지식 기반 집단이나 홍미 집단, 능력 집단, 무선 집단, 동료 대 동료 개인교수, 협력 집단 또는 다연령 집단을 활용하라.

형성평가를 맞춤형 수준별 · 개별화하기 위해 다음과 같은 집단 편성 시나리오를 고려하라.

### 지식 기반 집단

지식 기반 집단은 주제나 기능에 대한 각 학습자의 배경과 사전 경험에 따라 구성된다. 학습자의 지식 수준은 하나 또는 그 이상의 사전평가 도구를 활용하여 결정된다. 사전평가 결과를 통해 특별한 학습을 위한 학생의 준비도나 출발점 수준을 확인한다. 사전평가를 분석하는 동안, 학생에게 문제가 있는 부분을 정확히 찾아내서 수업 계획에서 다룬다. 이러한 집단 편성 설계는 기준이나 기능을 가르치고 각 구성원의 지식 기반을 확장시키기 위해 선택된다. 개별 학생의 학습 잠재력은 그들이 적절한 성공 수준에서 도전의식을 가질 때 증가한다.

### 홍미 집단

홍미 집단을 구성하는 데 활용할 수 있는 몇 가지 기법이 있다. 학생들은 학습 단원에서 자신이 좋아하는 주제에 등록할 수 있다. 집단 배정을 하기 위해 홍미 목록과 조사 결과를 활용할 수 있다. 학생이 어떤 주제에 홍미를 가질 때, 통상적으로 그 주제와 관련된 자료를 수집하거나, 학습하고자 하는 강한 욕망을 가지고 홍미와 관련된 자료와 자원을 활용해서 학습한다.

## 능력 집단

능력 집단 편성은 전통적인 집단 편성 설계이다. 학생의 능력에 대한 증거는 사전평가를 통해 수집된다. 개인은 동일한 능력 수준의 학생들과 함께 집단에 편성된다.

교사들은 학년 초에 한 번 능력별 집단을 편성한다. 그리고 그 학생들은 해당 학년 동안 내내 자신이 속한 집단에서 함께 지낸다. 종종 파랑새와 홍관조와 같은 집단 이름이 사용되기도 한다. 일단 한 학생이 어떤 집단에 배정이 되면, 학습자는 대개 배정된 명칭과 함께 그 수준에 갇히게 된다. 교육자들은 이러한 딜레마를 "한번 독수리는 영원한 독수리이다."라고 표현하기도 한다.

오늘날 특정한 기능과 개념을 가르칠 필요가 있을 때 능력 집단을 구성한다. 융통성 있는 집단 편성을 통해 학생이 정보와 기능을 완전히 습득하면, 더 도전적인 집단으로 옮겨 간다.

## 무선 집단

만약 모든 학급 구성원들이 과제를 쉽게 완성할 수 있다면, 무선 집단 편성이 좋은 방안이다. 다음 아이디어 중 한 가지를 선택하여 참신한 무선 집단 편성을 설계하라:

- 1부터 7의 수를 사용하여 학생들에게 번호를 부여하고 일곱 개의 집단을 구성하라. 번호가 1인 학생들끼리 함께 학습하고, 번호가 2인 학생들끼리 함께 학습하게 한다.
- 각 집단을 구성하기 위해 모자 속에서 이름을 선택하라.
- 혼합 매치 방식: 4~5가지 주제를 선택하라. 각 주제에 관해 별도의 카드에 3~4가지 정보를 적어라. 학생들에게 질문을 하여 동일한 주제에 관한 정보를 가진 급우를 교실에서 찾게 하여 집단을 구성하라.
- 동물이나 물건, 숫자, 도형이나 색깔을 사용하여 카드를 만든 다음, 각각의 카드에 그에 맞는 단어를 배정하라. 각 개인에게 카드를 그리라고 한 다음, 일치하는 카드를 가진 동료와 팀을 구성하라.
- 5가지 색깔의 줄을 그려서 각각을 동일한 크기로 잘라라. 그 줄을 가방 속에 넣어라. 각 개인이 가방에 손을 넣어 줄을 한 가닥 꺼내게 하라. 일치하는 색깔로 집단을 구성한다.

### 동료 대 동료 개인교수

이 집단 편성 설계는 학생들이 서로 존중하고 사회적으로 사이좋게 지낼 때 가장 적합하다. 흔히 한 학생이 더 우수한 지식 기반이나 능력을 가지고 있기 때문에 동료 팀을 구성한다. 다른 학생은 정보를 가지고 더 많이 학습하거나 작업할 필요가 있다. 한 학습자가 가르치거나 동료를 개인 지도한다. 학생을 개인교수로 오용하지 않도록 주의하라. 정보를 알고 있는 학생은 확장과 심화 활동을 통해 주제에 관해 더 많이 학습할 시간이 필요하다.

개인교수 시간은 두 학생 모두에게 유익해야 한다. 최고의 동료 개인교사는 "이제 이해할 수 있어!"라고 말하는 "번득이는(light bulb)" 순간을 경험한 학생이다. 이 학생은 정보를 공유하거나 가르치는 것이 신난다. 정보를 가르치는 것은 마음속으로 학습을 견고하게 한다: "만일 내가 그것을 가르칠 수 있다면, 그것을 이미 학습한 셈이다!"

### 협력 집단

공통 과제를 완성하기 위해 협력 팀이 구성된다. 각 팀 구성원은 집단 활동을 하는 동안 수행해야 할 적어도 한 가지 책임 있는 역할을 맡는다. 구성원들은 권한을 공유하고 배정된 책무에 대해 개별적으로 책임을 진다. 집단이나 팀은 합의에 의해 의사결정을 한다. 여러 번 함께 학습한 팀은 유대감이 생기고, 존중심을 개발하며, 팀 정신을 형성한다. 협력 팀으로부터 기대되는 인지적 발달과 학습뿐만 아니라 사회적 성과와 관련해서도 학생들과 토의 시간을 가져라.

### 다연령 집단

다연령(multiage) 집단에서는 나이 든 학생이 어린 학생과 짝을 이룬다. 이 설계는 학생들이 유대감을 형성하고 상호 존중감을 개발할 기회가 있을 때 더 효과적이다. 가끔 학생들은 함께 학습하는 방법을 명료하게 배워야 한다. 협력을 상세하게 모방하고 토의하라. 시뮬레이션으로 연습하라. 시간이 지나면서, 학생들은 대개 두 학습자 모두 토의와 과제에서 책임감을 공유하는 좋은 학습 관계를 형성한다.

다연령 집단은 어린 학생이 나이 든 학생을 학업적, 사회적 역할 모델로 우러러보기 때문에 효과적이다. 나이 든 학습자는 자신감과 책임감, 자부심을 발달시킨다.

다연령 집단은 활동이나 토의, 과제 또는 프로젝트에 참여시키기 위해 다양한 연령의 학생들로 구성할 수 있다. 집단 구성원들은 공통의 흥미나 학업 요구에 따라서 또는 무작위로 선정될 수 있다. 이러한 집단들은 학급 친구들이나 학년 수준이 다른 학생들과 다연령 교실에서 학습한다.

## 집단 평가를 위한 문제해결 도구

집단 평가를 하는 동안 부정적이거나 부적절한 행동이 나타나면, 다른 학생들의 학습을 방해하지 않도록 빨리 그리고 조용히 수정해야 한다. 다음의 아이디어들은 집단 평가 활동을 하는 동안 활용할 수 있는 문제해결 도구로 고안되었다.

학생이 다음과 같은 행동을 할 때 대처하는 방법:

### 대부분의 시간을 부정적으로 행동한다

- 긍정적인 단어와 구절에 대해 브레인스토밍하라.
- 적합한 코멘트와 반응을 모델링하라.
- 긍정적인 행동이 관찰될 때 미소 짓고 인정한다는 것을 보여 줘라.
- 학생을 문제에 대한 유쾌하고 친근한 대화에 참여시켜서 해결하라.
- 불평에 공감하며 문제를 함께 해결하라.

### 동의하지 않는 어떤 것을 말하거나 행한다

- 학생의 의견을 듣고, 열린 마음을 유지하라.
- 당신의 견해를 친절하고 중립적인 방식으로 표현하라.
- "내 방식대로 따라라"를 강요하는 독재자식 접근은 상호 이해를 이끌지 못한다는 것을 기억하라.

### 개성이 강한 학생이 집단 구성원과 충돌한다

- 만일 그러한 행동이 장기적으로 지속된다면, 학생들을 분리하는 방안을 고려하라.
- 협의를 계획하고, 학생들이 함께 활동하도록 팁을 제공하라.
- 그 학생이 혼자 학습하기 좋아한다는 점을 인정하라. 필요할 때 다른 학생들과

활동하는 방식으로 코치하라.

- 집단 구성원 각자가 적어도 한 가지 책임을 지는 과제를 설계하라.
- 활동 말미에 긍정적 행동과 적절한 행동의 가치에 대해 토의하라.

### 정보를 "하나하나" 가르쳐야 한다

- 그 학생이 가장 잘 학습하는 방법을 확인하라. 그 학생의 장점을 활용해서 자신감을 심어 줘라.
- 지시문을 더 작게 하거나 "나누어서" 제시하라.
- 성장과 개선에 대해 구체적으로 칭찬하라.

## 요약

맞춤형 수준별 · 개별화 학습과 평가를 향해 나아가면서 흥미로운 전략을 추가하는 것은 교사와 학생들에게 신나고 도전적인 일이다. 새로운 아이디어를 도입하기 전에, 관련 자료를 읽고 또다시 읽어라. 활용할 평가 도구를 선택하라. 도전적인 영역을 확인하고, 이를 해결할 방법을 결정하라. 그런 다음 새로운 학습과 형성평가 양식으로 용감하게 나아가라.

# 11

# 맞춤형 수준별 · 개별화 수업 설계 모형

**핵심 문제**

형성평가 데이터가 맞춤형 수준별 · 개별화 수업 설계 과정을 촉진하고 안내하는 모형에 어떻게 활용되는가?

이 책 전반에서 강조하였듯이, 형성평가는 발전적이고 계속적인 과정이다. 이 장에서는 평가 데이터에 기초한 맞춤형 수준별 · 개별화 수업을 위한 전략적 계획을 탐색하고 착수할 것이다. 이는 학습자들의 다양한 요구를 충족시키는 데 필수적이다. 모형은 수집된 정보에 기초한 효과적인 교육과정 설계 도구이다. 학생들이 지속적으로 완전학습을 지향하기 때문에 모형은 학생들의 확인된 요구를 다룬다. 이 장에서는 다음과 같은 설계 모형을 제시한다: 조절 가능한 과제, 심화학습, 학습 계약, 프로젝트 학습, 문제 중심 학습

## 조절 가능한 과제 모형

조절 가능한 과제는 평가 데이터에 의해 확인된 학습자들의 요구에 기초하여 이들에게 도전의식을 심어 주기 위해 단원 전체 계획에 전략적으로 배정된다. Carol Ann Tomlinson은 자신의 연구에서 이 모형을 계층 모형(tiered model)이라고 하였다. 우리는 이것을 조절 가능한 과제 모형(adjustable assignment model)이라고 부르고자 한다. 새로운 이름을 붙인 이유는 설계 과정에서 교사가 지속적으로 과제를 조절하기 때문이다(Gregory & Chapman, 2007). 또한 교사가 두 집단에 대해 과제를 조절할 수

있기 때문에, 반드시 층별로 과제를 계획할 필요는 없다. 서로 다른 학습 경험이 필요한 3개의 확인된 집단을 위해서는 3가지 수준의 조절 가능한 과제를 개발한다. 다음의 설명은 조절 가능한 과제의 3가지 수준 각각에 대한 준거를 분류하고 범주화한 것이다(Chapman & King, 2008). 집단의 구성원들은 계속 변하고 유동적이며 융통성이 있다. 한 학생이 한 가지 기준을 완전히 습득하게 되면, 이 학습자는 독립된 과제를 위해 교육과정 속진(fast forwarding)에 해당하는 수준 III에 배정될 것이다. 이 학생이 더 많은 중재나 교육과정 반복(rewinding)을 필요로 하는 기능이나 기준에 대해서는 수준 I의 과제를 배정받을 수 있다. 다른 때에는 이 학습자에게 학년 수준에 적합한 과제를 부과할 것이다. 각 학습자는 전략적으로 설계된 평가에서 얻은 데이터에 의해 적합한 집단에 배정된다. 이러한 미세 조정 수업은 학습자들의 개별적인 요구에 기초한다.

## 수준 I: 교육과정 반복 수준

만약 평가 데이터에서 학생들이 해당 정보를 학습하는 데 적합한 배경지식과 기능을 가지지 못한 것으로 드러나면, 교육과정을 반복하는 과제를 통해 그들의 중재 요구를 충족할 수 있다. 비공식적 또는 공식적 사전평가 결과를 통해 학습에서의 "격차(gap)"나 학생이 다음에 학습해야 할 기능과 정보를 확인할 수 있다. 교사는 학습자의 준비도 수준에 적합한 경험을 제공하는 최선의 방법을 결정한다. 우리는 이를 "성장을 위한 녹색(green for growing)" 집단이라 부른다.

강력한 사전평가 활동을 활용하여 특정 기능이나 기준을 학습하는 데 더 많은 도움이 필요한 학생들을 확인하라. 이러한 학생들은 특정 기능이나 기준 또는 목표를 학습하는 데 필요한 사전 경험이나 배경지식이 부족할 수 있다. 이들의 학년 수준에 적합한 구체적인 주제나 기능에 필요한 기본적인 내용을 공부할 기회를 주며 중재하라. 이러한 학생들은 새로운 정보에 대한 준비도 수준을 갖추어서 효과적인 학습이 이루어질 수 있도록 해야 한다.

교사들은 종종 학생들이 이전 학년에서 완전히 습득하지 못한 기본적인 정보나 기능에 대한 책임감을 느끼지 않는다. 교사들은 담당 학년 수준의 교과 영역에서 가르쳐야 할 기준이 너무 많아서 이러한 학생들의 요구를 충족시키기 위해 되돌아가서 다시 가르칠 시간이 부족하다. 학생들이 기초나 사전 지식이 부족하여 다음 학습으로 넘어갈 수 없는 것이 분명할 때는, 반드시 그들에게 필요한 기초를 제공하는 방법을 찾아야 한다. 모든 학생들이 학습할 준비가 되어 있어야 한다!

### 수준 II: 해당 학년 수준

평가 데이터를 통해 이 집단의 학습자들이 해당 학년 수준에서 소개되는 자료를 학습하기에 적합한 배경지식과 기초를 가지고 있다는 것을 알 수 있다. 이 집단은 노란색 라벨을 사용하며, 교사에게 "햇살과 같은 사람(a ray of sunshine)"이다. 왜냐하면 그들은 새로운 자료를 학습하기 위한 열렬한 비버들(beavers)이기 때문이다. 학생 중심 과제는 학습자에게 새로운 학습을 수행할 기회를 제공한다. 해당 학년 수준의 과제를 점검하는 것은 학생들이 무엇을 이해했는지, 그리고 어떠한 중재나 도움이 필요한지를 확인하기 위한 소중한 평가 점검 역할을 한다.

### 수준 III: 교육과정 속진 수준

이 집단의 학습자들은 배경 경험에 적합한 지식 기반을 가지고 있고, 해당 학년 수준에서 소개되는 자료를 이미 알고 있다. 이러한 "열성적인" 집단은 빨간색 라벨을 사용한다. 교사 중심 수업은 이 집단에게는 복습이다. 그들도 초기 학급 수업의 일부 구성원이며 전체 학급 수업을 하는 동안 참여하는 것이 중요하다. 그런 다음 이 집단에 학습을 향상시키고 심화시키며 도전의식을 고취하는 구체적으로 설계된 과제를 부여한다. 학습자가 한 가지 기능을 알고 있다고 해서 그가 다음 기준이나 기능을 학습하기 위한 수준(수준 III)에 있는 것은 아니다. 각 개념의 숙달 정도에 대한 평가에 기초하여 학생들의 배치를 결정한다.

조절 가능한 과제의 계획을 단순화하기 위해 따라야 할 절차적 단계들이 있다. 계획의 각 측면은 계속적인 형성평가와 데이터를 통해 수집된 결과에 근거한다. 주요 단계들을 계획하기 위한 지침이 여기에 제시되어 있다(Chapman & King, 2008).

### 단계 1: 새로운 학습에 대해 평가하라

a. 새로운 주제나 단원, 기준, 개념 또는 기능에 대해 학생들이 무엇을 알고 있는지를 확인하기 위한 형성평가를 시행하라.

b. 평가 데이터를 해석하고 학습자들을 3가지 조절 가능한 과제 수준에 배치하라.

| 표 11.1 조절 가능한 과제 계획 양식 | | |
|---|---|---|
| 기준 ______________ | 형성평가 도구 ______________ | |
| 수준 I : 교육과정 반복<br>학생 중심 과제를 위한 활동 | 녹색: *성장하는!* | 시간 ______ |
| 수준 II : 해당 학년 수준<br>학생 중심 과제를 위한 활동 | 노란색: *햇살 같은!* | 시간 ______ |
| 수준 III : 교육과정 속진<br>학생 중심 과제를 위한 활동 | 빨간색: *열성적인!* | 시간 ______ |

| 표 11.2 수학과에서 조절 가능한 과제 계획의 예 | |
|---|---|
| 기준: 뺄셈에서 받아내림 | 형성평가 도구: 사전검사와 관찰 |
| 수준 I : 교육과정 반복<br>*학생 중심 과제 시간: 15분*<br>녹색 수수께끼 상자에서 뺄셈 문제를 뽑아서 백지에 풀어라.<br>문제에는 받아내림 단계가 없다. 문제는 기본 뺄셈을 강조한다. 학생들은 조작 자료를 사용할 수 있다. | 녹색: *성장하는!* |
| 수준 II : 해당 학년 수준<br>*학생 중심 과제 시간: 15분*<br>노란색 수수께끼 상자에서 뺄셈 문제를 뽑아서 백지에 풀어라.<br>문제에는 받아내림 단계가 있다. | 노란색: *햇살 같은!* |
| 수준 III : 교육과정 속진<br>*학생 중심 과제 시간: 15분*<br>빨간색 수수께끼 상자에서 뺄셈 문제를 뽑아서 백지에 풀어라.<br>문장제 문제에는 받아내림 단계가 있다. | 빨간색: *열성적인!* |

### 단계 2: 학생 중심 학습을 위한 조절 가능한 과제를 계획하라

a. 종이 한 장을 3단으로 접어 각 부분을 수준 Ⅰ, Ⅱ, Ⅲ으로 명명하라. 표 11.1과 표 11.2를 참조하라.

b. 수업을 위한 기준이나 기능 또는 개념 그리고 사용된 평가 도구를 확인하여 양식의 상단에 적어라.

c. 과제에 할당된 시간을 적어라. 3가지 수준의 과제가 모두 동시에 시행된다. 따라서 각 과제를 완성하는 데 배당된 시간은 같다. 다시 말해, 각 과제는 같은 시간제한 이내에 완수되어야 한다. 3가지 수준 각각에 학습자들에게 도전의식을 심어 주는 학생 중심의 과제를 적어라.

d. 각 과제에 필요한 자료를 모아라.

### 단계 3: 교실에서 계획을 수행하라

a. 새로운 기준을 모든 학습자들에게 참신하고 도전적인 방법으로 가르쳐라.

b. 모든 학생들을 안내된 연습에 참여시켜라.

c. 데이터 해석을 통해 확인된 적합한 학습자들에게 학생 중심 과제를 부여하라.

d. 집단 사이를 순회하면서 질문에 대답하고 학습자를 평가하고, 필요하면 중재하고 조절하라.

e. 학습 경험의 성공을 축하하라.

## 이중 수준의 조절 가능한 과제

만약 형성평가 데이터를 통해 단 2개의 과제에 대한 요구가 확인되었다면, 표 11.3과 같이 이중 수준의 조절 가능한 과제 양식을 활용하라. 개별화된 요구를 충족하기 위해 두 가지 다른 수준에 적합한 2가지 활동을 계획하라. 어떤 학생이라도 기꺼이 완수하고 싶어할 흥미롭고 매력적인 과제를 설계하라. 각 과제는 도전적이고, 양질의 학습 경험이 되어야 하며, 수업 시간에 소중하게 활용되어야 한다. 학생들이 같은 시간 동안 과제를 수행해야 하기 때문에, 각각의 과제를 완성하는 데 동일한 시간이 걸리도록 계획하라.

**표 11.3 이중 수준의 조절 가능한 과제**

기준: 주요 아이디어를 확인하고 세부내용을 지지하기

평가 도구: 루브릭

**수준 I**

1. 파트너와 함께 학습하라. 배정된 글의 첫 번째 문단을 읽어라.
2. 주요 아이디어에 대해 합의하라. 합의된 내용을 그래픽 조직자에 기록하라.
3. 물건 찾기 게임을 하고 옹호하는 세부내용을 확인하라. 합의를 하고 차트에 답을 적어라.
4. 시간이 허용되는 한 많은 문단을 완성하라.

| 주요 아이디어 | 세부내용 지지하기 |
|---|---|
| A. | 1. |
| | 2. |
| | 3. |
| | 4. |
| B. | 1. |
| | 2. |
| | 3. |

**수준 II**

1. 파트너와 함께 학습하라. 각 파트너는 주요 아이디어와 세부내용을 지지하는 문단을 쓴다.
2. 파트너 A가 파트너 B에게 자신의 문단을 읽어 준다.
3. 파트너들이 주요 아이디어에 대해 합의한다. 차트 위에 파트너 A의 주요 아이디어를 놓아 둔다.
4. 파트너들은 파트너 A의 세부내용 지지에 대해 물건 찾기 게임을 한다. 찾은 것들을 차트 위에 놓아 둔다.
5. 파트너 B의 글에 대해서도 동일한 과정을 반복한다.

| 주요 아이디어 | 세부내용 지지하기 |
|---|---|
| A. | 1. |
| | 2. |
| | 3. |
| | 4. |
| B. | 1. |
| | 2. |
| | 3. |

표 11.4에 제시된 것과 동일한 체크리스트를 활용해서 계획된 조절 가능한 과제를 분석하여 학습자가 시간을 생산적으로 활용하는지를 확실히 하라.

**표 11.4 조절 가능한 과제 체크리스트**

- □ 형성평가 데이터 해석에 기초한 과제를 위해 학습자를 집단에 배정한다.
- □ 각 과제는 확인된 동일한 기준을 다룬다.
- □ 조절 가능한 과제를 일정표 폴더 속에 넣어 둔다.
- □ 모든 과제를 조절하지 마라. 종종 학급 전체에 동일한 과제가 부과되기도 한다.
- □ 학생들이 어떤 과제를 완성해야 하는지 알게 하기 위해 색상부호화 과제를 활용한다.
- □ 학습자 요구에 기초하여 융통성 있는 집단 편성을 하라.

## 사전평가: 조절 가능한 과제에 대한 핵심 요소

주제를 학습함에 있어서, 기준이 수업의 초점이 된다. 각 학생은 기준과 관련된 상이한 지식 수준을 가지고 있다. 교사의 큰 도전은 학생들의 다양한 출발점 수준에 따라 수업을 맞추는 것이다. 조절 가능한 과제 모형은 기준이나 주제 또는 기능에 대한 개개인의 준비도 수준을 확인한다. 이는 교사가 학생들의 능력과 흥미와 지식 수준의 범위 내에서 수업을 계획할 수 있게 해 준다. 이 계획은 준거의 범위, 다양한 난이도 수준과 정보의 양을 다룰 수 있도록 설계된다. 조절 가능한 과제 모형은 확인된 개별 학생의 요구를 수용한다.

아주 명확한 요구는 교사가 학습에 있어서 학생이 "약점을 극복해야 할" 영역을 확인하게 해 준다. 또한 해당 학생 혹은 집단이 놓친 배경 정보를 채울 수 있는 표적 수업을 확인하게 해 준다(표 11.5 참조). 이것은 수업 계획에 있어서 매우 중요한 구성요소이다(Chapman & King, 2008).

단계 2에서, 각 수준에 대해 집단이 무엇을 알고 있는지 분석하라. 구체적인 목록을 만들어라. 학생의 지식 수준과 흥미, 배경, 태도를 보여 주는 사전평가 활동을 설계하거나 선정하라(표 11.6 참조). 필수적인 부분을 찾는 데 시간을 할애하라. 학생들이 학습의 장애를 극복할 수 있도록 하는 최선의 중재안을 찾아라. 다음 단계의 학습을 위해 학생들을 준비시켜라.

단계 3에서, 저자인 Chapman과 King(2009b)은 각 수준에 "-하는 방법(how-to)"

**표 11.5 숙달 정도–단계 I: 계층 모형**

대부분의 정보를 안다.

몇 가지 정보를 알고 몇 가지 경험을 했다.

지식 기반과 경험이 거의 또는 전혀 없다.

A 학습을 시작할 때 학생이 알고 있는 것을 확인하라.

| 높은 수준의 숙달 | 보통 수준의 숙달 | 초보 수준의 숙달 |
|---|---|---|

**표 11.6 단계 II: 학습자의 요구를 확인하라**

다른 방식으로 지식을 적용하고 더 많이 학습할 필요가 있다.

새로운 정보에 대해 준비한다.

격차를 좁힐 필요가 있다. 필요한 배경 정보와 기능을 학습할 필요가 있다.

B 학생들은 다음에 무엇을 학습해야 하는가?

대부분의 정보를 알고 지식 기반이 탄탄하다.

몇 가지 정보를 알고 몇 가지 관련된 경험을 했다.

지식 기반과 경험이 거의 없거나 전혀 없다.

A 학습을 시작할 때 학생이 알고 있는 것을 확인하라.

| 높은 수준의 숙달 | 보통 수준의 숙달 | 초보 수준의 숙달 |
|---|---|---|

부분을 추가하였다(표 11.7 참조). 이 부분을 완성하기 전에 학습자와 계획, 수업을 평가하라. 이러한 결과들을 활용해서 맞춤형으로 수준별 · 개별화된 학습자의 모든 숙달 수준에 대한 평가 질문들을 통해 "how-to" 부분을 구성하라. 이러한 평가는 필수적인 단계이다. 왜냐하면 사례마다 대답이 달라질 수 있기 때문이다.

**표 11.7 단계 III: 평가 방법**

C. 개별 학생의 요구를 전략적으로 충족하기 위해 정보를 어떻게 가르칠 것인가?
학생의 준비도 수준과 정보를 학습하기 위한 최적의 전략과 활동을 평가하라.

B. 인지적, 정의적 요구에 근거하여 학습자가 다음에 무엇을 필요로 하는가?
교육과정 기준과 사전 평가 데이터를 심층적으로 분석하여 다음에 필요한 것을 결정하라.

A. 다음에 학습할 기준이나 기능에 대한 학생의 지식을 확인하기 위해 사전 평가를 하라.
평가 결과를 활용하여 후속 학습에 대한 출발점을 결정하라.

| 높은 수준의 숙달 | 보통 수준의 숙달 | 초보 수준의 숙달 |
|---|---|---|

## 조절 가능한 과제 모형으로 계획하기

교사는 학생의 활동을 분석하여 중재 수준과 학습 목표와 기준에 도달하게 하기 위한 개별적인 요구를 분석한다. 맞춤형으로 수준별 · 개별화된 교실에서 수업을 안내하기 위해, 교사는 학습 전과 학습 중, 학습 후에 학생들을 평가한다(표 11.8 참조).

다음과 같은 단계를 시도하라:

A. 관찰하고 평가하라.

1. 어떤 일이 일어나는지 분석하라.
2. 학생들이 무엇을 알고 있는지 확인하라.

**표 11.8 조절 가능한 과제 모형**

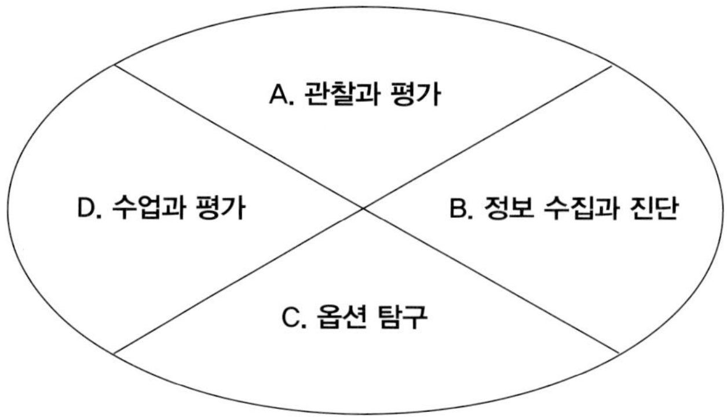


학생이 정보나 특정 기능을 활용하는 방법을 알고 있을 수도 있지만, 이러한 지식은 잘 드러나지 않기도 한다. 학습자가 주제에 관하여 자신이 알고 있는 것을 잘 인식하지 못할 수도 있다. 주의력이나 집중력이 부족할 수도 있다. 예를 들어, 학생이 새로운 용어를 인지하지 못하거나 선행 지식을 새로운 학습 상황에 연결하지 못할 수도 있다.

학습자가 새로운 용어나 주제에 대해 말하거나 글로 쓸 수 없더라도, 자신이 선호하는 양식이나 지능을 활용해서 알고 있는 것을 표현할 수 있다. 이럴 경우, 보여 주기와 연기하기, 그리기 혹은 실생활 상황에서 사용하기와 같은 대안적인 평가가 필요하다. 개별화된 평가 도구를 사용하여 학생에게 응답할 수 있는 기회를 한 번 이상 줄 수 있도록 하라. 이는 시간 낭비가 아니다. 평가 도구가 학습자에게 맞춤화되었을 때 소중한 정보를 수집할 수 있기 때문이다.

B. 정보를 수집하고 진단하라.

1. 학습을 하는 도중 학생의 반응과 행동을 주시하라.
2. 행동이나 반응이 부족한 원인을 검토하라. 왜 개별 학생이 학습 중에 열광하거나 주저하는가?

C. 옵션을 탐구하라.

1. 학습자의 강점과 약점을 정확히 찾아라.
2. 중재나 해당 학년 수준 수업 또는 심화 활동에 대한 학습자의 요구를 조사하

여 다음 단계를 확인하라.

D. 수업하고 평가하라.

1. 학생의 요구를 충족하는 다양한 수업과 평가 전략, 활동을 활용하라.
2. 형성평가 순환 과정을 지속적으로 실행하라.

## 심화학습 모형

심화학습 모형(curriculum compacting model)*은 학생들이 다음에 학습할 자료에 대해서 알고 있을 때 활용된다. Joseph Renzulli 박사는 모든 학습자들이 그들의 최대 강점 영역에서 성장과 학습을 계속할 수 있게 하는 7가지 전략들을 제시하였다. Renzulli는 학업적으로 유능함에 도달하는 방법을 맨 처음 심화학습이라고 불렀다. 심화학습은 Renzulli의 연구와 *영재(gifted)*로 분류되는 학습자들에게 활용할 수 있는 대안적인 프로그램을 제공해야 한다는 믿음에 기반을 둔 것이다. 표 11.9는 Renzulli의 7가지 전략을 제시하고 있다.

맞춤화된 수업 계획은 이러한 특별한 개인의 학습경험을 넓히거나 풍부하게 하기 위해 설계된다. 심화학습 모형은 학생들이 알고 있는 교육과정의 부분들을 생략할 수 있게 해 준다(Reis & Purcell, 1933). 이 모형은 학습자가 정보를 활용해서 학습할 수 있는 7가지 상이한 방식을 제시하고 있다.

다양한 학습 샘플이나 사전평가를 활용하여 다음 수업 시간에 가르칠 내용이나 주제 또는 학급에 앉아 있을 필요가 없는 학생을 확인하라. 만약 개별 학습자가 자신이 정보를 이미 알고 있고 이를 다른 학습에 적용할 수 있음을 실증할 수 있다면, 그 학생은 이미 독립적인 활동이나 과제를 수행할 준비가 된 것이다. 만약 활동이 지루하다면, 그 학생은 비생산적일 수 있어 시간을 낭비하게 될 것이다. 심화학습 모형은 이러한 학습자에게 자신의 지식 기반을 강화하고 더 높은 수준으로 나아갈 수 있는 기회를 제공한다.

---

* 역자주: curriculum compacting을 지역하여 '교육과정 압축'으로 번역하거나, 선행학습 진단 결과 필수선행요건(필수학습)이 잘 갖추어져 있어 이를 면제해 준다는 의미에서 '필습(필수학습) 면제'로 번역하는 경우도 있다. 필수학습을 면제해 주는 대신, 자신에게 필요한 학습을 더욱 심화할 수 있는 기회를 제공해 준다는 의미에서 이 책에서는 curriculum compacting을 학교학습 현장에서 보다 친숙한 용어인 '심화학습'으로 번역하였다.

| 표 11.9 심화학습 전략 | |
|---|---|
| 1. 개방형 과제를 제시한다. | 학습자들에게 고차적인 사고와 창의성을 활용할 기회를 제공하라.<br>개인적인 유대와 관계를 형성하라. |
| 2. 협력을 위한 기회를 고안한다. | 파트너와 소집단과 함께 심층적인 과제를 계획하라. 다른 교실의 학생들과 함께 학습 집단을 구성하라. |
| 3. 조절 가능한 과제를 활용한다. | 학습자의 성공 수준에 근거한 수업을 창안하라.<br>학생들에게 선택권을 제공하라. |
| 4. 학습자의 독립적 프로젝트를 허용한다. | 독립적인 학습 기회를 제공하라.<br>탐구와 연구 및 해결을 위한 문제를 제시하라.<br>하나의 프로젝트로서 문제해결 모형을 제시하라. |
| 5. 적합한 책과 자원을 제공한다. | 가능하면, 학생의 입력 정보와 함께 저, 중, 고학년 수준의 픽션과 논픽션 책들을 선정하라.<br>학생들에게 도전적이고 매력적인 자원들을 선택할 기회를 제공하라. |
| 6. 필요한 가속 프로그램을 실행한다. | 학생들이 적극적으로 참여하고 도전할 수 있도록 내용을 가속화하라. 데이터를 활용하여 학생들이 기준이나 기능, 학년 또는 교과를 건너뛰게 하라. |
| 7. 학교 전체에 깊이 있는 심화학습을 지향한다. | 모든 학생들에게 도전의식이 필요하다.<br>모두를 위해 신나고, 도전적인 활동을 제공하라. |

출처: Renzulli(2008)

심화학습 모형은 본래 가속 학습(accelerated learning)의 형태를 필요로 하는 학생들을 위해 설계된 것이다. 이후 이 모형은 현재 수업에 참여하기 전에 기본 지식과 경험을 필요로 하는 학생들에게 활용되고 있다. 평가를 통해 학생이 자료에 대해 알고 있고 이를 실생활 상황에 적용하여, 해석하고 채택할 수 있음을 알게 되면, 심화학습 모형을 학생의 흥미를 높이고 주제나 개념에 관해 더 많이 학습하고자 하는 동기를 유발시키는 활동을 계획하는 데 활용할 수 있다. 이러한 학생은 광범위한 지식 기반을 갖추고 있어 그 주제에 대해 더 배우고 더 깊게 파고 들어갈 준비가 되어 있다. 이런 학습자는 새로운 개념이나 기능 또는 하위 주제로 옮겨 갈 준비가 되어 있다. 학생 개인에게 공부와 관련된 선택권을 제공하라. 도전적이 되기 위해 다른 교사의 수업에 그 학생을 보내라. 또한 더 고차적인 사고 기능이나 더 도전적인 자료의 사용을 필요로 하는 학생들과 계약을 체결하라. 이러한 방법으로 개인의 잠재력에 한계를 두는 것을 극복할 수 있다.

### 심화학습을 활용하는 방법

심화학습은 다양한 방식으로 실행할 수 있다. 심화학습은 학습자의 요구와 성인 팀과의 대화, 그리고 학습자를 위한 최선의 교육 계획이라는 결론에 근거하여 이루어진다.

### 개별 학생들을 위한 심화학습 시나리오

- 개인의 요구를 충족할 수 있는 과제를 선택하여 조절하고 속도를 맞추도록 한다.
- 학습자는 다른 교실로 가서 도전적인 과제에 참여한다.
- 학생은 완수해야 할 프로젝트를 선택하거나 배정받는다.
- 학생과 교사가 도전적인 과제에 대한 계약을 체결한다.
- 학습자는 도전적이고 흥미로운 고차적인 사고 기능을 활용하여 학습한다.

다음 시나리오는 맞춤형 수준별 · 개별화 수업에서 심화학습 활용의 중요성을 예시해 준다. 사전평가 데이터와 교사의 관찰을 통해 수학 수업에서 한 학생이 기초 대수학을 가르쳐도 될 정도로 수업에 대해 잘 알고 있는 것으로 확인되었다. 이 학생은 지루해하며 부적절한 행동을 보였고 "나는 신경 안 써요"라는 태도를 보였다. 이러한 행동은 자신과 다른 학생들의 수행에 영향을 미쳤다. 이 학습자를 중학교 기초 대수학 수업에서 고등학교 대수학 I 수업으로 이동시켰다. 중학교를 떠나 대수학 I 과정에 참여한 지 일주일 후, 이 학생은 모든 교과목에 대한 태도와 수행이 개선되었다. 왜냐하면 이 학생이 학문적으로 도전적이고 성공적이었기 때문이다. 이 예시에서 볼 수 있듯이, 심화학습 과제는 능력이 확인된 학생의 개인적 요구를 충족시켜 주기 위해 특정한 시기에 수행된다.

### 해당 학년 수준의 심화학습

다음 심화학습 모형은 한 단원과 관련된 다양한 지식 기반을 갖춘 학급을 위해 설계된 것이다. 주제에 대한 고차적 기능과 지식 기반을 더 개발하기 위해 심화와 강화 그리고 도전적인 활동을 필요로 하는 집단에 초점을 둔다. 각 학습자는 목표로 하는 기준을 완전 습득했음을 입증해야 한다. 이러한 학습자 집단의 구성원들은 사전평가 검사 결과와 교사의 관찰로 결정된다.

이 수업 시나리오는 해당 학년 수준과 아래 학년 학생들에게도 도움이 된다. 이들의 구체적인 요구가 비슷하여, 그에 따라 목표가 정해지고 수업을 실시할 수 있다. 지속적인 평가 데이터의 결과에 따라 집단 구성원들이 바뀐다. 이는 지식 기반의 융통성 있는 집단 편성의 예이다. 다음 단계들을 따라 계획을 수행하라:

1. 한 교사를 중심 교사로 지정하라.
2. 약한 부분의 주제를 표적으로 설정하라.
3. 모든 학생들을 대상으로 기능에 대한 사전검사를 실시하라.
4. 모든 학년 수준의 학급에서 모든 학습자들의 점수를 높은 점수에서 낮은 점수 순으로 하나의 통합된 목록에 기록하라.
5. 주제에 배정된 기간 동안 교실에서 중심 교사와 함께 학습할 상위 20명의 학생들을 선정하라.
6. 나머지 학생들은 학습의 기준이나 단원 또는 주제를 학습하기 위해 다른 학년 수준 교사들에게 이질적으로 분산 배치하라.
7. 중점 기간 동안에는 학생들이 매일 지정된 학급으로 가게 하라.
8. 개인의 진보와 요구를 평가하기 위해 사후검사를 실시하라.

## 학습 계약 모형

학습 계약(academic contract)은 맞춤형 수준별 · 개별화 수업을 촉진하는 교사와 학생 간의 문서화된 학습 합의이다. 학습자가 주제를 학습하는 동안 목표로 정한 현재의 기준과 개념 또는 기능과 관련된 흥미로운 과제를 선택할 기회를 갖게 된다. 종종, 학생이 계약을 창안하기도 한다. 합의를 함에 있어서, 학생이 자신만의 방식으로 정보를 학습하기 위한 아이디어를 제시한다. 교사는 최종 승인을 위해 계약을 검토하고, 의견을 제시하며, 학생과 만난다. 이는 교사-학생 협의에서도 이루어질 수 있다.

학습 계약은 과제가 학생의 마인드에 도전의식을 불러일으키고 생산적인 사고를 활용하여 기준과 관련된 지식 기반을 확장할 수 있을 때 효과적이다.

## 잘 이행되는 학습 계약

계약을 동반한 맞춤형 수준별 · 개별화 평가는 다음과 같은 방식으로 학생의 책무성을 보장한다:

- 교사와 학생이 구체적인 요건을 갖추어 완수해야 할 과제나 활동의 목록을 개발한다.
- 학생은 특정한 시간 틀 내에서 계약을 완수한다.
- 과제나 활동은 학습자의 준비성 수준이나 관심에 따라 변경된다.
- 학생은 자신의 강점 영역과 관련된 과제를 선택한다.
- 학습 계약은 현재 학습에서의 지식을 적절하게 강화한다.
- 학습자가 성인의 감독을 거의 받지 않고 성공적으로 완수할 수 있는 과제를 설계한다.
- 과제는 해당 학년 수준의 기준이나 개념 또는 기능을 가르치거나 강화한다.

## 학생의 계약 요청 양식

학습이 시작되기 전에 시간표와 토론과 승인을 위해 학생이 세심하게 준비한 계획을 포함하는 학습 계약 요청 양식을 개발하라. 표 11.10은 샘플 양식을 보여 준다. 교사와 학습자가 계약의 각 부분을 이해하는 것이 중요하다. 교사의 승인과 서명을 받기 위해 학습 계약을 제출한다.

## 계약의 가치와 유용성 평가하기

표 11.11에 있는 체크리스트는 교사가 계약을 분석하고 계약의 유용성을 결정하기 위해 설계되었다. 개별 학습자에게 적합하고 가치 있는 경험을 제공할 수 있을 때에만 계약을 수용해야 한다는 점을 명심하라. 무효 계약은 하지 마라.

**표 11.10 학습 계약 요청 양식**

A. 학생의 요청

이름 ____________________ 제출 날짜 __________

제안

1. ____________________ 를 하고 싶다.

2. 완성에 필요한 시간은 __________ 이다. 제출 기한 __________

3. 필요한 자료와 자원은 ____________________ 이다.

---

B. 교사의 피드백

1. ______ 교사 승인 ______ 교사 거부

2. 교사 제안

3. 협의 날짜

   a. 제안 검토 __________

   b. 진보 점검 __________

   c. 최종 협의 __________

4. 서약과 승인을 위한 서명

학생 ____________________ 날짜 __________

교사 ____________________ 날짜 __________

논평

**표 11.11 효과적인 학습 계약**

학습 계약

□ 현재의 기준을 다룬다.
□ 필요한 목표를 충족시킨다.
□ 가치 있는 정보나 기능을 추가한다.
□ 계획된 시간일정을 충족시킨다.
□ 학생의 시간을 현명하게 활용한다.
□ 학생이 시간 관리 기법을 적용하는 방법을 학습하도록 돕는다.
□ 개별적인 선택과 관심을 허용한다.
□ 학생의 마인드에 도전의식을 불어넣는다.
□ 성인의 감독 없이 완성될 수 있다.
□ 학생의 독특한 장점과 재능 및 흥미를 고려한다.
□ 개인적인 주인의식을 제공한다.
□ 창의성을 고무한다.
□ 문제 해결 및 사고 기능을 개발한다.
□ 생산적인 학습 경험을 제공한다.

부가적인 논평

______________________________

______________________________

## 프로젝트 중심 모형

프로젝트 중심 모형(project-based model)은 목적과 목표, 주제 선택, 과제에 대한 개요, 진보 점검 및 평가 도구, 시간표 그리고 제시 양식에 관한 틀을 제공한다. 프로젝트는 특정 주제에 관한 개별 학습과 조별 혹은 소집단 학습에 학생들을 광범위하게 참여시킨다. 이 모형은 학급 프로젝트나 내용 중심 프로젝트 또는 학생 선택 계약으로 설계될 수도 있다.

프로젝트를 배정하기 전에, 이 프로젝트가 연령에 적합한 것인지 그리고 학생이 정보를 처리할 수 있는지를 점검하라. 학생들에게 도전의식을 고취하면서도 각 구성요소를 독립적으로 완수할 수 있도록 과제를 설계하라. 다시 말해, 프로젝트는 성인들이 직접 도움을 주거나 감독할 필요가 없는 학생 중심의 활동이 되어야 한다. 프로젝트를 수행하는 동안 교사가 피드백이나 제안을 하기 위해 학생의 과정 일지나 다른 도구로 진행을 점검할 수 있다. 과제의 가치를 분석하기 위해 다음과 같은 체크리스트를 고안하라. 과제를 해당 학년 수준에서 또는 내용 영역에서 학생이 반드시 배워야 할 정보나 기능과 관련지어라.

다음과 같은 질문을 하라:

- 프로젝트가 학생의 요구를 충족시키는가?
- 프로젝트가 학습자의 시간을 현명하게 사용하고 있는가?
- 프로젝트 활동이 학생의 하나 또는 그 이상의 교육과정 기준에 대한 이해를 촉진하는가?
- 학생들이 시간표에 지정된 요구조건을 충족시킬 수 있는가?

## 프로젝트 중심 모형 과제 평가하기

내용 정보와 학년 수준에 적합한 기준과 목표 또는 벤치마크를 선택하라. 표 11.12에 제시된 문제를 활용하여 학생에게 제시하기 전에 프로젝트 중심 과제의 적합성을 평가

**표 11.12 프로젝트 평가: 교사의 체크리스트**

| 프로젝트 중심 과제가 … | 예 | 아니오 |
|---|---|---|
| 1. 학습 과정 전반에 걸쳐 지속적인 모니터링을 통해 개발되었다. | | |
| 2. 학생의 성공 수준 내에서 설계되었다. | | |
| 3. 내용이 학습자의 요구와 관련되고 적합하다. | | |
| 4. 독립적으로 완수하도록 설계되었다. | | |
| 5. 학생이 정보를 탐색하고 처리하는 과정에 참여하도록 고안되었다. | | |
| 6. 시간 프레임에 맞도록 설계되었다. | | |
| 7. 학생에게 새로운 학습 경험을 제공한다. | | |
| 8. 흥미가 높은 활동으로 채워져 있다. | | |
| 9. 접근하기 쉬운 자원과 자료들로 구성되었다. | | |
| 10. 진보 체크포인트로 설계되었다. | | |
| 11. 평가 도구로 쉽게 평가할 수 있다. | | |

하라. 하나 또는 두 개의 문제에 "아니오"라는 응답이 나오면, 과제의 가치를 검토하라. 3개 혹은 그 이상의 응답에 "아니오"가 나오면, 그 과제를 버리고 준거에 맞는 다른 프로젝트로 대체하라. 모든 응답이 "예"로 나오면, 그 과제는 가치 있는 학습 경험이다.

선택을 하는 과정 동안 프로젝트의 실행 가능성을 평가하기 위해 교사와 학생을 위한 질문이 설계된다. 진행 과정에서 철저하게 조사하지 않고 너무 빨리 선택하는 경우가 매우 잦다. 이런 일이 발생하면, 반드시 학습자를 중재하고 도와야 한다. 주제가 너무 지루하고, 과제가 너무 어렵거나 적합한 자료를 사용할 수 없을 경우 학생은 좌절하게 된다. 학생에게 다음과 같은 설문지를 사용하는 방법을 가르쳐라. 이 활동의 목적은 프로젝트를 선정하기에 앞서 그것을 조심스럽게 분석하는 방법을 학습자에게 보여 주는 데 있다.

### 프로젝트 사전평가하기: 학생용 설문지

학생은 대략 10개의 항목으로 구성된 사전평가 설문지를 완성한다. 학습자가 선정된 프로젝트와 관련된 흥미와 능력 및 요구를 분석할 수 있도록 다음과 같은 질문들을 활용하라:

- 이번 학습에서 나에게 가장 흥미로운 하위 주제는 무엇인가?
- 어떤 부분이 좋은 프로젝트를 만드는가?
- 내가 학습하기를 바라는 것은 무엇인가?
- 시간표는 어떠한가?
- 진보 체크포인트의 요구조건을 어떻게 충족할 것인가?
- 학습 자료나 자원을 어디서 찾을 수 있는가?
- 과제와 관련된 나의 가장 큰 관심이나 요구는 무엇인가?
- 이 프로젝트를 시작하기 전에 무엇을 필요로 하는가?
- 누가 나의 동료 평가자나 조언자가 되기를 바라는가?
- 프로젝트가 종료되었을 때 결과물이 어떠했으면 좋겠는가?
- 프로젝트를 어떻게 발표할 것인가?
- 어떤 자기평가 도구를 사용해야 하는가?
- 나의 수행이 어떻게 평가될 것인가?

## 프로젝트 종료 후 전시 평가하기

### 교사용

프로젝트가 종료되었을 때, 교사는 다음과 같은 질문을 활용하여 전시된 학습의 가치를 평가하라:

- 프로젝트 과제가 내용 목표와 기준을 잘 다루었는가?
- 이러한 경험을 통해 학생의 지식 기반이 성장하였는가?
- 프로젝트의 모든 부분들이 정확한가?
- 프로젝트가 일정 시간 동안의 학습을 반영하는가?
- 학생이 학습한 정보를 설명할 수 있는가?
- 학생이 프로젝트를 발표할 시간이 배정되었는가?
- 이 프로젝트가 다른 학습자에게도 유익한가?

### 학생용

프로젝트가 종료되었을 때, 학생은 다음과 같은 반성적 단서를 활용하여 학습의 가치를 평가하라:

- 이러한 학습 경험이 내가 시간을 투자한 만큼 가치 있었는가? 왜 그런가 또는 왜 그렇지 않은가?
- 나는 … 을 학습하였다.
- 어떤 부분에서 더 많은 지시가 필요했는가?
- 나는 다음의 … 와 같은 과제에 자부심을 느낀다.
- 어떤 과제가 완성하는 데 더 많은 시간을 필요로 하는가?
- 나는 … 할 때 가장 깊이 사고하였다.
- 나는 … 에 대해 더 많이 알고 싶다.
- 만약 내가 다른 프로젝트를 선택할 수 있다면, 그것은 … 일 것이다.

## 프로젝트 시간표 활용하기

학생 각자가 자신이 맡은 프로젝트 과제를 가지고 있다. 각 참가자에게 지원과 개선을 위해 아이디어를 평가하고 브레인스토밍할 프로젝트 파트너를 배정하라. 파트너 팀은 시간표에 기록된 정해진 시간에 만난다. 각 학습자가 각자의 프로젝트 진행과 관련된 정보를 공유한다. 표 11.13을 참조하라. 이는 학습자들이 프로젝트를 마감에 임박해서 끝내지 않게 하고 시간을 현명하게 조절할 수 있도록 도와준다. 이러한 학습 과정은 프로젝트 과정에 수반되는 사고와 문제해결 기법을 강조한다. 주로 결과물이 강조되는 경우가 많다.

**표 11.13 프로젝트 진행 시간표**

**학생 이름** ______________________

| 항목 | 제출 기한 | 완성 |
|---|---|---|
| 1. 선택한 주제를 제출한다. | ________ | ________ |
| 2. 프로젝트에 대한 자신의 계획을 공유한다. | ________ | ________ |
| 3. 확인된 자료와 필요한 자원을 열거한다. | ________ | ________ |
| 4. 연구 참조 노트를 지참한다. | ________ | ________ |
| 5. 연구 보고서의 개요를 공유한다. | ________ | ________ |
| 6. 보고서의 초안을 읽는다. | ________ | ________ |
| 7. 프레젠테이션을 위해 아이디어를 브레인스토밍한다. | ________ | ________ |
| 8. 자료 제시 방법을 선택한다. | ________ | ________ |
| 9. 최종 보고서를 읽는다. | ________ | ________ |
| 10. 프레젠테이션을 리허설한다. | ________ | ________ |

학생 서명 ______________________

파트너 서명 ______________________

## 문제 중심 모형

문제 중심 모형(problem-based model)은 학습을 더 유의미하고 현실 세계에 더 잘 적용할 수 있게 한다. 학습자들에게 호기심을 유발하고 몰입하게 하는 문제를 선정하라. 주제가 환경 문제나, 건강 문제, 학대, 조세, 지구 온난화 또는 다른 지역이나 나라의 관심사와 관련될 수 있다. 대개 학급 전체에 단 하나의 질문이나 문제가 개발되어 부과된다. 적합할 때마다, 학생들이 문제를 선택할 기회를 제공하여 차별화하라. 학생들이 문제를 해결하거나 필수 질문에 대답하기 위해 활용하는 과정이나 절차에 관한 제안이나 입력 정보를 요구하라. 학습자들은 자신이 의사결정 과정에서 중요한 역할을 할 때, 주도면밀한 탐정이나 조사관, 과학자 또는 발명가가 된다.

예시

- 레크리에이션 센터 주변 교차로의 교통 흐름을 어떻게 개선할 수 있는가?
- 우리 학교 운동장이 쓰레기로 더럽혀지는 것을 방지하기 위해 무엇을 할 수 있는가?

### 문제 선택 평가하기: 교사용 설문지

- 문제가 시간을 투자할 만한 가치가 있는가?
- 과제와 활동이 해당 학년 수준에 필요한 내용과 기준을 강화하는가?
- 나이에 적합한 문제인가?
- 결과가 학습자들에게 관찰 가능한가?
- 자료와 자원에 접근할 수 있는가?
- 개인의 역할과 과제를 어떻게 배당할 것인가?
- 어떤 체크포인트와 자기평가 도구들을 사용할 것인가?
- 학생 개인이나 집단을 어떻게 평가할 것인가?
- 학습자들이 평가 과정을 이해하고 있는가?

### 문제 선택을 위한 지침: 학생용 설문지

다음 설문지는 문제를 선택할 때 개별 학생이나 소집단 또는 학급 전체의 사고 과정을 안내하기 위해 설계되었다:

- 어떠한 문제를 조사할 것인가?
- 결과가 영향을 미칠 수 있는가?
- 어떠한 정보와 연구가 필요한가?
- 필요한 정보를 어떻게 수집할 것인가?
- 어떠한 자료와 자원이 필요한가?
- 결과를 어떻게 정리할 것인가?
- 문제를 해결하기 위해 어떠한 절차가 필요한가?

- 어떠한 체크포인트와 자기평가 도구들을 사용할 것인가?
- 교사가 나의 학습을 어떻게 평가할 것인가?
- 정보와 해결안을 어떻게 발표할 것인가?

## 요약

모형은 학생들의 다양한 요구를 수용할 수 있는 상세한 계획을 수립하기 위한 틀을 제공한다. 모형은 평가 데이터에 대한 주의 깊은 분석을 통해 도출되며 이에 기초한 계획 도구이다. 적합한 때에 활용할 올바른 모형을 선택하는 것이 비결이다!

# 12

# 맞춤형 수준별 · 개별화 평가를 위한 계획

*교육의 목표는 젊은이들이 자신의 일생을 통해 스스로 교육하도록 준비시키는 것이다.*

— Robert Maynard Hutchins

**핵심 문제**

형성평가를 활용하여 맞춤형 수준별 · 개별화 평가를 조직하고 계획하기 위한 가장 효과적인 방식은 무엇인가?

형성평가 데이터가 수업 계획을 이끌어 간다. 가장 생산적인 도구를 선정함으로써 개별 학습자의 요구를 충족시키기 위한 전략적 계획을 위한 필수적인 정보를 얻을 수 있다. 형성평가 도구는 보물 창고로 학습 전과 학습 중, 학습 후에 활용된다.

## 형성평가 계획 수립

수업에 포함된 평가 전략과 도구를 의식적으로 인식하라. 수업을 계획할 때 지속적인 평가 데이터를 활용하기 위해 다음과 같은 단계적 절차가 제공된다. 각 단계에 따라 그에 수반되는 토의 아이디어는 일상 계획에서 형성평가를 시행하기 위한 안내로서 제공되도록 한다. 표 12.1은 계획을 더 잘 설명하기 위해 이러한 절차를 압축한 내용을 담고 있다.

*만약 당신이 계획하는 데 실패하면, 실패를 계획하는 것이라는 점을 기억하라.*

학생들의 요구를 충족시키는 형성평가를 위해 다음과 같은 실행 계획을 채택하라:

**1. 가르칠 내용을 확인하라.**

- 초점 단원을 선택하라.
- 무엇을 가르칠지를 선택하라.
- 평가할 기준이나 개념, 주제, 벤치마크 또는 기능을 확인하라.

**2. 평가 도구를 선정하여 사전에 학생들을 평가하라.**

- 학습자의 지식 기반을 사전평가하는 방법을 결정하라.
- 사용할 도구를 확인하라.
- 비형식적 평가 도구인가 아니면 형식적 평가 도구인가?
- 평가가 정의적 영역을 다루어야 하는가, 인지적 영역을 다루어야 하는가, 아니면 둘 다 다루어야 하는가?
- 학생의 지식 기반과 흥미와 태도를 확인하라.
- 학습을 시작할 때, 주제에 대해 학생이 알고 있는 것은 무엇인가?
- 주제와 관련된 학생의 태도와 느낌은 어떠한가?

**3. 사전평가 데이터를 수집하여 분석하라.**

- 학습자의 과거 경험과 배경에 관한 정보를 수집하기 위해 사전평가를 통해 데이터를 수집하라. 만약 학습자의 선행 지식과 경험이 긍정적이면, 이러한 학생은 보통 더 많이 학습하려는 열의를 가지고 있다. 긍정적인 상태에서는 학생의 마음이 스펀지처럼 정보를 흡수할 준비가 되어 있다. 새로운 학습은 관련 기회가 있는 과거 경험을 통해 발달된 감정과 느낌을 기반으로 이루어진다. 만약 학생이 새로운 학습에 대한 요구를 알고, 정보나 기능을 유의미하고 관련성 있고 흥미로운 것으로 지각한다면, 학습이 이루어진다. 만약 학생이 학습 영역에서 이전 정보에 대해 나쁜 경험이나 어려움을 가지고 있다면, 정신적 장애를 제거할 필요가 있다. 지식과 태도와 욕구에 대한 학습자의 기초를 파악하기 위해서는 과거 경험을 잘 인지하는 것이 중요하다.

- 학생이 다음에 학습해야 할 기능이나 정보를 결정하고 검토하라.
- 이해에 장애가 될 수 있는 학습 격차를 메워라. 이렇게 중요한 단계를 계획에서 자주 빠뜨린다. 학생이 자신의 현재 지식 기반에서 시작하게 하고, 학생의 개인적 요구에 따라 학습의 연속선(learning continuum)을 따라 이동하게 하라. 격차를 줄여라.
- 만약 학생이 필요한 배경과 지식을 가지고 있다면, 해당 학년 수준의 활동을 배정하라.
- 교육자들은 "너희들은 학년이다", "너희들은 이것을 알아야 한다" 또는 "너희들은 학년에서 이것을 학습하기로 되어 있다"라고 말하는 것을 들어 왔다. 학생이 중요한 정보를 놓친 것이 분명할 때, 학습자를 현재의 위치에서 이동시켜 구체적인 중재로 학습하기 위한 기초를 마련해 줘라. 이렇게 하는 것은 교사에게 달려 있다. 어떤 학생이든 놓친 지식과 기능을 보충할 수 있는 최고의 때는 지금이다. 기억하라, 배우기에 너무 늦은 때는 없다.

**4. 많은 활동 목록에 대해 브레인스토밍하라.**

- 정보를 가르치는 데 활용할 수 있는 모든 수업 전략과 활동 목록을 준비하라. 이는 선택할 다양한 옵션을 포함한 수많은 전략의 목록을 생성한다. 이 과정은 교사 팀이 목록에 대해 브레인스토밍할 때 매우 효과적이다. 각 교사는 목록을 활용하여 가장 매력적이고 적합한 활동을 선택한다. 이렇게 전략적으로 선택된 활동과 전략은 정보를 가르치기 위한 양질의 효과적인 접근 방법을 창출한다.

**5. 계획을 배열하라.**

- 활동과 개념 및 전략을 가르치기 위한 가장 효과적이고 효율적인 순서를 결정하라.
- 몰입과 관련성과 요구에 적합한 수업 계획 순서를 검토하라.

**6. 계획을 평가하라.**

- 자신의 수업 계획에서 활동과 전략과 관련된 대상 지능과 학습 양식에 명칭을 표시하여 맞춤형 수준별 · 개별화 전략을 제공하기 위한 계획을 점검하라. 이는 학습자들이 자신의 방식으로 정보를 학습할 수 있는 기회를 제공한다.

- 예:

  V/L — 언어적/언어학적(verbal/linguistic)

  M/R — 음악적/리듬적(musical/rhythmic) (제4장의 다중 지능 참조)

  A — 청각적(auditory), V — 시각적(visual), K — 운동감각적(kinesthetic)
- 지나치거나(overkills) 빠뜨린(omissions) 것은 "대문자 O"로 표시하라. 명칭 표시가 완성되면, 한 가지 대상 지능 아래에 너무 많은 활동이 있지는 않은지 확인하라. 예를 들어, 만약 수학 단원이나 기준, 개념 또는 벤치마크가 계획되면, 대부분의 활동이 논리적/수학적 지능을 목표로 하는지 점검하라. 만약 그렇다면, 브레인스토밍한 목록의 원본을 참조해서 다른 지능을 목표로 하는 활동이나 전략을 찾아보라. 만약 어떤 학습 방식이 생략되었으면, 그 정보를 가르치기 위한 효과적인 접근 방법에 대해 생각하거나 활동과 전략의 원본 목록을 참고하라.
- 적합하고 융통성 있는 집단 편성 설계를 선택하라.

  T = 전체 집단 A = 개별 P = 조별 S = 소집단
- T, A, P 또는 S를 사용해서 계획에 포함된 각 활동에 표시를 하라. 학생들이 적절히 혼합된 집단 시나리오를 만들기 위해 학습 과정에서 개별로 그리고 다른 학생들과 함께 활동하는지 스스로 질문해 보라. 예를 들어, 만일 학생들이 소집단 활동에 참여하고 난 다음 습득한 정보로 혼자서 학습한다면, 이 활동에 소집단과 개별 학습을 의미하는 "SA"를 표시하라.
- 학생의 자기반성과 평가 활동을 언제, 어떻게 활용할지를 결정하라.
- 학습 계획에 축하 행사를 통합하라.

### 7. 가르쳐라.

- 개별 요구와 집단적 요구를 인식하라. 가능하면 언제든지, 학습 격차를 줄이기 위해 즉각적인 피드백과 안내를 제공하라.
- 학습을 개선하거나 복습하고, 다시 가르치고, 이동하고, 심화하거나 향상시킬 필요가 있는지 결정하라.
- 도전적인 기회를 제공하면서 지루한 부분과 좌절감을 주는 점을 확인하여 제거하라.
- 형성평가와 평가 데이터를 지속적으로 해석하는 동안 자기반성과 평가 기회

를 활용하라.

8. **계획을 전략적으로 재조정하라.**

9. **학습 후 평가하라.**
   - 성장과 요구를 확인하기 위해 평가를 시행하라.
   - 학습을 축하하라.
   - 새로운 수업 계획을 안내하기 위해 스스로 다음과 같은 질문을 하라.
     - 어떤 학생들이 기능이나 기준 또는 목표를 완전 습득했는가?
     - 중재와 다른 조절이 필요한 학습자들의 요구에 어떻게 도달할 것인가?
     - 학생들은 다음에 무엇을 학습해야 하는가?
     - 어떤 것을 새로운 단원으로 가져갈 수 있는가?
     - 다음에 무엇을 가르칠 것인가?

## 내용과 과정, 결과 및 학습 성향 평가

Carol Ann Tomlinson(1999)에 따르면, 맞춤형 수준별 · 개별화 교실에서 서로 밀접히 관련되어 작용하는 적어도 3가지 구성요소가 있다: (1) 내용, (2) 과정, (3) 결과. Tomlinson은 이들을 학습을 맞춤형으로 수준별 · 개별화하고 평가하기 위한 공통요소로 확인하였다. 우리는 여기에 — 총체적인 학습자를 구성하는 모든 요소들인 — 태도와 마음과 활동에 관한 습관 그리고 능력을 포함하는 범주인 학생의 학습 성향(learning dispositions)을 추가하였다. 우리는 성향이 학습 결과에 심오한 영향을 주기 때문에 이를 평가를 위한 주요 영역으로 추가하였다. 우리는 평가를 핵심 영역으로 생각한다. 교사들은 내용과 학생이 정보를 어떻게 처리하는지, 그리고 결과를 통해 학생이 학습한 증거를 어떻게 보여 주는지를 평가한다. 교사는 표 12.2의 차트를 활용하여 이러한 요소들에 대한 평가를 계획할 수 있다.

**표 12.1 수업 계획에서 지속적인 평가 활용하기**

**9. 학습 후 평가하기**
학생이 학습한 정보와 기능을 확인하라. "학생에게 다음에 필요한 것이 무엇인가?"를 질문하라. 이 정보를 활용하여 새로운 수업 목표를 설정하라.

**8. 계획을 전략적으로 재조정하기**
수업을 하는 동안 개인의 요구를 충족시키기 위해 계획을 재검토하고 수정하며, 조절하라.

**7. 학생들을 가르치기**
전략적으로 계획된 형성평가 도구를 활용해서 학생의 학습을 계속 점검하고 평가하라. 학습 전과 학습 중에 평가하라.

**6. 계획 평가하기**
선택된 활동에 대상 지능이나 학습 양식의 명칭을 붙여라. 정확한 흐름의 이동이 이루어지는지 확인하기 위해 융통성 있는 집단 편성 설계를 분석하라. 학생들이 혼자서 그리고 다른 학생들과 함께 학습할 기회를 제공하라.

**5. 계획 배열하기**
특정 학생이나 집단을 위해 브레인스토밍한 목록에서 최상의 전략과 활동을 선택하라. 학습자의 확인된 요구와 흥미를 충족하는 수업을 위한 양질의 계획을 설계하라.

**4. 많은 활동 브레인스토밍하기**
데이터 분석에서 확인된 구체적인 요구를 충족하기 위해 학생 개인이나 집단에게 해당 정보를 가르칠 가능한 모든 활동과 전략을 열거하라.

**3. 사전평가 데이터 수집과 분석하기**
데이터를 검토하고 해석하라. 수집된 정보를 활용하여 수업을 위한 학습자의 요구와 출발점을 확인하라.

**2. 평가 도구 선정 및 학생 사전평가하기**
개별 학습자들이 알고 있는 것을 발견하라. 앞으로 학습할 정보와 관련된 학생들의 사전 지식과 흥미와 경험을 확인하라.

**1. 가르칠 내용 확인하기**
가르칠 구체적인 기준이나 기능, 지표 또는 벤치마크를 확인하라. 목표를 설정하라.

**표 12.2 내용과 과정, 결과 및 학습 성향 평가**

| 도구 | 내용 | 날짜 | 과정 | 날짜 | 결과 | 날짜 | 학습 성향 | 날짜 |
|---|---|---|---|---|---|---|---|---|
| 일화 기록 | | | | | | | | |
| 센터 활동 | | | | | | | | |
| 컴퓨터 프로그램 | | | | | | | | |
| 협의 | | | | | | | | |
| 대화 | | | | | | | | |
| 시범 | | | | | | | | |
| 검사지 | | | | | | | | |
| 저널 목록 | | | | | | | | |
| 리커트식 척도 | | | | | | | | |
| 문학 동아리 | | | | | | | | |
| 일지 | | | | | | | | |
| 메타인지적 질문 | | | | | | | | |
| 관찰 | | | | | | | | |
| 포트폴리오 | | | | | | | | |
| 프레젠테이션 | | | | | | | | |
| 프로젝트 | | | | | | | | |
| 보고서 | | | | | | | | |
| 루브릭 | | | | | | | | |
| 표준화 검사 | | | | | | | | |
| 조사 | | | | | | | | |
| 교사 제작 검사 | | | | | | | | |
| 텍스트 이야기하기 | | | | | | | | |
| 주제 관련 활동 | | | | | | | | |

### 내용 평가 도구

내용 평가 도구는 단원이나 주제 또는 기준을 가르치는 동안 발생하는 지식과 진보, 이해와 성장에 관한 증거를 수집한다. 예를 들어, 단원 포트폴리오도 하나의 내용 평가 도구이다. 학습 주제 전반에 걸쳐 수집된 학습 샘플로 구성되기 때문이다. 이는 기준이나 내용, 기능 또는 정보의 이해와 관련된 학생의 성장과 요구에 관한 증거를 제공한다.

#### 예시

- 자신이 공부한 나라에 관해 학습한 것은 무엇인가?
- 역사적 시기와 관련된 책이나 기사 또는 안내 책자를 읽어라. 어떤 사실들을 기억해야 하는가?

### 과정 평가 도구

과정 평가 도구는 시간의 경과에 따라 증거나 자료가 어떻게 수집되는지를 보여 준다. 평가 도구는 특정 학습에 대한 학습자의 참여 수준을 분석할 수 있다. 학생은 자신의 단계적(step by step) 사고 과정을 말하거나 시범 보인다. 이는 학생이 정신적으로 정보를 어떻게 조작하는지를 보여 준다. 학습자가 구두로 정보를 처리할 때, 교정이 필요한 실수와 축하에 대한 성공을 확인하기가 더 쉽다. 이 절차는 학습자가 문제와 상황에 접근하는 독특하고 개인적인 방식을 보여 준다.

과정 평가 도구는 수업을 계획하는 동안 다음과 같은 질문에 대한 답을 제공한다: 학생들은 이 정보를 어떻게 학습할 것인가?

#### 예시

- 자신이 답을 어떻게 얻었는지 말하라.
- 각 단계를 제시하라. 각 단계에서 자신이 왜, 무엇을 했는지 설명하라.

### 결과 평가 도구

결과 평가 도구는 한꺼번에 시행되며, 검사할 수 있는 결과를 창출한다. 예를 들어, 프로젝트 과제를 시작할 때 루브릭이 지침으로 제시되면, 학생과 교사는 과제의 기대와 요구조건을 알고 이해한다. 수집된 결과와 증거에 기초하여 점수가 부여된다.

예시

- 새로운 기하학 도형을 묘사하기 위한 랩이나 운문 또는 시엠송을 창안하라.
- ___________의 나라에 대한 여행 안내책자를 설계하라.

### 학습 성향 평가 도구

학습 성향 평가 도구는 학생의 태도와 느낌, 행동과 흥미에 관한 증거를 수집한다. 예를 들어, 협력적 학습 활동에 포함된 개인별 체크리스트는 팀 구성원의 사회적 상호작용과 참여도 수준을 기록한다.

예시

- 내가 ___________ 할 때, 팀에 기여하는 구성원이었다.
- 집단과 함께 학습하는 데 가장 어려운 측면은?

### 완전한 계획 도구상자

표 12.4를 활용하여 맞춤형 수준별 · 개별화 평가를 설계하기 위한 적합한 도구를 선정하라.

동일한 도구를 서로 다른 목적으로 서로 다른 시간에 선택해서 활용할 수 있다. 자신의 현재 도구상자에 있는 각 평가 활동에 해당 도구를 활용했는지를 나타내는 체크 표시를 하라. 필요하면 계획 노트를 추가하라.

## 교육과정 계획에서 형성평가의 역할

형성평가는 교육과정 계획에서 중요한 역할을 한다. 수집된 정보는 장기 수업과 단기 수업 개발에 정보를 제공해 주고 안내해 준다. 다양한 평가 자료는 교육과정 의사결정을 위한 증거를 제공해 준다. 예를 들어, 효과적인 계획을 개발하기 위해 결과물과 관찰, 시험, 협의 시간, 포트폴리오를 활용하라.

평가 결과 분석을 통해 개별 학생의 장점과 요구를 확인할 수 있다. 이러한 심층적인 견해는 학습자들이 얼마나 성공적으로 수행하고 있는지, 얼마나 알고 있는지, 그리고 이해의 수준을 보여 준다. 이러한 가치 있는 정보를 활용하여 개별화된 전략과 활동을 설계하기 위한 다음 단계를 확인하라.

### 학생 관찰하기

A. 자세히 보고 평가하라.

학생을 기술하라. 학생의 태도와 흥미, 학습 선호 방식, 강점과 약점을 포함하라.

B. 정보를 수집하고 진단하라.

수집된 정보를 탐구하라.

이 활동은 학생이 가장 잘 학습하는 방법에 대해 무엇을 말해 주는가?

수행에 영향을 주는 학습자의 특성이나 행동은 무엇인가?

교실 밖의 어떤 요인들이 학생의 수행에 영향을 미치는가?

C. 전략과 활동을 위한 옵션을 탐구하고 선정하라.

학습자의 과거 수행에 기초하여, 이 학생의 요구를 더 잘 충족하기 위해 어떤 전략과 활동을 계획하는가?

이 활동은 어떤 학생들에게 유리할 것인가?

D. 가르치고 평가하라.

선택된 맞춤형 활동과 전략에 대해 고도의 에너지를 투입하여 프레젠테이션을 실행하라.

학습자의 개인적 요구에 적응하는 데 적합한 중재를 지속적으로 점검하고 활용하라.

### 목적과 목표, 기대 검토하기

A. 자세히 보고 평가하라.

목적과 목표, 기준을 확인하라.

결과가 기대를 만족시키는가?

결과가 기준의 요구조건을 충족시키는가?

B. 정보를 수집하고 진단하라.

학습된 기능과 기준, 지식을 확인하라.

어떠한 수정과 중재 및 강화가 이루어졌는가?

무엇이 학습되지 않았는가?

C. 전략과 활동을 위한 옵션을 탐구하고 선정하라.

이 부분의 활동이 목표를 충족하는 증거를 보여 주는가?

D. 가르치고 평가하라.

다시 가르치고, 더 많이 연습하고, 더 많은 설명이 필요한 정보나 기능을 확인하라.

완전 습득된 기준과 기능을 찾아라.

잘 수행된 성공적인 부분을 검토하라.

## 활동 샘플 검토하기

A. 관찰하고 데이터를 수집하라.

이 활동이 나에게 무엇을 말해 주는가?

학생이 무엇을 이해하거나, 이해하지 못하는가?

B. 정보를 분석하고 진단하라.

기준 목적을 충족시키는 방향으로 학습자가 무엇을 성취했는가?

학습자의 성장을 가속화하기 위해 데이터로부터 무엇을 학습할 수 있는가?

학생이 어떤 정보를 이해하는가? 학생이 무엇을 할 수 있는가? 다음에 계획해야 할 것은 무엇인가?

C. 전략과 활동을 위한 옵션을 탐구하고 선정하라.

더 많은 활동이 필요한 기준이나 기능을 확인하라.

더 많은 설명이 필요한 것은 무엇인가?

이해하지 못해서 남아 있는 격차를 결정하라.

이러한 기능이나 정보를 언제 어떻게 다시 보고, 복습하거나 반복해야 하는가?

D. 가르치고 평가하라.

학생이 무엇을 학습했는가?

학생이 다음에 학습해야 하는 것은 무엇인가?

### 학생의 선행 경험과 배경 지식 검토하기

A. 관찰하고 데이터를 수집하라.

학생의 활동을 검토하면 어떤 배경 지식이나 선행 경험이 분명해지는가?

B. 정보를 분석하고 진단하라.

이 학생의 학습을 방해하는 경험을 검토하라.

학습 진보를 촉진하기 위해 이 학생에게 어떤 선행 지식이 필요한가?

학습자가 새로운 정보를 개인적으로 관련짓고 연결했는가?

C. 전략과 활동을 위한 옵션을 탐구하고 선정하라.

학생의 선행 경험과 배경 지식이 어떻게 더 나은 이해를 촉진하는가?

격차를 어떻게 메울 수 있는가?

D. 가르치고 평가하라.

이 부분을 가르칠 때 어떤 경험을 추가할 수 있는가?

학생의 지식 기반이 어떻게 확장되는가?

학생이 다음에 학습해야 할 것은 무엇인가?

### 교사 검토하기

A. 자세히 보고 평가하라.

이 부분의 활동은 교수 방법에 대해 무엇을 밝혀 주는가?

학생의 지능과 학습 양식을 고려했는가?

명확한 지시문을 제공했는가?

적합한 자료들이 가용했는가?

과제를 열심히 해결하도록 학생들을 어떻게 동기화했는가?

B. 정보를 수집하고 진단하라.

이 학생을 위해 왜 이 과제를 선택했는가?

이 활동을 관찰하는 동안 어떤 다른 질문을 하는가?

목표의 완전 습득이 분명한가?

C. 전략과 활동을 위한 옵션을 탐구하고 선정하라.

어떤 전략과 과제와 활동이 어떻게 학습되었는가?

과제가 어떻게 개선될 수 있는가?

소규모 강의(lecturette)의 어떤 부분이 효과적이었는가?

D. 가르치고 평가하라.

계획이 얼마나 효과적이었는가?

다음에 해야 할 것은 무엇인가?

이 학습자를 조절하기 위해 어떤 부가적인 정보가 필요한가?

정보와 자원과 자료를 어떻게 획득할 것인가?

출처: Goff, Colton & Mohlman Langer(2000)

## 계획을 위한 필수 질문

효과적인 교사들은 최소 능력이나 완전 학습 수준으로 만족할 수 없다. 학습에 대한 "앉다, 얻다, 뱉다, 잊다" 식의 접근 방법은 학생들이 책상에 앉아서 정보를 얻고, 시험에서 그것을 다시 뱉어낸 다음, 잊어 버리기 때문에, 학생들에게 도움이 되지 않는다. 교사들은 "나는 이 정보를 가르쳤다!"라고 말할 수 있겠지만, "학생들이 정보를 학습하고 즉각적으로 적용하기 위해 학습한 정보를 장기기억에 전이시켰는가?"가 필수 질문이 되어야 한다. 이것과 관련된 질문은 교육자들이 본연의 임무를 수행하는 데 도움을 준다.

> 따라서 평가의 핵심 기능은 교수나 학습이 이루어지는지 아닌지를 입증하는 것이 아니라, 교수와 학습의 질을 개선하고 사회의 모든 구성원들이 충분하고 비판적인 문해능력을 습득할 가능성을 증가시키는 데 있다.
>
> — 읽기와 쓰기 평가를 위한 NCTE/IRA 기준

### 교사와 학생들

기준이나 개념, 필수 질문이나 벤치마크가 무엇인가?

목적 또는 목표가 무엇인가?

### 교사

학생들이 알기를 기대하는 것은 무엇인가?

학습자가 정보를 안다는 것을 어떻게 알 수 있는가?
지식을 어떻게 사전평가하려고 하는가?
발견한 내용을 어떻게 문서화하거나 기록하는가?
어떤 지시문을 제공해야 하는가?

학생들

나는 무엇을 아는가?
나는 무엇을 알아야 하는가?
내가 아는 것을 어떻게 보여 줄 수 있는가?
지시사항은 어떤 것인가?
나는 과제의 각 단계를 이해하는가?
이것에 대해 내가 학습하기를 바라는 것은 무엇인가?
나의 목적은 무엇인가?
어떤 부분이 가장 흥미로운가?
나는 학습의 어느 부분을 두려워하는가?
나는 어떤 질문을 가지고 있는가?

### 평가 도구 평가하기

이 평가 도구가 학생들에게 긍정적인 경험을 제공했는가?
학생들이 그 과제에 적극적으로 참여했는가?
질문이 학생들의 지식 기반과 선행 경험과 능력을 밝혀냈는가?
학생들이 지시사항을 이해했는가?
특정 항목을 명료화할 필요가 있는가?
평가 과제가 각 학생이 성공할 수 있는 범위 내에 있는가?

## 평가 전략 가르치기

각각의 새로운 평가 전략을 활용하기 전에 모든 학생들이 이와 관련된 용어와 과정을 이해할 수 있도록 소개하라. 이렇게 함으로써 잘 모르는 방법에 대한 두려움을 완화시키고 평가를 학습의 통합된 부분으로 제시할 수 있다. 다음에 제안된 지침 속의 예들을 참고하라. 각 단계는 평가를 활용하는 많은 방식들에 관한 사고를 생성하기 위해 설계되었다.

1. 평가 전략 또는 도구를 확인하라.
2. 평가 전략의 이름을 차트나 포스터 위에 큰 색 글자로 써라. 매력적인 서체나 특이한 폰트를 활용해서 시각적으로 특이하게 하라.
3. 전략의 이름을 언명하라.
4. 학생들이 전략의 이름을 따라 말하거나 반복하여 말하게 하라.
5. 전략의 목적과 학습을 위한 평생의 도구로서의 유용성을 설명하라.
6. 전략이 학생에게 어떻게 도움이 되는지에 대한 예를 제시하라.
7. 사람들이 이 평가 전략을 자신의 직업과 일상생활에 어떻게 적용하는지에 대한 토의를 유도하라.
8. 전략에 포함된 단계들의 모델을 보여 줘라.
9. 학습자에게 "나는 이 평가 전략을 어떻게 기억할까?"라는 질문을 하도록 가르쳐라.

예를 들어, 이전의 단계들을 따라라. 그리고 소리 내어 생각하기(think-aloud) 전략이 사고나 문제해결 과정을 통해 이야기하는 데 어떻게 사용되는지를 실증하라. 절차에 따라 활동하는 동안 학생들이 교사의 생각을 들을 수 있도록 각 단계에 대한 교사 자신의 내부 사고 과정을 언어화하라. Davey(1983)에 따르면, 소리 내어 생각하기 기법은 학습자가 시각화하여 아이디어들을 연결하고, 이해를 점검하고 해결책을 발견하기 때문에, 사고를 향상시킨다.

## 효과적인 맞춤형 수준별 · 개별화 평가의 실제

다른 사람들을 맞춤형으로 수준별 · 개별화하거나 코치할 때, 학습자의 요구와 장점을 확인하여 전략적으로 계획하기 위해 맞춤형 수준별 · 개별화 평가의 활용 방법을 안내하는 다음과 같은 요약을 명심하라.

**Chapman과 King의 12가지 방안: 맞춤형 수준별 · 개별화 형성평가**

1. 다양한 사전평가 도구를 활용하여 학습자의 지식 기반과 선행 경험을 확인하라.
2. 형성평가 결과에 기초하여 구체적인 계획을 수립하라.
3. 학습 전과 학습 중, 학습 후에 학생들을 전략적으로 평가하라.
4. 흥미를 유발하는 매력적인 평가 활동과 전략에 학습자를 참여시켜라.
5. 지속적으로 점검하고 효과적인 중재를 활용하라.
6. 학습을 최적화하기 위해 융통성 있는 집단 편성 전략을 활용하라.
7. 다양한 평가 도구를 활용하라.
8. 학습자를 위한 성공적인 경험을 산출하기 위해 평가 활동을 계획하라.
9. 학습자들이 자기평가 전략을 고안하여 적용하도록 가르쳐라.
10. 즉각적인 피드백과 도움을 제공하라.
11. 개인적인 성장을 강조하라.
12. 성공을 축하하라.

교육과학원(Institute of Education Science)은 미국 교육부를 위한 과학에 기초한 연구를 제공한다(Hamilton et al., 2009). 성취 데이터 활용에 대한 지침은 교육자들을 위한 5가지 실제적 권고사항을 제시하고 있다(표 12.3 참조).

**표 12.3 형성평가 데이터 적용하기**

| 권고 | 평가 데이터 활용을 평가하기 위한 질문 | 실행을 위한 제안 |
|---|---|---|
| 1.<br>데이터를 수업 개선을 위한 지속적인 순환의 일부로 활용하라. | • 형성평가 데이터가 수업 계획을 안내하고 학생 수준에 맞추는 데 활용되는가?<br>• 수업 전과 수업 중, 수업 후에 형성평가 데이터를 수집하기 위해 어떤 전략과 활동을 활용하는가?<br>• 데이터를 학생들과 어떻게 공유하는가? 부모와는?<br>• 지속적인 평가의 활용 가치를 강조하기 위해 주기적으로 어떤 의사소통 전략을 사용하는가?<br>• 데이터가 교실과 학교 및 학구에서 의사결정을 도출하는 데 어떻게 활용되는가? | • 형성평가 데이터 수집과 분석을 활용하여 맞춤형 수준별 · 개별화 수업 계획을 안내하라.<br>• 데이터 수집을 수업의 통합적인 부분의 하나로 만들어라.<br>• 평가 데이터를 활용하여 학습자들의 독특한 요구를 위한 맞춤화된 계획을 전략으로 설계하라.<br>• 지속적인 평가 데이터 활용의 이점을 학생, 학부모와 공유하라.<br>• 모든 학습자들의 독특한 요구를 충족하면서도 시간을 절약하는 데이터 활용의 가치를 강조하라.<br>• 수집된 데이터를 건설적인 의사결정을 하는 데 활용하라. |

**표 12.3 형성평가 데이터 적용하기 (계속)**

| 권고 | 평가 데이터 활용을 평가하기 위한 질문 | 실행을 위한 제안 |
|---|---|---|
| 2.<br>학생들이 자신의 데이터를 검토하여 학습 목표를 설정하도록 가르쳐라. | • 학습자들을 참여시키는 긍정적인 평가 풍토를 어떻게 조성하는가?<br>• 학생들이 어떤 용어를 토의하고 데이터를 해석해야 하는가?<br>• 학습 전과 학습 중, 그리고 학습 후에 학생들이 어떤 자기평가 도구를 활용할 수 있는가?<br>• 평가 결과의 해석하고 토론하는 데 학생들을 어떻게 참여시킬 수 있는가?<br>• 피드백에 대한 교정과 개선을 위해 학생들이 어떤 활동들을 활용할 수 있는가? | • 학습자들을 데이터 수집 과정에 참여시키는 긍정적인 평가 풍토를 조성하라.<br>• 학생들에게 그들이 듣고 활용할 평가 용어를 소개하라.<br>• 학생들에게 다양한 평가 도구를 활용하는 방법을 가르쳐라.<br>• 학습자들에게 데이터를 활용하여 자신의 학습 목표를 설정하도록 하는 독자적 평가(ipsative assessment)를 활용하는 방법을 안내하라.<br>• 즉각적인 피드백을 제공하는 다양한 자기평가 도구를 활용하라. |
| 3.<br>학교 전체가 데이터를 활용하기 위한 명확한 비전을 수립하라. | • 형성평가와 총괄평가 데이터 수집을 위해 충분한 평가 도구를 구축했는가?<br>• 우리 학교에서는 평가가 계획을 안내하기를 기대하고 있는가?<br>• 학습을 더 잘 평가하기 위한 하나의 문화로서 우리에게 필요한 것이 무엇인가?<br>• 우리는 생산적인 학습자를 이롭게 하고 발전시키기 위해 데이터를 어떻게 적용하는가? | • 학생들의 요구를 확인하기 위한 형성평가와 총괄평가 활용의 가치에 대해 이해당사자에게 알려 줘라.<br>• 기준지향 교육과정 계획을 활용하라.<br>• 학습자 특성의 중요한 구성요소로서 학습 양식과 지능, 선호도, 재능 및 흥미를 통합하라.<br>• 평가와 수업을 교수와 학습에서 분리할 수 없는 요소로 인식하도록 모든 이해 당사자들에게 안내하라.<br>• 매일의 학습뿐만 아니라 장기적인 목적에서 계획을 안내하기 위해 평가를 활용하라.<br>• 데이터 중심 의사결정을 학교 문화의 통합적인 부분으로 활용하라. |
| 4.<br>학교 내에서 데이터 중심 문화를 조성하는 지원을 제공하라. | • 데이터를 읽고, 토론하고 공유하기 위한 시간이 계획되어 있는가?<br>• 어떤 유형의 전문성 개발이 제공되는가? 어떤 유형의 전문성 개발이 필요한가?<br>• 교육자들이 평가 데이터를 통해 나타난 문제점에 대해 책무성을 가지고 있는가? | • 협력적인 팀이 데이터를 검토하고 해석하기 위한 시간을 배정하라.<br>• 데이터 해석에 기초한 계획 시간을 제공하라.<br>• 이해당사자들과 함께 데이터를 수집하고 공유하라.<br>• 구체적인 문제를 가진 학습자들을 위한 수업 개선 방법을 브레인스토밍하라. |

**표 12.3 형성평가 데이터 적용하기 (계속)**

| 권고 | 평가 데이터 활용을 평가하기 위한 질문 | 실행을 위한 제안 |
|---|---|---|
| 5.<br>학구 단위의 데이터 체제를 개발하고 유지하라. | • 학구가 각 학교와 함께 데이터를 수집하고 공유하는가?<br>• 정보에 접근하는 교육자들이 지역사회에 있는가?<br>• 교육자들이 데이터 활용 방법을 알고 있는가?<br>• 학교들 간의 비교 데이터를 교육자들과 공유하는가?<br>• 다른 학교와 다른 학년 수준 교사들에게 필요한 정보를 개선하고 가르치는 방법에 대한 아이디어를 브레인스토밍하고 공유하는 시간이 제공되는가? | • 분석된 데이터를 각 교사진이나 교과 영역 팀에게 제공하기 위한 절차를 수립하라.<br>• 교육자들이 평가 데이터에 접근하고 분석할 수 있도록 최신 테크놀러지를 지속적으로 업데이트하고 훈련받게 하라. |

출처: Hamilton 외(2009)

전문성 개발 시간에 표 12.3에 제시된 평가 데이터 활용을 평가하기 위한 질문을 활용하라. 그리고 실행을 위한 제안사항을 적용하라.

## 맞춤형 수준별 · 개별화 형성평가를 위한 변화 창출

- 효과적인 평가 도구의 보물창고를 조성하기 위해 지속적으로 전문성 개발 기회를 제공하라.
- 다음 단계에 필요한 전문성 학습을 확인하기 위해 교사진의 요구와 흥미를 일상적으로 조사하라.
- 공동의 목적을 설정하라.
- 함께 협력하고, 공유하고, 계획하고 학습하라.
- 맞춤형 수준별 · 개별화 형성평가와 관련된 말과 두문자어(acronyms) 및 전문용어를 이해하기 위한 공통 언어를 개발하라.
- 지속적인 평가를 위해 최상의 실제를 분석하고 공유하기 위한 중심(focus) 팀을

개발하라.

- 각 팀 구성원에 대한 신뢰와 승인을 확보하라.
- 자원과 아이디어를 공유하라.
- 맞춤형 수준별 · 개별화 수업을 계획하기 위해 평가 데이터를 해석하고 분석할 시간을 제공하라.
- 개인별 및 교실 평가 성취 결과를 브레인스토밍하고 전시하라.
- 축하하라! 축하하라! 축하하라!

## 요약

맞춤형 수준별 · 개별화 형성평가 전략과 도구의 전략적 적용을 위한 상기물(reminder)로서 다음과 같은 두문자어를 제공한다.

Analyze 개별적인 장점과 요구를 분석하라.
Strategically 각 학습자가 학습을 개선하고 잘 할 수 있도록 전략적으로 계획하라.
Set 평가를 위한 긍정적인 분위기를 설정하라.
Explore 능력을 탐구하고 장점을 활용하라.
Supply 지원과 적합한 자료를 제공하라.
Stress 학습의 탄력성과 자기 효능감을 강조하라.
Monitor 즉각적인 중재를 위해 모니터링하라.
Empower 학습자들에게 자기주도적 평가 전략을 활용할 수 있는 권한을 부여하라.
Nuture 개인적인 노력과 성장을 조장하고 지원하라.
Translate 요구와 장점을 능동적인 학습으로 전환시켜라.

ASSESSMENT 두문자어의 구성요소들을 참고하여 메타인지적인 평생 학습자들을 양성하기 위해 평가하고 계획하라.

| 표 12.4 형성평가를 위한 계획 도구상자: 전략 및 활동 | | | | | |
|---|---|---|---|---|---|
| 형성평가 도구 및 전략 | 쪽수 | 현재 사용 | 진행 중 | 아직 사용 안함 | 계획 논평 |
| **1장 한 가지 도구로 모두를 만족시킬 수 없다: 서론** | | | | | |
| 평가 용어 정의 | 21 | | | | |
| 맞춤형 수준별 · 개별화 평가 분석 | 24 | | | | |
| 책무성 시대의 평가 | 26 | | | | |
| 맞춤형 수준별 · 개별화 평가 전략의 혜택 | 31 | | | | |
| 맞춤형 수준별 · 개별화 평가에서 교사의 역할 | 31 | | | | |
| **2장 연구와 최상의 실제** | | | | | |
| 정보와 기억 처리 | 37 | | | | |
| 기억 장애와 처방 | 39 | | | | |
| 평가를 위한 지적인 행동 개발 | 44 | | | | |
| 참 평가 | 48 | | | | |
| 수행에 대한 피드백 | 49 | | | | |
| **3장 형성평가를 위한 환경 조성** | | | | | |
| 정의적 영역 | 51 | | | | |
| 감성 | 52 | | | | |
| 자기 효능감 | 55 | | | | |
| 평가를 위한 동기유발 | 56 | | | | |
| 물리적 환경 | 61 | | | | |
| 지저분한 장소/깨끗한 장소-물건 찾기 게임 | 61 | | | | |
| 환경 목표 설정 | 64 | | | | |
| 교실 환경 평가 | 65 | | | | |
| **4장 학습자 이해** | | | | | |
| 정보 수집 | 69 | | | | |
| Gardner의 다중 지능 | 72 | | | | |
| Goleman과 Sternberg 탐구 | 79 | | | | |
| 동물의 시각을 통해서 | 81 | | | | |
| 색깔별 대상과 특성 | 82 | | | | |
| 학생 지각 | 83 | | | | |
| 앎과 시연 방식 | 87 | | | | |

| 표 12.4 형성평가를 위한 계획 도구상자: 전략 및 활동 (계속) | | | | | |
|---|---|---|---|---|---|
| **형성평가 도구 및 전략** | **쪽수** | **현재 사용** | **진행 중** | **아직 사용 안함** | **계획 논평** |
| 조사 | 89 | | | | |
| 관찰 팁 | 90 | | | | |
| **5장 자기평가** | | | | | |
| 자기대화 | 93 | | | | |
| 자기평가 가르치기 | 98 | | | | |
| 자기점검 기법 | 100 | | | | |
| 과제 집중 행동 평가 | 103 | | | | |
| **6장 학습 전 형성평가** | | | | | |
| 학습 전 학생들 참여시키기 | 109 | | | | |
| 깊이 생각하고 나아가기 | 109 | | | | |
| 신호와 행동 반응 | 110 | | | | |
| 입장 정하기 | 111 | | | | |
| 지식 기반 코너 | 112 | | | | |
| 내용 지식 상자 | 115 | | | | |
| 개인 조사와 목록 | 116 | | | | |
| 브레인스토밍 | 117 | | | | |
| 색상 집합 | 117 | | | | |
| 잡동사니 수집 | 118 | | | | |
| 방과 후 학습 기회 | 118 | | | | |
| 사전검사 | 120 | | | | |
| 표준화 검사 데이터 | 121 | | | | |
| **7장 학습 중 형성평가** | | | | | |
| 관찰 | 124 | | | | |
| 일화 평가 | 125 | | | | |
| 알아요! 보여 줘요! | 127 | | | | |
| 응답 카드 | 128 | | | | |
| 하이파이브 | 133 | | | | |
| 개인적 문제점 | 133 | | | | |
| 색상 부호화 | 133 | | | | |
| 마음 스케치 | 134 | | | | |

| 표 12.4 형성평가를 위한 계획 도구상자: 전략 및 활동 (계속) | | | | | |
|---|---|---|---|---|---|
| 형성평가 도구 및 전략 | 쪽수 | 현재 사용 | 진행 중 | 아직 사용 안함 | 계획 논평 |
| 학생 노트 분석 | 134 | | | | |
| 체크포인트 검사 | 135 | | | | |
| 일일 성적 | 135 | | | | |
| **8장 학습 후 형성평가** | | | | | |
| 효과적인 질문 기법 | 138 | | | | |
| Bloom의 분류: 용어 정의하기 | 139 | | | | |
| 게시물 공유 축하 행사 | 142 | | | | |
| 리커트식 척도 | 143 | | | | |
| 루브릭 | 143 | | | | |
| 체크리스트 | 151 | | | | |
| 읽기와 쓰기 평가도구 | 154 | | | | |
| 통합적 평가 활용하기 | 156 | | | | |
| 기호물 설계 | 157 | | | | |
| 저널로 평가하기 | 157 | | | | |
| 그래픽 조직자 | 161 | | | | |
| 평가를 위한 단서 | 161 | | | | |
| 백지로 평가하기 | 163 | | | | |
| 수행 평가 | 163 | | | | |
| 교사 제작 검사 | 163 | | | | |
| 포트폴리오 | 168 | | | | |
| **9장 총괄평가 맞춤형 수준별 · 개별화** | | | | | |
| 표준화 평가 | 173 | | | | |
| 긍정적인 검사 환경 조성 | 175 | | | | |
| 효과적인 지시문 제시 | 176 | | | | |
| 시험 치르는 기능 가르치기 | 177 | | | | |
| 평정 | 179 | | | | |
| 학부모 회의 | 180 | | | | |
| **10장 맞춤형 수준별 · 개별화 수업과 융통성 있는 집단 편성 평가** | | | | | |
| 테크놀러지 소프트웨어 | 184 | | | | |
| 테크놀러지를 활용하는 수행 평가 | 184 | | | | |

| 표 12.4 형성평가를 위한 계획 도구상자: 전략 및 활동 (계속) | | | | | |
|---|---|---|---|---|---|
| 형성평가 도구 및 전략 | 쪽수 | 현재 사용 | 진행 중 | 아직 사용 안함 | 계획 논평 |
| 테크놀러지 기반 평가 도구 | 185 | | | | |
| 선택 보드 | 187 | | | | |
| 일정표 평가 | 190 | | | | |
| 평가를 위한 스테이션, 센터, 학습 구역 | 192 | | | | |
| 융통성 있는 집단 편성에 대한 평가 | 195 | | | | |
| 전체 집단 | 196 | | | | |
| 개별 | 197 | | | | |
| 조별 | 198 | | | | |
| 소집단 | 201 | | | | |
| 집단 토의: 평가 | 206 | | | | |
| 집단 평가를 위한 문제해결 도구 | 210 | | | | |
| **11장 맞춤형 수준별 · 개별화 수업계획 모형** | | | | | |
| 조절 가능한 과제 모형 | 213 | | | | |
| 심화학습 모형 | 223 | | | | |
| 학습 계약 모형 | 226 | | | | |
| 프로젝트 중심 모형 | 233 | | | | |
| 문제 중심 모형 | | | | | |
| **12장 맞춤형 수준별 · 개별화 평가를 위한 계획** | | | | | |
| 형성평가 계획 수립 | 237 | | | | |
| 내용 평가 도구 | 244 | | | | |
| 과정 평가 도구 | 244 | | | | |
| 학습 성향 도구 | 245 | | | | |
| 교육과정 계획에서 형성평가의 역할 | 245 | | | | |
| 계획을 위한 필수 질문 | 249 | | | | |
| 평가 전략 가르치기 | 250 | | | | |
| 효과적인 맞춤형 수준별 · 개별화 평가의 실제 | 251 | | | | |
| 맞춤형 수준별 · 개별화 학교의 성공을 위한 변화 창출 | 254 | | | | |
| 활용 가능한 형성평가 도구 및 전략 | 256 | | | | |

우리는 이 책에 수록된 형성평가 모형과 전략 및 도구들이 독자 여러분과 모든 헌신적인 교육자들을 돕고 지원할 수 있기를 바란다. 모든 학생들이 매일 메타인지적, 자기주도적 학습자가 될 수 있도록 권한을 부여하라. 여러분의 형성평가 도구상자 모음에 아이디어의 보물창고를 추가하라. '*한 가지 도구로 모든 것을 평가할 수 없다!*'는 경구를 명심하면서 평가 기법을 맞춤형으로 수준별 · 개별화하라.

— Carolyn & Rita

# 참고 문헌


Airasian, P. W. (2011). *Classroom assessment* (7th ed.) New York: McGraw-Hill.

Assessment. (2010). *New Oxford America Dictionary, 3rd edition.* Oxford Press: New York.

Bloom, B. S., & Krathwohl, D. R. (1956). *Taxonomy of educational objectives: The classification of educational goals. Handbook I: Cognitive domain.* New York: Longman, Green.

Caine, R., & Caine, G. (2005). *Brain/mind learning principles in action: The fieldbook for making connections, teaching and the human brain.* Thousand Oaks, CA: Corwin.

Campbell, D. (2000). Authentic assessment and authentic standards. *Phi Delta Kappan, 81*(5), 404-407.

Chapman, C., & King, R. (2008). *Differentiated instructional management: Work smarter, not harder.* Thousans Oaks, CA: Corwin.

Chapman, C., & King, R. (2009a). *Differentiated instructional strategies for reading in the content area* (2nd ed.). Thousand Oaks, CA: Corwin.

Chapman, C., & King, R. (2009b). *Differentiated instructional strategies for writing in the content area* (2nd ed.). Thousand Oaks, CA: Corwin.

Chapman, C., & King, R. (2009c) *Test success in the brain-compatible classroom* (2nd ed.). Thousand Oaks, CA: Corwin.

Costa, A. L. (2008). *The school as a home for the mind: Creating mindful curriculum, instruction, and dialogue.* Thousand Oaks, CA: Corwin.

Davey, B. (1983). Think aloud: Modeling the cognitive processes of reading comprehension. *Journal of Reading, 27,* 44-47.

DeBono, E. (1999). *Six thinking hats* (2nd ed.). Boston: Back Bay Books.

Gardner, H. (2011). *Multiple intelligences: The unschooled mind: How children think and how schools should teach* (3rd ed.). New York: Basic Books.

Goff, L., Colton, A., & Mohlman Langer, G. (2000). Power of the portfolio, *Journal of Staff Development, 21*(4), 48.

Goleman, D. (1995). *Emotional intelligence.* New York: Bantam Books.

Goleman, D. (2006). *Emotional intelligence: 10th anniversary edition: Why it can matter more than IQ.* New York: Bantam Books.

Gregory, G., & Chapman, C. (2007). *Differentiated instructional strategies: One size doesn't fit all* (2nd ed.). Thousand Oaks, CA: Corwin.

Hamilton, L., Halverson, R., Jackson, S., Mandinach, E., Supovitz, J., & Wayman, J. (2009). *Using student achievement data to support instructional decision making* (NCEE 2009-4067). Washington, DC: National Center for Education Evaluation and Regional Assistance, Institute of Education Sciences, U.S. Department of Education. Retrieved from http://ies.ed.gov/ncee/wwc/publications/practiceguides/

Hattie, J. (1996). *Self-concept.* Hillsdale, NJ: Erlbaum.

Kounin, J. S. (1970). *Discipline and management in classrooms.* New York: Holt, Rinehart, and

Winston.

Levine, M. (2002). *One mind at a time.* New York: Simon & Schuster.

Marzano, R. J. (2000). *Transforming classroom grading.* Alexandria, VA: Association for Supervision and Curriculum Development.

Marzano, J. (2010). *Formative assessment & standards-based grading: Classroom strategies that work.* Bloomington, IN: Marzano Research Laboratory Powered by Solution Tree.

Marzano, R. J., Pickering, D. J., & Pollock, J. E. (2001). *Classroom instruction that works: Research-based strategies for increasing student achievement.* Alexandria, VA: Association for Supervision and Curriculum Development.

Popham, W. J. (2010b). *Everything school leaders need to know about assessment.* Thousand Oaks, CA: Corwin.

Reis, S. M., & Purcell, J. H. (1993). An analysis of context elimination and strategies used by elementary classroom teachers in the curriculum compacting process. *Journal for the Education of the Gifted, 16*, 147-170.

Renzulli, Joseph. Teach to the Top. *Instructor.* March/April, 2008. Vol 117 Issue 5.

Routman, R. (2000). *Conversations: Strategies for teaching, learning, and evaluating.* Portsmouth, NH: Heinemann.

Silver, H. F., Strong, R. W., & Perini, M. J. (2000). *So each may learn: Integrating learning styles and multiple intelligences.* Alexandria, VA: ASCD.

Sousa, D. (2006). *How the brain learns* (3rd ed.) Thousand Oaks, CA: Corwin.

Stepanek, M. (2002). *Heartsongs.* New York: Hyperion Press.

Sternberg, R. J. (1997). *Thinking styles.* New York: Cambridge University Press.

Stiggins, R. (2011). *An introduction to student-involved assessment FOR learning* (6th ed.). Boston: Addison Wesley.

Sylwester, R. (2000). Unconscious emotions, conscious feelings. *Educational Leadership, 58*(3), 20-24.

Tileston, D. W. (2004). *What every teacher should know about student assessment.* Thousand Oaks, CA: Corwin.

Tomlinson, C. A. (1999). *The differentiated classroom: Responding to the needs of all learners.* Alexandria, VA: Association for Supervision and Curriculum Develoment.

Tomlinson, C., & McTighe, J. (2006). *Integrating differentiated instruction and understanding by design: Connecting content and kids.* Alexandria, VA: Association for Supervision and Curriculum Development.

Vygotsky, L. S. (1978). *Mind in society.* M. Cole, V. John-Steiner, S. Scribner, & E. Souberman (Eds.). Cambridge, MA: Harvard University Press.

Wiggins, G. (1999). *Assessing student performance.* San Francisco: Jossey-Bass.

# 찾아보기

ㄴ



ㄷ

## [기타]



## [인명]

## 역자 소개

**조영남**

경북대학교 사범대학 영어교육과 졸업

경북대학교 대학원 교육학과 교육과정 및 방법 전공(교육학석사)

경북대학교 대학원 교육학과 교육과정 및 방법 전공(교육학박사)

University of British Columbia 연구교수

현 대구교육대학교 교육학과 교수

choyna@dnue.ac.kr

**나종식**

대구교육대학교 졸업

경북대학교 교육대학원 교육학과 교육방법 전공(교육학석사)

경북대학교 대학원 교육학과 교육과정 및 방법 전공(교육학박사)

현 대구교육대학교 강사

nachsy@hanmail.net

**맞춤형 수준별 · 개별화 평가 전략, 2판**
**Differentiated Assessment Strategies:** One Tool Doesn't Fit All, 2/E

**발행일** 2016년 2월 25일 초판 발행
**저자** Carolyn Chapman • Rita King | **역자** 조영남 • 나종식
**발행인** 홍진기 | **발행처** 아카데미프레스 | **주소** 413-756 경기도 파주시 문발동 출판정보산업단지 507-9
**전화** 031-947-7389 | **팩스** 031-947-7698 | **이메일** info@academypress.co.kr
**웹사이트** www.academypress.co.kr | **출판등록** 2003. 6. 18 제406-2011-000131호
ISBN 978-89-97544-79-0 93370

**값 18,000원**